Actas seleccionadas del SIMPOSIO ARTE 4.2

Migraciones en la imagen prehispánica: transitando territorios del pasado al presente

58º Congreso Internacional de Americanistas,
Novi Sad, Serbia, 2025

Victòria Solanilla Demestre

Annabel Villalonga Gordaliza

Editoras

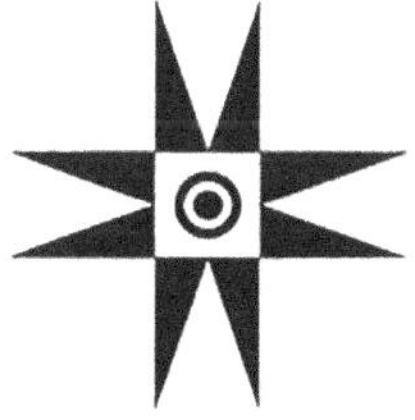

Zea Books

Lincoln, Nebraska

2026

Todos los ensayos tienen derechos de autor © 2025 de sus respectivos autores.

ISBN 978-1-60962-359-3 paperback
ISBN 978-1-60962-360-9 ebook

doi: 10.32873/unl.dc.zea.1600

Dispositivo de página de título de Dicken Castro.
Identificador del Museo Arqueológico La Merced de Cali (1980)

La Universidad de Nebraska no discrimina por motivos de raza, color, origen étnico, origen nacional, sexo, embarazo, orientación sexual, identidad de género, religión, discapacidad, edad, información genética, condición de veterano, estado civil y/o afiliación política en sus programas, actividades o empleo.

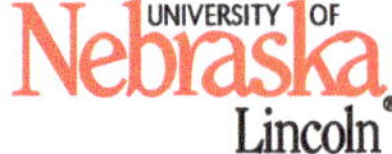

Índice

I

Introducción

El presente volumen reúne una selección de contribuciones derivadas del simposio «Migraciones en la imagen prehispánica: transitando territorios», coordinado en el marco del 58º Congreso Internacional de Americanistas (ICA58). Este congreso, celebrado en distintas sedes en Novi Sad, Serbia, del 30 de junio al 4 de julio de 2025, conmemoró los 150 años del ICA y reunió a investigadores de todo el mundo bajo el lema «Nuevos desafíos, Nuevos espacios», incorporando además una valiosa «mirada balcánica» al estudio de las Américas.

En ese escenario — un cruce de lenguas, trayectorias y tradiciones académicas — nuestro simposio propuso detenerse ante un fenómeno a la vez antiguo y vigente: la travesía de las imágenes. Imágenes nacidas en la América prehispánica que, a lo largo del tiempo, atravesaron paisajes, rutas y memorias para (re)aparecer en territorios distintos de aquellos que las vieron surgir.El simposio fue concebido, por un lado, como un espacio para examinar la circulación, transformación y reapropiación de imágenes más allá de sus contextos culturales originarios. Y por otro, como un ámbito de análisis y discusión capaz de generar nuevas miradas, propuestas e interpretaciones sobre estos desplazamientos visuales. Comprender por qué y cómo ciertas comunidades del pasado — y sociedades del presente — incorporaron motivos visuales foráneos, ya fuera por imitación, copia o reinterpretación,implica adentrarse en los mecanismos que hicieron posibles tales procesos: ¿estamos en algunos casos, ante migraciones y contactos directos, ante influencias a distancia o ante dinámicas de imitación y resignificación?

Las ponencias aquí convertidas en artículos dialogan con estas preguntas desde una perspectiva poliédrica y plural — la antropología, la arqueología, el arte, el patrimonio — que busca iluminar estas travesías. Cada autor, desde su propio territorio intelectual, contribuye a desentrañar los movimientos, apropiaciones y metamorfosis que experimentaron las imágenes amerindias al viajar de una sociedad a otra, al ser observadas, reinterpretadas, adoptadas.

Estas Actas, así, no solo ofrecen estudios de caso rigurosos, sino que invitan a pensar críticamente los procesos históricos de circulación visual y nuestra relación actual — dinámica, cambiante y a veces contradictoria — con las imágenes que conforman nuestras identidades culturales.Constituye una invitación a reconocer las múltiples formas en que la imagen gráfica y plástica amerindia viajó, fue adoptada, resignificada y, en ocasiones, integrada como componente identitario en nuevas sociedades. Al mismo tiempo, nos impulsa a reflexionar también sobre nuestra realidad contemporánea, marcada por la convivencia entre modelos icónicos efímeros y las imágenes heredadas del legado prehispánico.

Publicado en *Actas seleccionadas del SIMPOSIO ARTE 4.2: Migraciones en la imagen prehispánica: transitando territorios del pasado al presente. 58º Congreso Internacional de Americanistas, Novi Sad, Serbia, 2025.* Victória Solanilla Demestre y Annabel Villalonga Gordaliza, editoras. Zea Books, Lincoln, Nebraska. 2026. https://doi.org/10.32873/unl.dc.zea.1600

Este libro es, en suma, una travesía: un intento de acompañar a las imágenes en sus recorridos, seguir sus huellas, escuchar lo que revelan sobre quienes las crearon, quienes las transformaron y quienes, todavía hoy, las miramos buscando comprender, un poco mejor, nuestro propio territorio cultural.

Dra. Anabel Villalonga Gordaliza
Prof. Dpto. Arte y Musicología. UAB

A lo largo del s.XX hasta nuestros días, se han realizado una serie de trabajos de investigación sobre la "migración" desde diversos puntos de vista: histórico, artístico, antropológico y etnográfico principalmente, de materiales que parecen semejantes y que se encuentran en culturas amerindias distintas, en el tiempo y en el espacio geográfico.

Dependiendo de los materiales encontrados o estudiados: arquitectónicos, escultóricos, cerámicos, textiles, pictóricos...etc. se puede ver con una cierta facilidad esta "proximidad" de conceptos que se comentaba más arriba. Por esta razón, se ha citado el término de "migración" o bien de gustos compartidos por distintas culturas precolombinas, en momentos diversos, según se dice en la presentación de este estudio.

Todos los artículos presentados se centran en la temática de *la Iconografía Precolombina* que es actualmente el tema más estudiado por las integrantes de nuestro Grup d'Estudis Precolombins (GEP), desde hace ya unos años[1].

Por lo tanto: los artículos que contienen estas Actas de nuestro simposio 4.2 del 58 ICA, tratan este tema central que son "Las migraciones". Están representadas las tres zonas nucleares de Amerindia: Mesoamérica, Zona Central y Zona Andina. E incluso el último estudio trata de las influencias de estos lugares en culturas tan lejanas en el tiempo como es la de Rusia s.XX.

Esta variedad de temas es positiva porque ilustra al lector en la diversidad, que finalmente desemboca en ideas comunes entre poblaciones y culturas distintas.

El primer artículo: ***Construcción de identidades a través del diseño precolombino,*** de la Dra. Luz Helena Ballestas Rincón (Universidad Nacional de Bogotá.Escuela de Diseño Gràfico) es el fruto de un estudio profundo de una investigadora que tiene en el diseño su interés académico principal, y que nos muestra una serie de imágenes que se relacionan claramente.

A continuación, Sarai Ramos (doctoranda de la Universidad de Zaragoza), en ***Aves, felinos y ofidios en los Templos Montaña amerindios,*** nos da su visión a través de tres tipos de animales muy comunes en Amerindia, en cómo eran representados en los templos-montaña de las dos zonas más estudiadas de Amerindia.

Marina Valls (miembro del GEP de Barcelona) presenta su estudio: ***El papel de Tonantzin-Guadalupe en la conservación del pensamiento nahua durante la cristianización de Mesoamérica***. Esta Diosa-Virgen ha permanecido y permanece en el pensamiento de Mesoamérica-México, a pesar de que se la ha representado de múltiples maneras en tiempos distintos.

---

1. *Congreso internacional sobre iconografía precolombina, Barcelona 2019. Actas.* Victòria Solanilla Demestre, editora. Lincoln, Nebraska: Zea Books, 2020. doi:10.32873/unl.dc.zea.1240
   Segundo congreso internacional de iconografía precolombina, 2023. Actas. Victòria Solanilla Demestre, editora. Lincoln, Nebraska: Zea Books, 2024. doi: 10.32873/unl.dc.zea.1700

Geydy Rodríguez Wood, (doctoranda de la UAB), ha trabajado sobre: ***Las representaciones figurativas del sitio arqueológico Cuidad del Jaguar (Honduras): espacio sagrado, conceptos compartidos y diálogo entre Mesoamérica y la Zona Andina***. Esta investigadora ha obtenido dos importantes ayudas para estudiar in situ los materiales de Ciudad del Jaguar y nos los ofrece en este trabajo.

Nathalie Santisteban (doctora por la UAB y miembro del GEP) ha proseguido con sus estudios de las indumentarias actuales versus las antiguas: ***Las representaciones florales en los bordados de la indumentaria cuzqueña***. En que presenta un extraordinario documento sobre cómo se representan una gran variedad de flores que conoce de primera mano y siempre con la ayuda de las bordadoras ancianas y sus hijas.

En este sexto artículo de las Actas, se han juntado tres miembros del GEP, dos de ellas doctoras por la UAB y una arqueóloga, que han sumado dos visiones colombianas (Catalina Simmonds y Sonia Blanco) y una española (Marisa Sánchez) sobre: ***Ideas y materialidades que viajan. Las cabezas como contenedoras de poder en las sociedades Malagana, Nazca y Huari***. En este caso se junta el conocimiento de dos de ellas sobre la cabeza de cerámica del suroccidente de Colombia y se confronta con las cabezas de la cultura Nazca peruana. Este elemento de la cabeza es tratado como transmisor de creencias, que junto con el movimiento de las ideas, podían representar también la materialización del poder.

Isabel y Montserrat Bargalló tratan el tema: ***Tallina Linnahall: Arquitectura soviética y mundo prehispánico***. Ambas son miembros del GEP y desde hace tiempo van "buscando" en colecciones privadas (Tortola Valencia), o en edificios que se encuentran en lugares importantes (exposiciones internacionales, juegos olimpicos...) ejemplos de arquitectura que por su aspecto pueden recordar la de Mesoamérica pero con la cual, en principio no tienen relación alguna. En su artículo desvelan este rompecabezas.

Les invito pues a que lean y juzguen estos trabajos.

Victòria Solanilla Demestre
Prof. Emérita del Dpto. Arte y Musicología.
UAB

2

Construcción de identidades a través del diseño precolombino

Luz Helena Ballestas Rincón

Grupo de Estudios Precolombinos GEP

Universidad Nacional de Colombia

lhballestasr@unal.edu.co

Resumen

La identidad de los pueblos en gran medida se refleja en su cultura, tanto material como inmaterial, lo que constituye su herencia: es lo que permanece, lo que los representa. En la tradición de los países latinoamericanos, el pasado precolombino es parte del patrimonio cultural. Es evidente en el arte, el diseño y la artesanía. En el presente artículo se destacan los aportes de personas que pertenecen a estos ámbitos, especialmente de diseñadores que resignifican los motivos precolombinos y, que por ser sus productos de carácter popular y reproducible, son de fácil acceso y de esta manera reflejan la esencia de la imagen que proyectan las diversas regiones.

Palabras Clave: Herencia precolombina. Identidad prehispánica. Cultura material precolombina.

Abstract

The identity of peoples is largely reflected in their culture, both tangible and intangible, which constitutes their heritage: it is what remains, what represents them. In the tradition of Latin American countries, the pre-Colombian past is part of their cultural heritage. This is evident in art, design, and crafts. This article highlights the contributions of individuals in these fields, especially designers who reinterpret pre-Colombian motifs. Because their products are popular and reproducible, they are easily accessible and thus reflect the essence of the image projected by the various regions.

Keywords: Pre-Colombian heritage. Pre-Hispanic identity. Pre-Colombian material culture.

doi: 10.32873/unl.dc.zea.1602

Publicado en *Actas seleccionadas del SIMPOSIO ARTE 4.2: Migraciones en la imagen prehispánica: transitando territorios del pasado al presente. 58º Congreso Internacional de Americanistas, Novi Sad, Serbia, 2025*. Victória Solanilla Demestre y Annabel Villalonga Gordaliza, editoras. Zea Books, Lincoln, Nebraska. 2026. https://doi.org/10.32873/unl.dc.zea.1600

Conocer el patrimonio precolombino

Tradicionalmente se muestra el legado precolombino mediante la exposición de objetos en museos, ya sean oficiales o privados, en este caso habría que destacar el aporte de los coleccionistas que, ya fuera por gusto personal o deseo de inversión, adquirieron piezas que han sido el germen de museos. Dada la importancia en la cadena de valor, el coleccionista al donar su acervo o en algunas ocasiones dar las piezas en calidad de préstamo, ha contribuido al mantenimiento del patrimonio mueble de los diferentes países. Ahora bien, para que la herencia entre en valor, es indispensable también la divulgación bibliográfica para dar a conocer los estudios científicos y el desarrollo documental. Así mismo, es necesaria la actividad paralela consistente en exposiciones temporales, congresos, foros, cursos y talleres que acerquen este legado a todos los públicos o bien, integrar esta parte histórica a los programas escolares para hacer conciencia en niños y jóvenes. Sin embargo, aunque fueran precarias las contribuciones institucionales, es posible que la cultura aflore en las más diversas posibilidades.

Es el caso de la iconografía precolombina que se puede encontrar desde en el más elemental de los objetos hasta en los grandes murales urbanos, donde se puede ver reflejado el arraigo existente de los motivos considerados patrimonio cultural de los pueblos.

Lo mismo sucede con la cultura inmaterial que se manifiesta en ferias, fiestas y conmemoraciones donde están presentes los bailes, los relatos y las representaciones de costumbres y mitos, los cuales establecen la parte activa de lo que los individuos de una comunidad quieren que se *reconozca* de ellos, lo cual es uno de los aspectos a tener en cuenta cuando se aborda el análisis identitario. Otro importante elemento en la construcción de identidad es la *realidad*, la que es palpable, la que está en documentos, textos o fotografías. Pero ¿cuál es la realidad de la cultura? ¿lo que se muestra? o ¿lo que quiere la sociedad mostrar? Lógicamente que ambos aspectos son reflejo de la "realidad", de lo que "se cree que se es", lo que "se muestra" y como "se desea ser visto".

Realidad, creencia de lo que se es y cómo se desea ser visto, conforman un conjunto que es el reflejo de lo que se materializa en "la imagen". En resumen, la imagen es la consecuencia de la *Realidad, la creencia y el deseo*[1].

La imagen que proyecta un grupo social muchas veces no es producto de la voluntad propia, es lo que refleja su cultura material (lo tangible) e inmaterial (lo intangible), aunque, dicho sea de paso, estas dos categorías establecidas no son del todo precisas pues lo inmaterial tiene necesariamente que manifestarse con objetos materiales, por ejemplo, la música con los instrumentos, la palabra con los textos impresos o pintados o bien, los mitos, relatos y costumbres con el vestuario. Pero se debe entender como las expresiones orales, costumbres y saberes de una comunidad.

El arraigo que conllevan los objetos e imágenes del pasado es un tanto extraña para quienes están fuera, quizás por pertenecer a otro grupo social, región o país y por lo tanto, al no comprender del todo sus prácticas sociales o sus sistemas de comunicación gráfica, modismos o gestos es posible que no haya comprensión. La construcción de identidad es lenta y no hay respuesta precisa del porqué algunos motivos permanecen, como lo expresa José de Recasens (1986): "dado que son muchas las sociedades diferentes, cada una de ellas se caracteriza por los rasgos que le son comunes a la mayoría de los individuos que componen una determinada sociedad". Estos rasgos comunes son los que construyen "identidad", los que diferencian a una sociedad de otra y con los que se reconocen y se dan a conocer[2].

---

1. Estas categorías se han adaptado tomando referencia del libro de Norberto Chaves (1988) respecto a la teoría del diseño de marcas, que se puede extrapolar a la identidad de los grupos sociales.
2. Se puede ampliar esta información en el capítulo 4. El objeto Apartado 4.2 El objeto y su valor cultural de mi tesis doctoral (Ballestas: 2010, página 60).

Pero lo que sí es cierto es que los latinoamericanos saben que los objetos precolombinos "les pertenecen" y que "los representan" y podemos agregar que además de la carga documental tienen una estética propia.

Se contribuye entonces a dar valor identitario a través de los productos realizados por agentes culturales, llámense artesanos, artistas o diseñadores quienes se apropian de la iconografía o de la materia, como es el caso de los que reproducen las piezas antiguas, lo cual es importante en el mantenimiento de la tradición, pero esto no basta, hay que revisarlas, retomarlas, moldearlas para crear a partir de estas, para proyectarlas, eso sí, guardando la esencia.

Identidad en el arte

Artistas que, además del talento agregan valía a sus obras mediante la creación a partir de la investigación histórica como Diego Rivera (1886-1957), permiten reconstruir escenas de la vida cotidiana y ceremonial de los antiguos mexicanos. Hay algunos que lo hacen a través de su vestimenta y obra como lo hizo Frida Kalho (1907-1954) y otros, como el artista francés Paul Gauguin (1848-1903), que en un acto de reconocimiento de la identidad peruana esculpió su imagen evocando los vasos retrato de la cultura Moche pues su abuela, Flora Tristán, era hija de un militar peruano. Recientemente, utilizando nuevos medios algunos artistas hacen posible otras propuestas, como es la obra de Ana de Obregoso que integra una escultura vaso retrato proyectando secuencialmente diversos rostros sobre la superficie blanca de resina en la serie ¿Y qué hacemos con nuestra historia? Obra que fue presentada en la exposición "Antes de América" entre octubre de 2023 y marzo de 2024 en la Fundación Juan March de Madrid. (Figuras 1a, 1b, 1c.). Es importante mencionar aquí al artista Jorge Enciso (1879-1969) quien dio a conocer la impronta de los sellos prehispánicos mexicanos que, como sabemos, son parte de la reproducción gráfica lo cual es un aspecto inherente al diseño. Publicado por primera vez en 1947 se constituye un clásico del diseño gráfico precolombino. Su contribución fue más allá, participó en la fundación del Instituto Nacional de Antropología e Historia INAH (1939).

Más sutilmente Fernando De Szyszlo (1925-2017) realizó una obra plena de elementos evocadores en atmósferas oscuras que reflejan la huella prehispánica, como se puede observar en la serie "Cámara ritual" de 1986 y en los títulos de algunas obras: "Paracas: La noche" (2011) y "Ceremonia" (2009).

A partir de lo heredado, los creadores originan propuestas resignificando imágenes conocidas culturalmente que provocan reacciones variadas en quienes las observan, ya sea testimoniales, como lo proyectaron los colombianos Rómulo Rozo (1899-1964) que incorpora nuevas interpretaciones de la mitología Muisca; Edgar Negret (1920-2012) que destaca la arquitectura y gráfica de lugar funerario Tierradentro[3] (Figura 2a), y Nadín Ospina (1960-) que con humor vincula mitos pasados con presentes haciendo posible la reflexión crítica, como se puede ver en la figura 2b en la talla en piedra evocadora de la estatuaria de San Agustín en la cual reemplaza la cabeza del ídolo por la de Mickey Mouse. En la misma vía lo hace el artista mexicano Chavis Mármol (1982-) con su serie "Neotameme", nombre que viene del náhuatl *Tlamama*: de cargar y *tameme* el que se encarga de llevar objetos, así, el contenedor de Chavis que tiene forma de cabeza Olmeca hace un símil con el domiciliario actual (Figura 2c). También se dan casos de interpretación de la interpretación como en una de las obras del méxico-estadounidense Alfredo Arreguín que recrea la figura de *La Malinche* a partir de "La gran Tenochtitlan" de Diego Rivera con un lenguaje pictográfico de motivos gráficos en repetición.

En Colombia, alrededor de los años treinta, se notó el interés de los artistas por recuperar sus raíces y Rómulo Rozo, mencionado antes, fue uno de sus principales exponentes. Una de sus

3. Tierradentro es un lugar arqueológico funerario ubicado en el Departamento del Cauca en Colombia cuyos muros están cubiertos de formas geométricas especialmente de rombos.

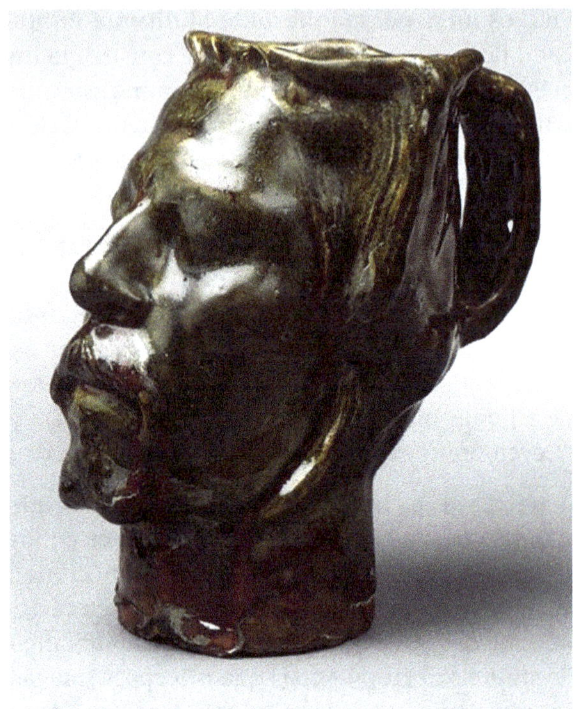

1a. Paul Gaugin. Vaso retrato (1889). Kunstindustrimuseet, Copenhagen

1b. Recipiente Mochica. Museo Banco Central, Lima, Perú.

1c. Ana de Obregoso. ¿y qué hacemos con nuestra historia? Escultura vaso retrato con proyección de rostro. Exposición "Antes de América". Fundación Juan March. Madrid (2023).

1a

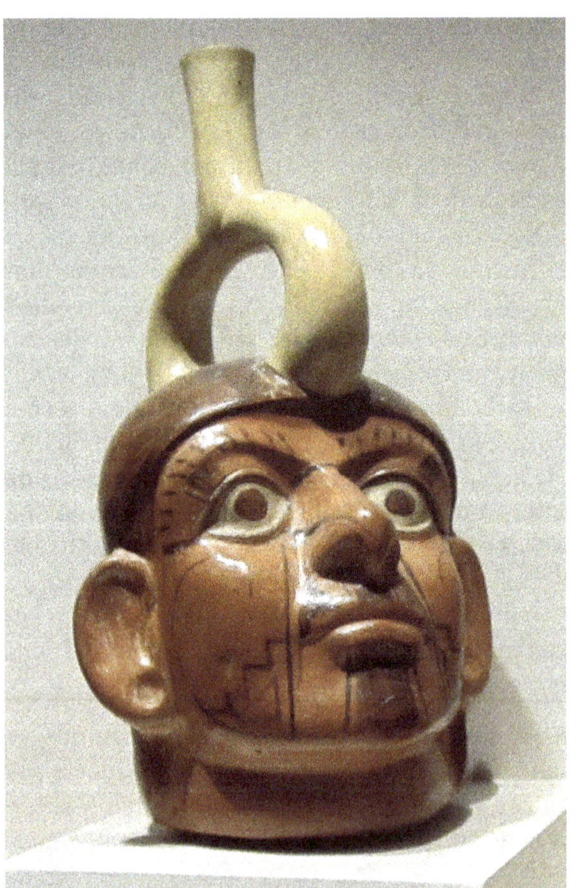

1b.

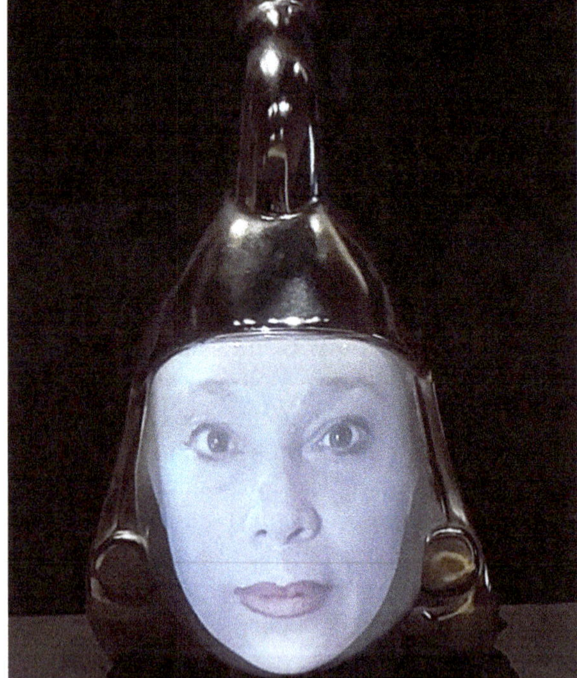

1c

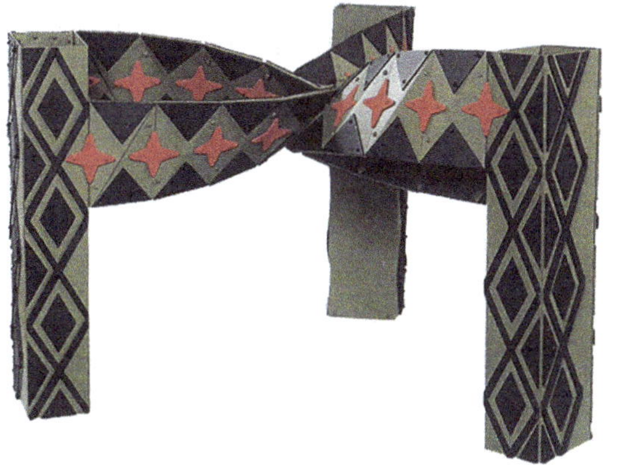

2a

2a. Edgar Negret. Triángulo. Museo La Tertulia de Cali (1996).

2b. Nadín Ospina. Ídolo con muñeca y cincel. Colección Banco de la República (1998).

2c. Chavis Mármol. Neotameme. Exposición "Antes de América". Fundación Juan March. Madrid (2023).

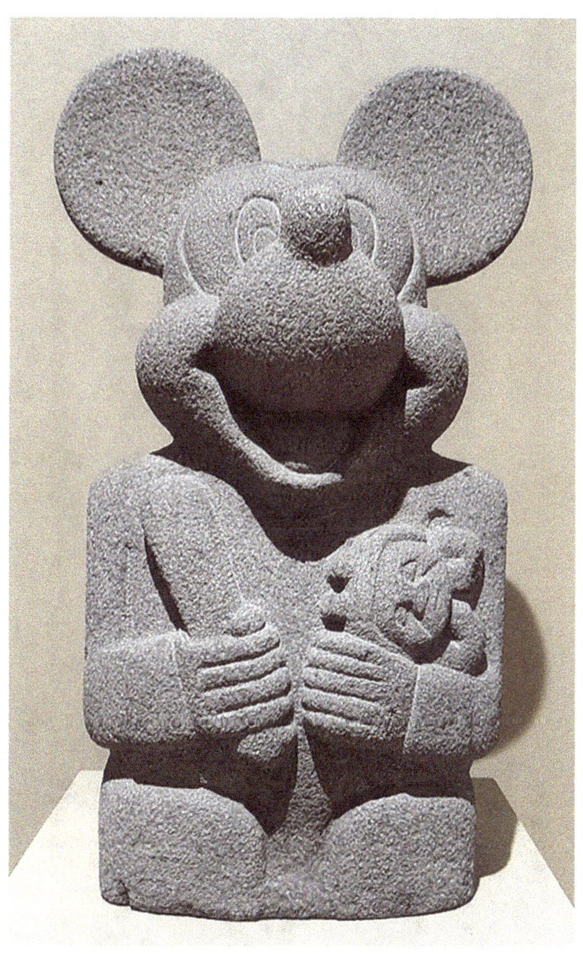

2b

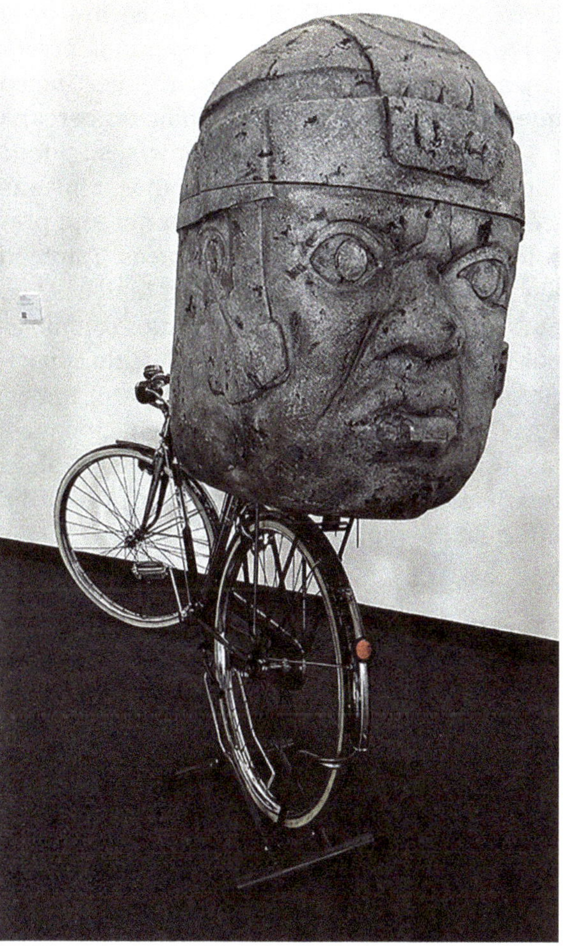

2c

obras más representativas es la "Bachué, diosa generatriz de los indios chibchas" (1925), la escultura que representa el mito fundacional de la madre de los muiscas. Fue expuesta en el pabellón de Colombia en la Exposición Iberoamericana de Sevilla de 1929[4]. Actualmente en dicho lugar funciona el consulado de Colombia donde existen diversos motivos indígenas, por ejemplo, la puerta de acceso ostenta formas precolombinas en repetición modular.

Por otro lado, Luis Alberto Acuña (1902-1992) o (1904-1993) se constituyó en uno de los más fervientes estudiosos de la región Muisca, lo cual refleja en su obra apropiando mitos y formas. Una de las más reconocidas es el mural que se encuentra en el lobby del tradicional Hotel Tequendama del centro internacional de Bogotá: "Teogonía de los dioses chibchas" (1974) por medio del cual recupera los personajes mitológicos de los muiscas. En el Museo que lleva su nombre en la población cercana a Bogotá, la colonial Villa de Leyva, se puede conocer a través de bocetos, dibujos, pinturas y esculturas el interés por resaltar el arte precolombino y los mitos prehispánicos. También hay ilustraciones y bocetos para tapices (Fig. 3b). En su libro "El arte de los indios colombianos" (1942) contribuye al conocimiento específico de la gráfica y se refiere, entre otros temas, a los "motivos ornamentales" como denomina a las formas esquemáticas, además adaptó algunos de estos motivos a las letras capitales del inicio de los capítulos.

Así entonces estos autores fueron precursores del estudio iconográfico precolombino y, por ende, sentaron las bases para el análisis formal vinculado al diseño y la ilustración.

Más adelante, Luis Ángel Rengifo y Eugenio Barney Cabrera se fijaron en la estatuaria de San Agustín desde la perspectiva estética. Siendo profesores de la Universidad Nacional de

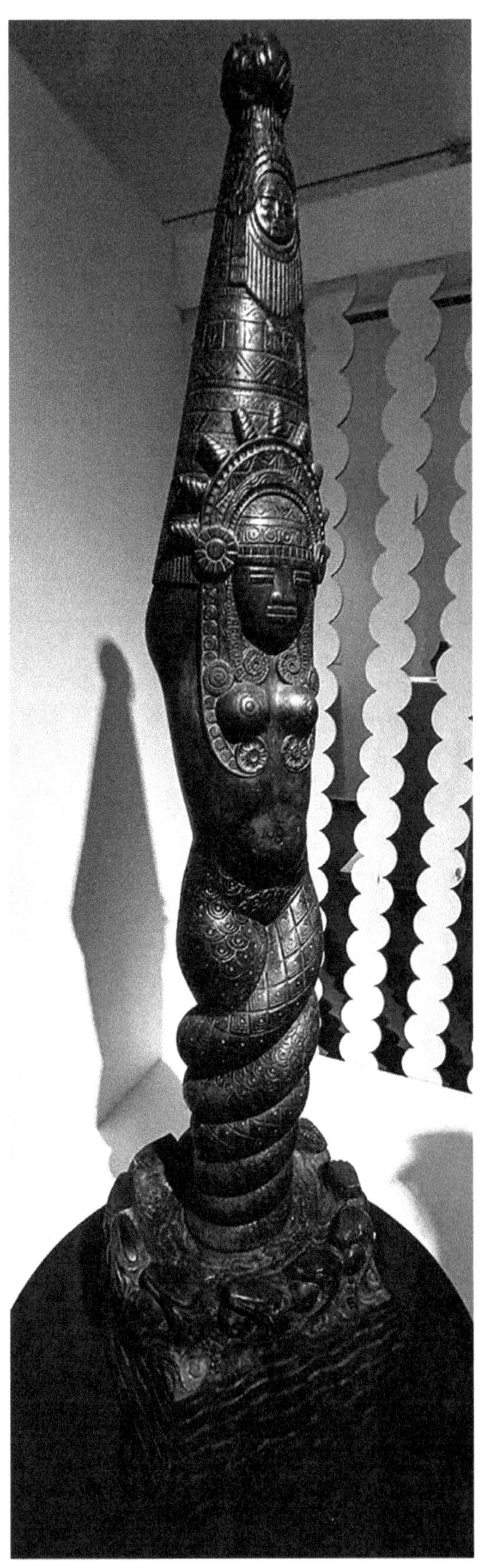

3a. Rómulo Rozo. Bachué, diosa generatriz de los indios chibchas (1930). Exposición Antes de América. Fundación Juan March Madrid (2023).

4. Esta obra duró más de una década desaparecida y gracias a la gestión del crítico de arte Álvaro Medina fue recuperada y ofrecida al Museo Nacional de Colombia y al Banco de la República que cuenta con colecciones artísticas, sin embargo, no fue posible que quedara en el país. Fue adquirida por Eduardo Costantini, presidente honorario del Museo de Arte Latinoamericano de Buenos Aires en el año 2024 quien la cedió en préstamo.

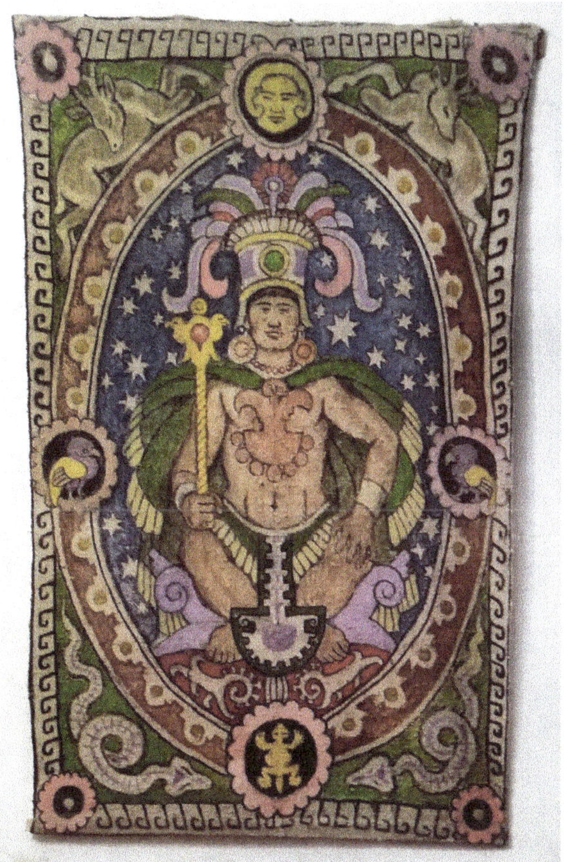

3b. Luis Alberto Acuña. Boceto para tapiz. Museo Luis Alberto Acuña. Villa de Leyva Boyacá, Colombia.

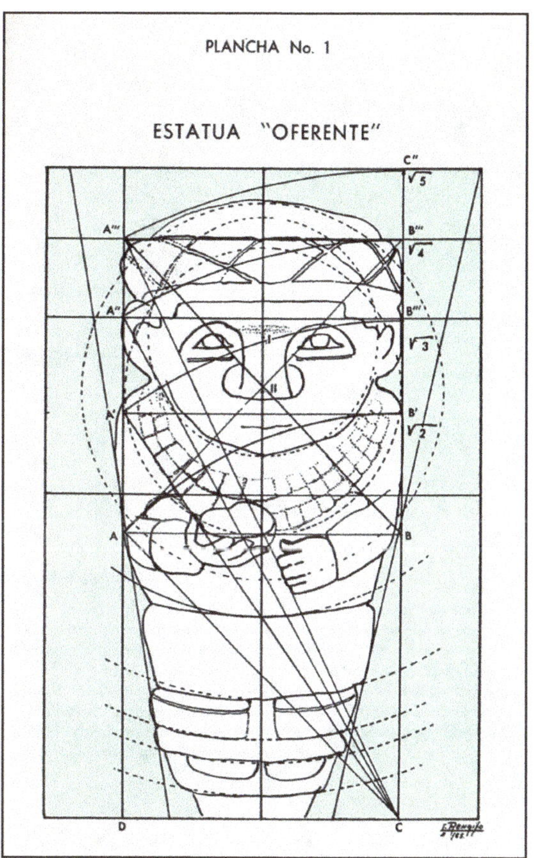

3c. Luis Ángel Rengifo. La proporción armónica en la estatuaria sanagustiniana (1966).

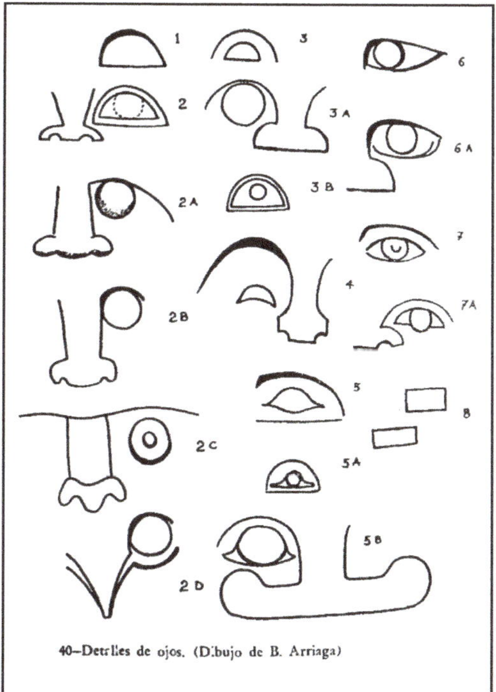

3d. Eugenio Barney Cabrera. "El arte Sanagustiniano. Boceto para una interpretación estética" (1964).

Colombia publicaron sus hallazgos en "La proporción armónica en la estatuaria Agustiniana" (1966) (Fig. 3c.) y "El arte Sanagustiniano. Boceto para una interpretación estética" (1964) respectivamente. Ambos autores más allá del arte, dan pautas desde la mirada del diseño[5].

Un antecedente a tener en cuenta es el del Museo Marqués de San Jorge en el que reposa la mayor cantidad de cerámica precolombina de Colombia. En los años noventa del siglo pasado realizó una serie de exposiciones con títulos como: "Diseño atemporal", "El diseño del diseño" y "El mundo maravilloso de la forma", que destacan los principios compositivos de la gráfica de la cerámica.

5. Rengifo incursionó en labores de diseño gráfico como los grabados y la caricatura política y Barney Cabrera fue quien fundó el programa de Diseño de la Universidad Nacional de Colombia en 1963, lo que lo coloca como un visionario de la nueva disciplina.

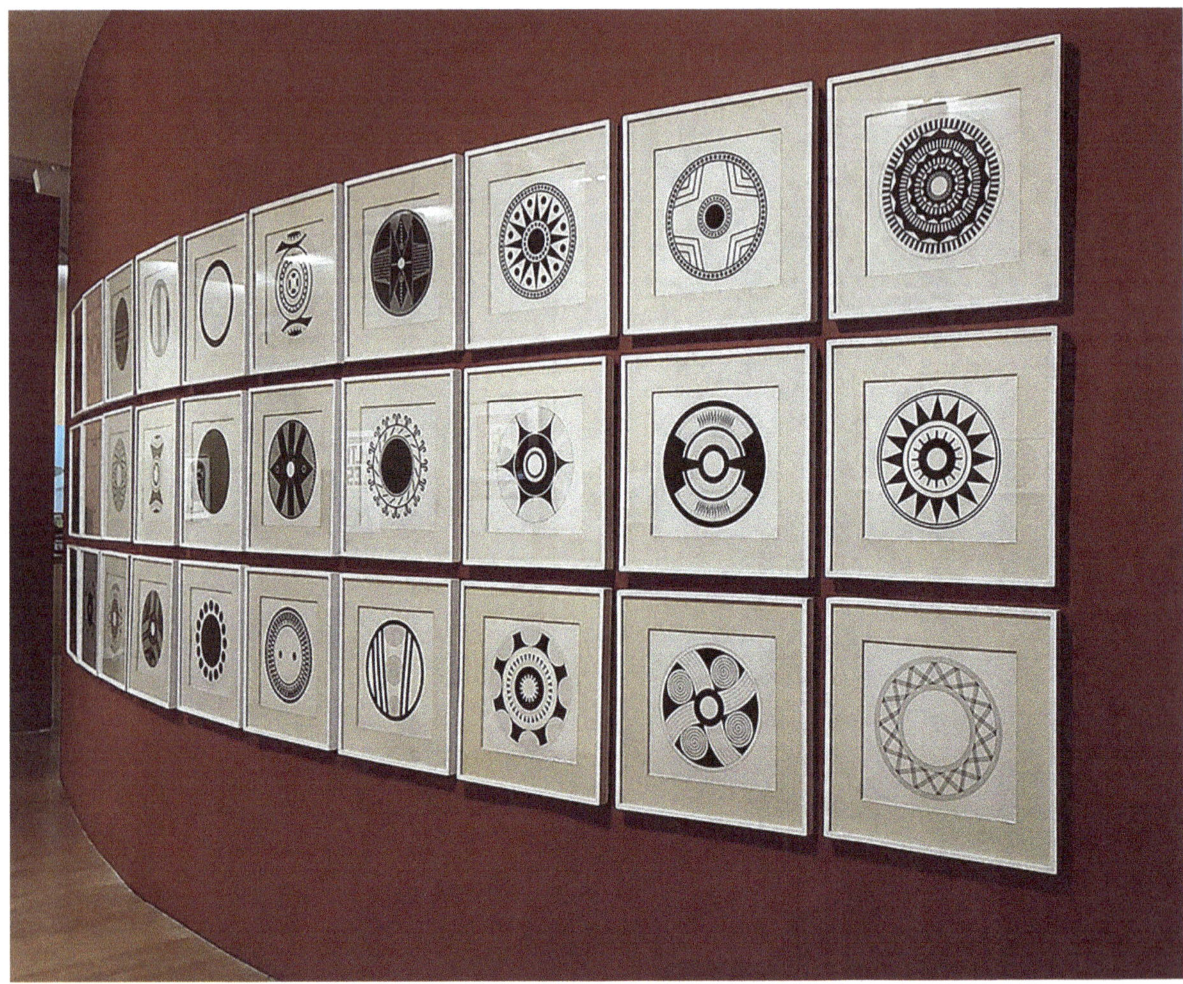

4. Antonio Grass. Páginas de libro Diseño Precolombino. El Círculo (1972). Exposición "Sembrar la duda. Indicios sobre las representaciones indígenas en Colombia". Museo de Arte Miguel Urrutia. Bogotá (2023).

Diseño precolombino

Quizás la proyección de la identidad precolombina en el arte podría ser más restringida dado su carácter especializado y habría que reconocer que mediante el diseño es posible que el patrimonio visual de una nación pueda estar al alcance de todos los públicos, por la posibilidad de ser económico y múltiple. Así, afiches, marcas, publicaciones y productos variados se van convirtiendo en íconos de la cultura popular. En los antecedentes existen artistas que se perfilaron en la divulgación de la iconografía precolombina con proyección del diseño por lo que son referentes obligados. Elena Izcue (1889-1970) del Perú con sus patrones textiles y viñetas, Antonio Grass de Colombia que además de realizar obra pictórica con evocación precolombina en series como: "Hombres expectantes" (1983) y "Escudos míticos" (1964), publicó libros sobre el tema, el primero titulado "Diseño precolombino colombiano" El círculo (1972), (Fig. 4.) dirige la percepción hacia esta disciplina y no al arte como hasta ahora se habían considerado estos motivos. En éste muestra los diseños de vasijas, orejeras, detalles de colgantes, collares y otros objetos que presentan formas circulares especialmente esquemáticas. En sus libros "Animales mitológicos" (1979) y "Los rostros del pasado" (1982) entre otros, trasladó el volumen de piezas cerámicas y de orfebrería a la gráfica ajustando bordes y revisando simetrías lo cual popularizó el diseño precolombino. Como resultado, artesanos y realizadores de avisos o estampadores de camisetas los comenzaron a usar en todo tipo de artesanías.

El investigador de la estética precolombina, el argentino César Sondereguer (1937-) con sus publicaciones: "Diseño precolombino. Catálogo de iconografía Mesoamérica, Centroamérica y Suramérica" (1998), "Estética Amerindia" (1997) y "Amerindia" (1998) entre otras, ha contribuido a la divulgación de la estética prehispánica. Así mismo, instauró la cátedra de Diseño y Arte Precolombino en la Universidad de Buenos Aires (1990-2002) y diversos cursos de posgrado. En México, el diseñador industrial e investigador de la historia del diseño Oscar Salinas Flores, fija su atención en la tecnología y el diseño prehispánico (2010), importante estudio para sus clases de diseño industrial de la Universidad Autónoma de México UNAM.

Los peruanos, Zadir Milla Euribe quien aporta desde la investigación al análisis semiótico del diseño andino precolombino (Milla:1990) y el artista y diseñador Jesús Ruiz Durand que analiza las proporciones de la cerámica Moche, así como, la estructura compositiva de los textiles. Su propuesta "Introducción al análisis visual de textiles precolombinos en piezas seleccionadas de Chavín, Paracas, Huari e Inca", fue presentada en el Encuentro de Tejedores de las Américas en Cusco (2012). Una propuesta novedosa que valdría la pena continuar y divulgar ampliamente.

En la gráfica, los argentinos Fiadone y Pepe, y el colombiano Consuegra son importantes nombres. Los primeros, ajustando geométricamente los motivos, nos presentan una gama de posibilidades: Alejandro Fiadone en el diseño de patrones (2009) inclusive de diseños textiles artesanales contemporáneos y Eduardo Gabriel Pepe en la reelaboración morfológica (2004) en el que estudia los estilos del diseño. Según sus palabras: "Diseño indígena argentino es una aproximación a una gráfica autóctona donde poder reconocerse, una gráfica que forme parte de nuestra identidad regional, es decir, un diseño aborigen, un diseño actual y representativo de este lugar"[6], dejando claro que su pretensión es la búsqueda y reconocimiento de la identidad precolombina.

Otros diseñadores han dado un giro contemporáneo lleno de valor interpretativo y estético en piezas gráficas, llámense marcas, afiches, libros e ilustraciones, además de objetos y propuestas de diseño digital.

Es el caso de David Consuegra quien destaca el diseño calado de la orfebrería de las culturas Muisca y Tolima en extraordinarias composiciones en formato cuadrado en un solo color (Figs. 5a y 5b), propuesta materializada

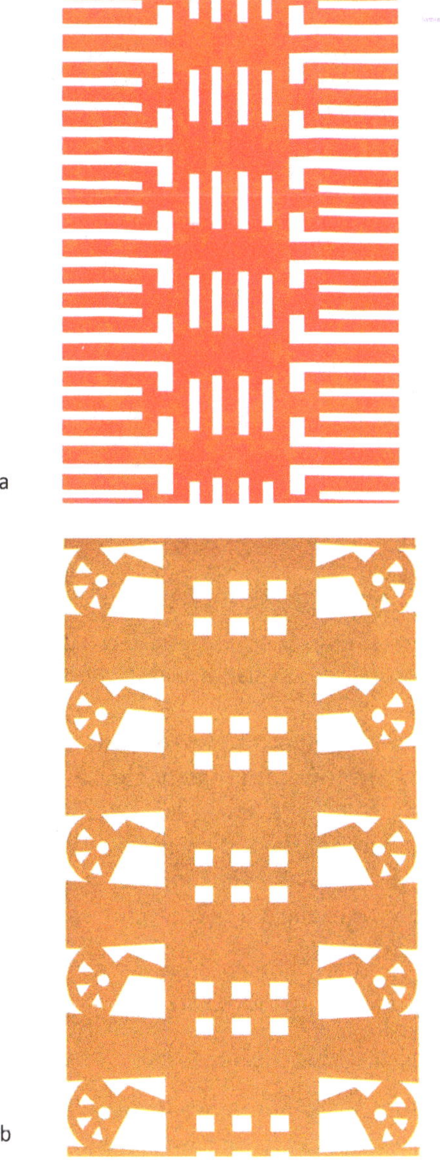

5a. David Consuegra Ornamentación calada en la orfebrería indígena precolombina (Muisca y Tolima). Museo del Oro. Banco de la República. Bogotá Colombia. (1968).

5b. David Consuegra Ornamentación calada en la orfebrería indígena precolombina (Muisca y Tolima). Museo del Oro. Banco de la República. Bogotá Colombia. (1968).

6. Pepe, Eduardo. 2004. Diseño Indígena Argentino. Estudio de la coherencia formal como principio de reelaboración.

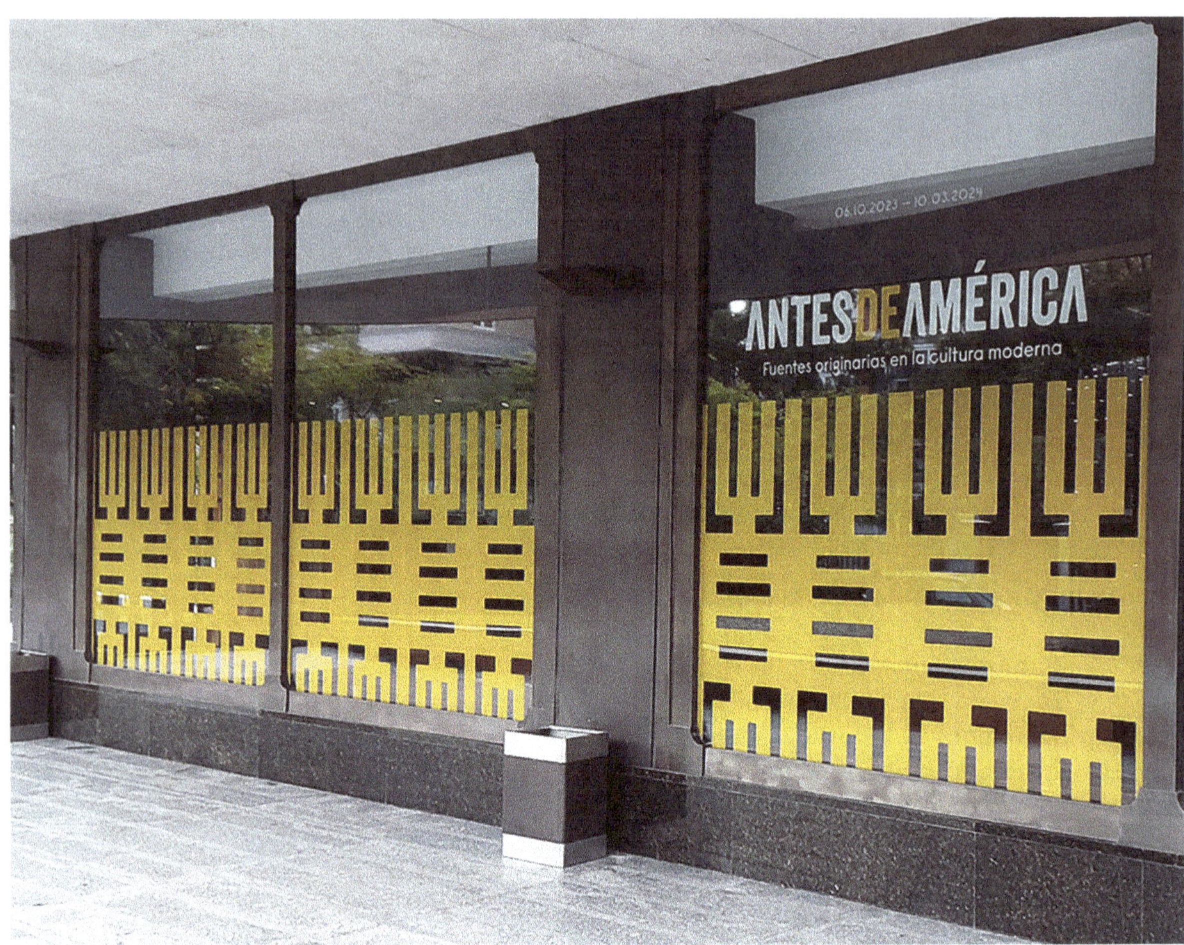

5c. Puerta de entrada basada en un diseño de David Consuegra de la exposición "Antes de América. Fuentes originarias en la cultura moderna". Fundación Juan March. Madrid 6 de octubre de 2023 – 10 marzo 2024.

en el Catálogo del Museo del Oro, editado para la reapertura de 1968. En la exposición "Antes de América", realizada en la Fundación Juan March entre octubre de 2023 y marzo 2024, se seleccionó uno de sus diseños para la puerta de entrada dando relevancia a la contemporaneidad de su obra gráfica Fig. 5c).

Diseño precolombino en marcas

Algunas piezas precolombinas sirvieron de inspiración para marcas a este autor, por ejemplo, las realizadas en 1968: la marca tipográfica de *Artesanías de Colombia* compuesta por las letras "a" y "c" con espirales cuadradas y la de *Mariadna* (Fig. 6a) una industria de tejidos en lana natural con un identificador de la letra "M" inspirada en la morfología de las patas de rana de una pieza orfebre Quimbaya[7].

Igualmente, los diseñadores Vargas – Ballestas cuya especialidad es el diseño de identidad visual de empresas e instituciones y su proyección, en algunas ocasiones han utilizado la esencia precolombina en identificadores tales como *Cerámicas y Construcciones*, una fábrica de baldosines y ladrillos de arcilla (Fig.6b) con dos letras "C" en espirales cuadradas que al repetirlas en diseño lineal en la papelería conforman un conjunto en zigzag, evocador de los muros pintados de Tierradentro y *Condor Craft* una comercializadora de artesanías representada por una síntesis de un ave orfebre Sinú.

7. Se pueden observar otras propuestas en el artículo: Diseño Precolombino en la Marca Contemporánea (Consuegra:1994).

Además, han diseñado páginas de calendarios y tarjetas de saludo entre otros productos gráficos (Ballestas: 2004).

El arquitecto Dicken Castro (1922-2016) fue uno de los primeros en recibir encargo de marcas en una época donde no era una labor especializada. Algunas estuvieron inspiradas en piezas precolombinas dando relevancia a la estética antigua como el *Club Los Lagartos* tomando un lagarto de la orfebrería precolombina, el *Museo de Artes y Tradiciones* consistente en una mano abierta con espiral interior basada en un sello Tumaco y el Museo *La Merced de Cali* con la estrella de ocho puntas o "Sol de los pastos" (Fig.6c). Así mismo, adaptó un diseño de Antonio Grass para la moneda de 200 pesos y con la representación de una orejera Sinú diseñó la de mil pesos en 1996[8]. Fue coleccionista de sellos y rodillos precolombinos y ya al final de su vida donó las piezas al Museo Marqués de San Jorge con las que se realizó la exposición "Dicken Castro. Sellos y sentidos" en el año 2014.

En el campo de las marcas, es importante mencionar el distintivo de *Aeroméxico*, inspirado en el hombre águila. Fue diseñada por Raúl Pérez Duarte y Manuel Álvarez Fuentes de Diseño Corporativo, S.A. de C.V., de Querétaro, que ha tenido a lo largo del tiempo varias renovaciones, la última, se realizó en 2024 para conmemorar los 90 años de la empresa. También la *Marca país del Perú* que evoca las líneas de Nasca con una espiral que forma la letra P de Perú. Una marca con buen nivel de lectura, evocación y pregnancia.

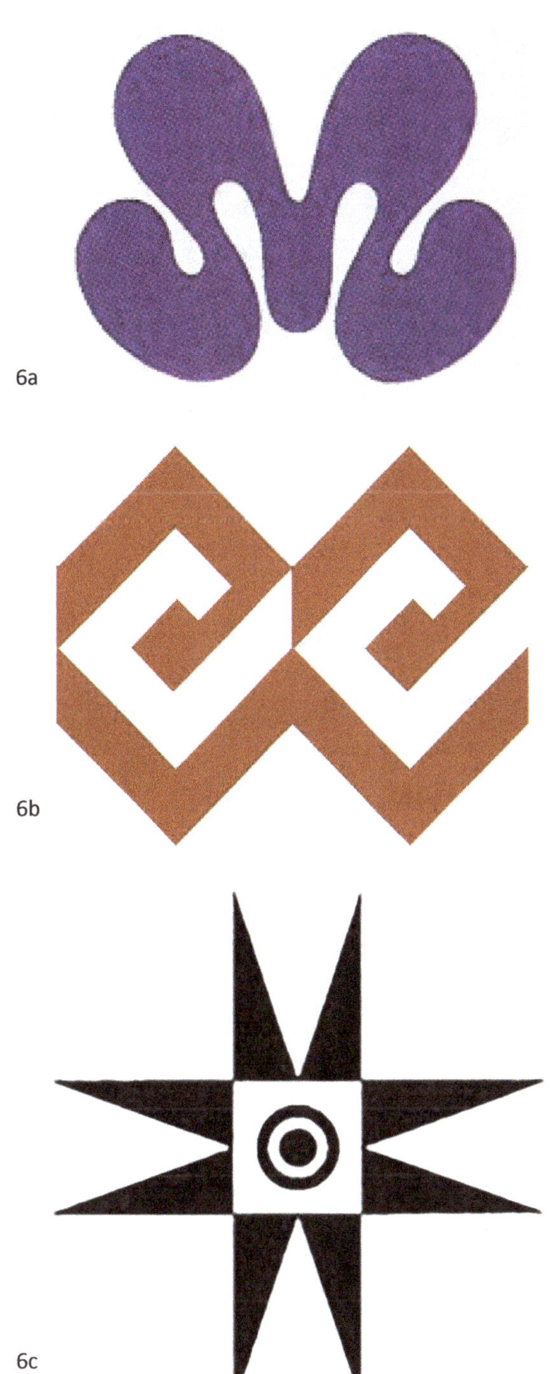

6a. David Consuegra. Mariadna (1968).

6b. Vargas Ballestas Diseño Gráfico. Cerámicas y Construcciones (1997).

6c. Dicken Castro. Identificador del Museo Arqueológico La Merced de Cali (1980).

Otras manifestaciones

Otra manera de divulgar el conocimiento del mundo precolombino es por medio del proyecto personal. Es el caso de las publicaciones fundamentadas en la investigación que están ilustradas por el autor, como la publicación del Boletín Cultural y Bibliográfico del Banco de la República de Colombia (Ballestas: 2001) que contiene un artículo sobre la simbología precolombina ilustrado por la autora y la carátula fue

8. Estas monedas, aunque siguen circulando, en el año 2012 fueron reemplazadas por otras que muestran la biodiversidad de la fauna y las plantas colombianas.

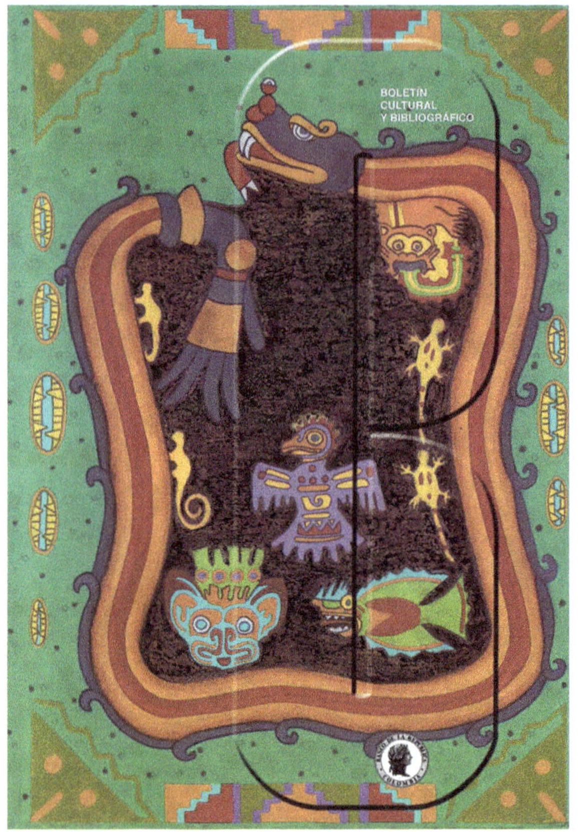

7a. Luz Helena Ballestas. Carátula Boletín Cultural y Bibliográfico. Banco de la República (2000).

diseñada en composición de iconografía diversa (Fig. 7a). Igualmente, con el libro objeto de diseño "Las maravillosas formas precolombinas" (Ballestas:2006) cuya diagramación está basada en la estructura de las láminas del códice Borgia y la encuadernación es en biombo, como varios códices antiguos mexicanos (Fig. 7b, 7c y 7d.). Se trata de una selección de motivos de objetos de las diferentes regiones americanas y su simbología ilustrado con técnicas mixtas.

Es importante destacar que, en México, las manifestaciones precolombinas son valoradas como parte de la cultura material y es por eso que en el diseño, la arquitectura y la publicidad,

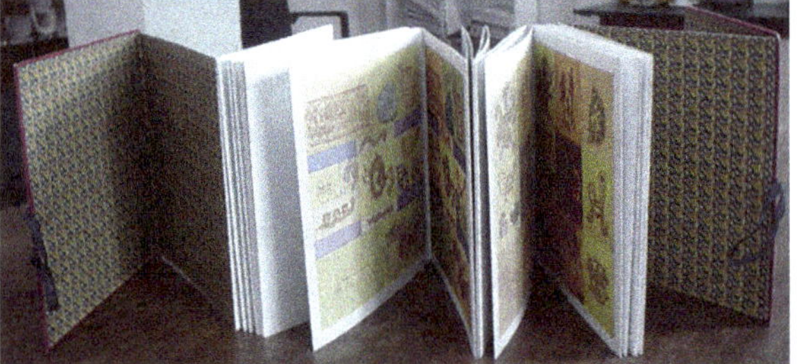

7b. Luz Helena Ballestas. Las maravillosas formas precolombinas. Libro objeto de diseño (2006).

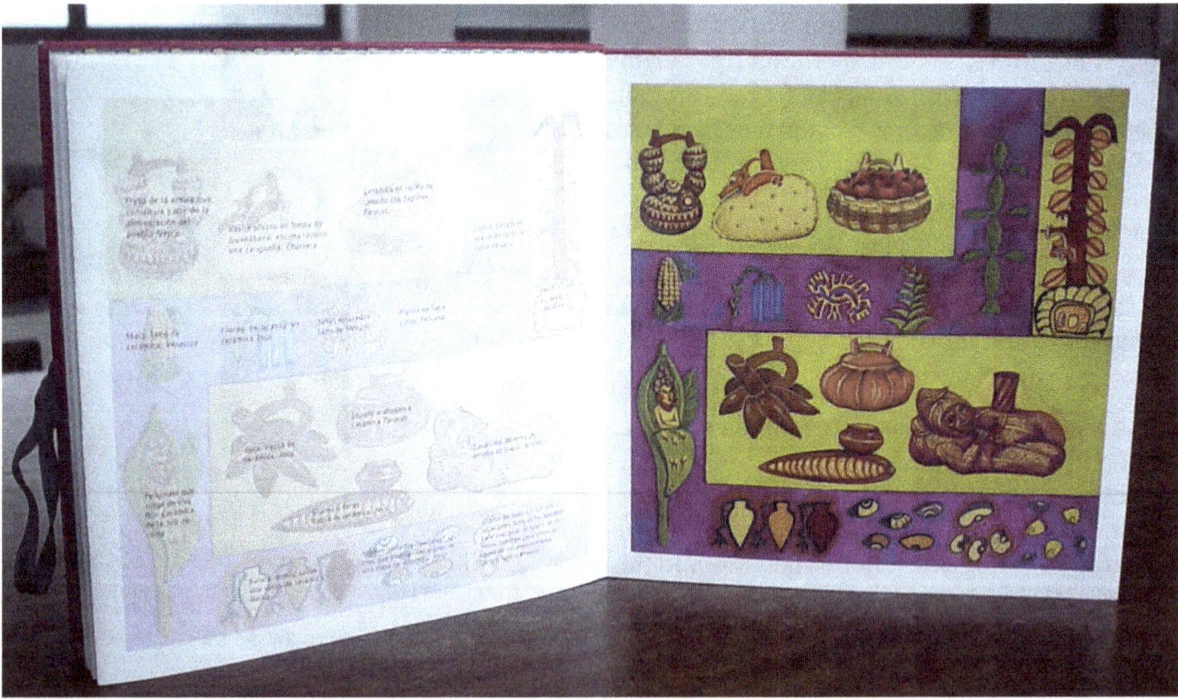

7c. Luz Helena Ballestas. Las maravillosas formas precolombinas. Ilustración sobre las representaciones precolombinas de los vegetales (2006).

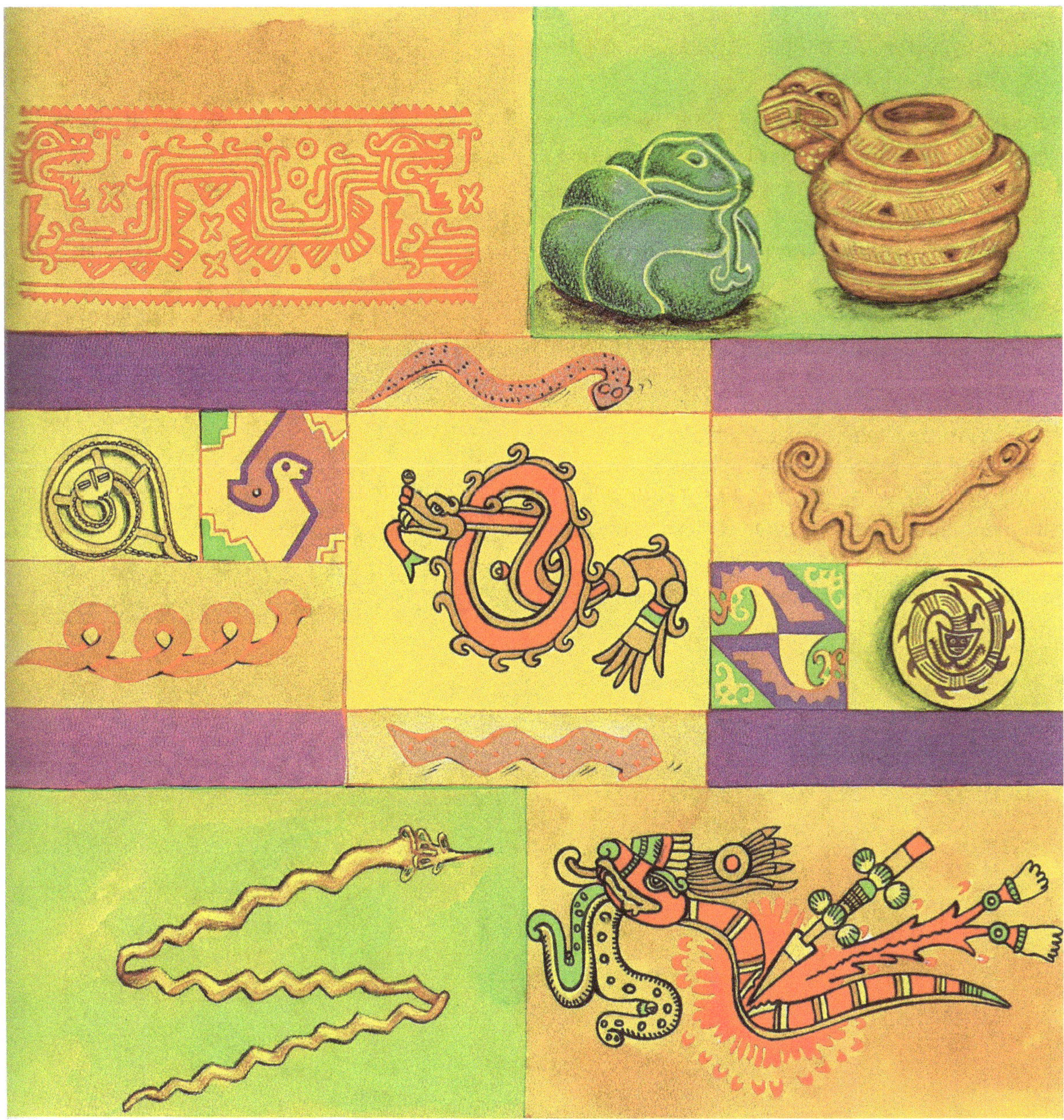

7d. Luz Helena Ballestas. Las maravillosas formas precolombinas. Ilustración sobre las representaciones de la serpiente (2006).

entre otros ámbitos, encontramos muestra de ello, como en el afiche que llama la atención por su fino humor de José María Morelos que resignifica una de las cabezas olmeca colocando en su boca el lápiz tradicional de color amarillo invitando a la Bienal Internacional del Cartel en México (2004) o el identificador del primer aniversario del Faro Aragón (2017) con la forma de serpiente de un sello cuya cabeza es reemplazada por la claqueta de cine.

En el diseño de modas destaca Carla Fernández debido a que estampa gráfica indígena en el vestuario y es importante mencionar la forma como trabaja con artesanos de una manera ética y colaboracionista. Otros son Pineda - Covalín conocidos por sus diseños de inspiración indígena, sin embargo, quizás por efecto del delicado manejo de los derechos de autor en los últimos años han virado al diseño evocador precolombino además de otros motivos relativos a la cultura material mexicana. Entre los productos que ofrecen están pañoletas, telas, piezas de orfebrería y carteras (Fig. 8a).

Pero no sólo queremos señalar nombres. En la década de los 90 se fundó al sur de Colombia el Laboratorio de Diseño, en el que artesanos y diseñadores en diálogo de saberes participaron en el desarrollo artesanal. Entre sus logros está la intervención en objetos cubiertos con el esmalte vegetal mopa-mopa, de origen precolombino (Fig.8b), cuyo aspecto nacarado resulta de un complicado proceso de elaboración que ahora cobra vigencia a través de la joyería de Tatiana Apráez, que evoca diseños precolombinos y de la época colonial. Es ganadora del Grand Prize de la Bienal de Joyería contemporánea del Japón en el 2022 y la serie "Urcunina"

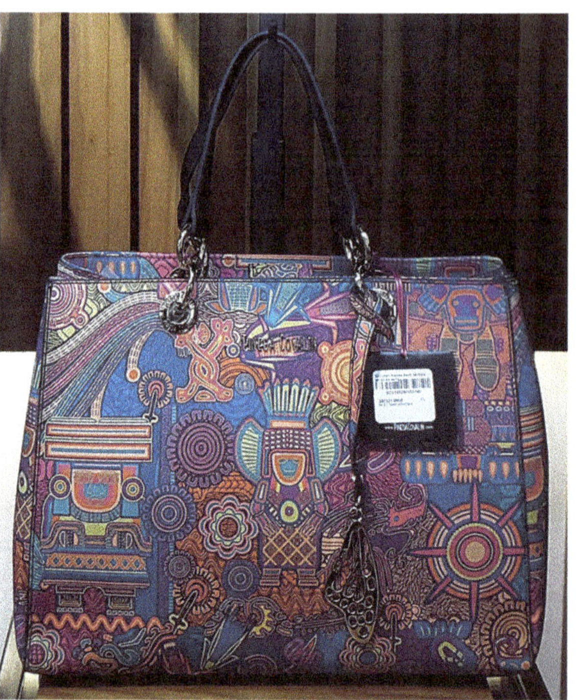

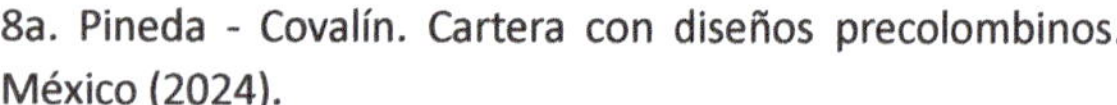

8a. Pineda - Covalín. Cartera con diseños precolombinos. México (2024).

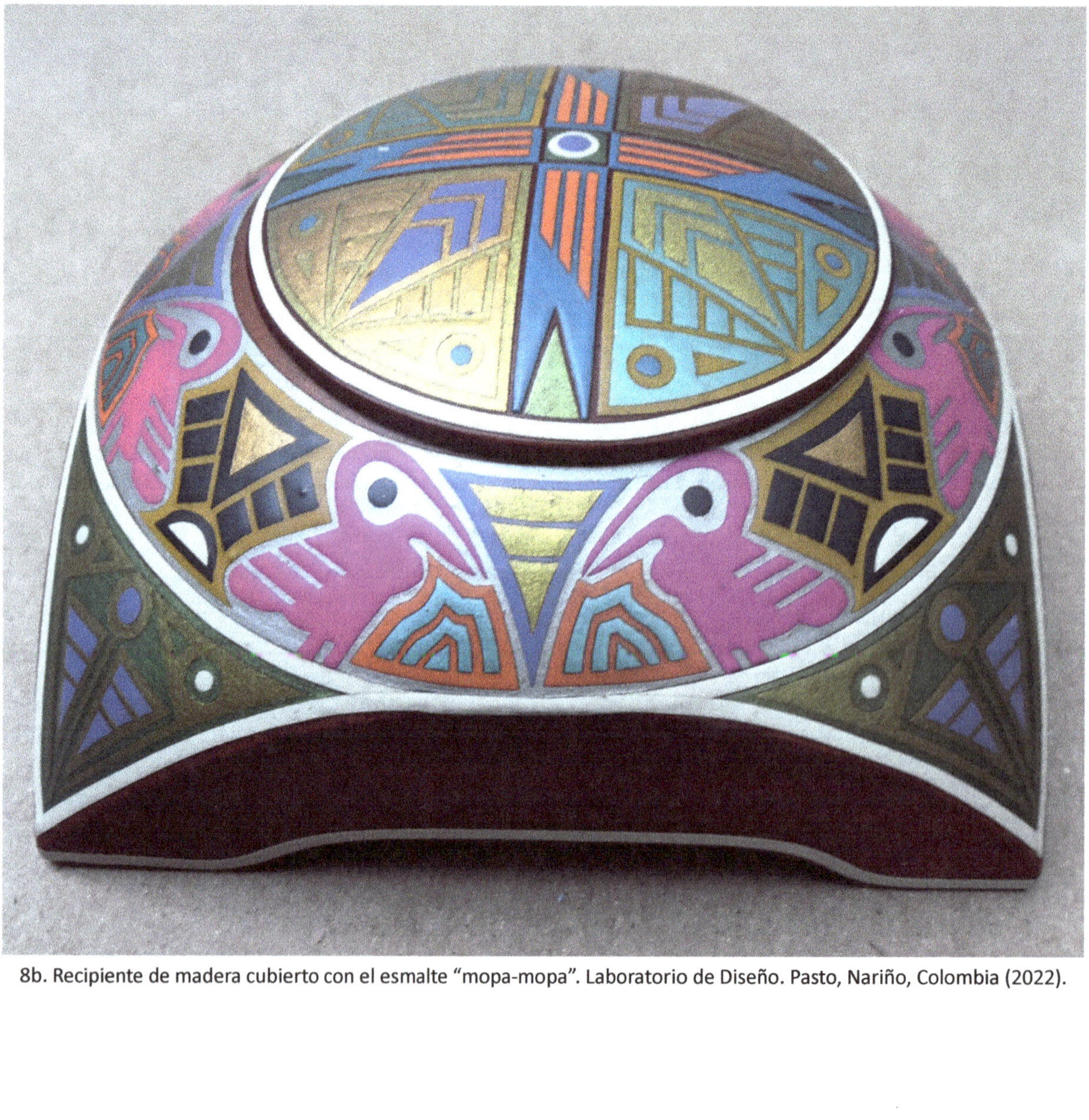

8b. Recipiente de madera cubierto con el esmalte "mopa-mopa". Laboratorio de Diseño. Pasto, Nariño, Colombia (2022).

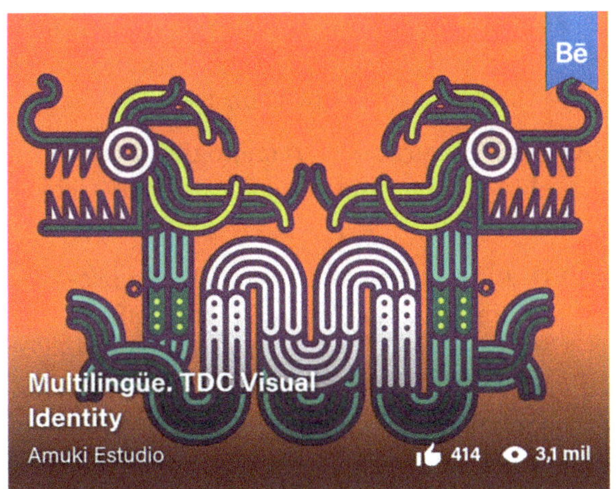

8c. Amuki Estudio. Multilingüe. Diseño digital (2023).

compuesta por tres broches fue adquirida para la colección del Victoria and Albert Museum de Londres en 2023.

Un caso interesante de apropiación es el de Vanessa Zúñiga del Ecuador. En 2014 terminó su investigación gráfica "Crónicas Visuales del Abya Yala" plena de elementos iconográficos precolombinos en repeticiones dinámicas y luego, con Amuki Estudio en 2023, diseña una tipografía modular de 128 módulos que sirve para diversos escenarios gráficos. Luego crea "Multilingüe" para uso en diversas lenguas nativas (Fig. 8c). Estos proyectos se encuentran en el ámbito digital y logran sorprender por su contemporaneidad y la posibilidad de participación de cualquier persona, inclusive de los no diseñadores.

Palabras finales

Siendo conscientes de que el uso de imágenes precolombinas en el diseño no es tan recurrente en los últimos tiempos en Latinoamérica (excepto en México), al respecto podemos mencionar el estudio sobre marcas con influencia precolombina en el que se encontró que, en los años sesenta del siglo XX, se comenzaron a utilizar los motivos. Ya en los años ochenta hubo más propuestas y en los años dos mil esto disminuyó considerablemente[9].

Hasta ahora hemos destacado nombres y obras de artistas y diseñadores, no obstante, queremos tener en cuenta también a esos artistas anónimos o diseñadores sin título o bien, artesanos quienes permiten la permanencia identitaria en lugares transitados o espacios en los que el diseño no se firma pero constituye la huella del pasado que refleja la continuidad del uso de los elementos icónicos precolombinos como parte de la identidad de los pueblos americanos. Baste ver objetos cotidianos en Perú con gráfica Nasca o Chimú o la señalética de Ciudad de México con pictogramas tomados de los códices o en la Universidad Nacional de Colombia sede Bogotá. los muros evocadores que resignifican la estatuaria de San Agustín y la iconografía indígena.

La identidad supone algo más que identificar a un pueblo o un país: Identidad es permanencia del legado ancestral y es el reflejo de lo que la sociedad quiere mostrar a propios y extraños y posiblemente representa el sentimiento del orgullo patrio o latinoamericano.

Bibliografía

ACUÑA, Luis Alberto, 1942. El arte de los indios colombianos. Historia de las Bellas Artes en Colombia. Ediciones Samper Ortega. México.

BALLESTAS, Luz Helena, 2010. Las formas esquemáticas del diseño precolombino de Colombia. Relaciones formales y conceptuales en el contexto cultural colombiano. Universidad Complutense de Madrid. España.

BALLESTAS, Luz Helena, 2004. Marcas con identidad precolombina. Identidad gráfica colombiana ¿Indígena? Colección Arte en los noventa. Escuela de Diseño Gráfico, Facultad de Artes. Universidad Nacional de Colombia.

BALLESTAS, Luz Helena, 2001. El lenguaje simbólico de las formas precolombinas. Boletín Cultural y Bibliográfico. Biblioteca Luis Ángel Arango. Banco de la República. Texto, carátula e ilustraciones de la autora. Páginas: 2 a 19. Volumen XXXVI. Número 52. Bogotá, 1999-2001.

9. (Ballestas: 2010. Cap.8:192)

BARNEY CABRERA; Eugenio, 1964. El arte agustiniano. Boceto para una interpretación estética de San Agustín (Huila). Escuela de Bellas Artes Universidad Nacional de Colombia. Bogotá, Colombia.

CASTRO, Dicken, 1981. Forma Viva. El oficio del diseño. Escala Fondo Editorial. Colombia.

CHAVES, Norberto, 1988. La Imagen corporativa. Teoría y metodología de la identificación institucional. Gustavo Gili S.A. Barcelona.

CONSUEGRA, David, 1994. Diseño Precolombino en la Marca Contemporánea Revista Arte-Facto No. 4. I semestre de 1994. Facultad de Artes Universidad Nacional de Colombia. Páginas 25 a 29.

CONSUEGRA, David, 1968. Ornamentación calada en la orfebrería indígena precolombina (Muisca y Tolima). Museo del Oro. Banco de la República. Bogotá Colombia.

GRASS, Antonio, 1972. Diseño Precolombino Colombiano. El círculo. Museo del Oro. Banco de la República. Bogotá Colombia.

FIADONE, Alejandro, 2001. El Diseño Indígena Argentino. Una aproximación estética a la iconografía precolombina. La Marca Editora. Buenos Aires Argentina.

MILLA EURIBE, Zadir, 1990. Introducción a la semiótica del diseño andino precolombino. Concytec. Perú.

PEPE, Eduardo, 2004. Diseño Indígena Argentino. Estudio de la coherencia formal como principio de reelaboración. Comm Tools. Buenos Aires, Argentina.

RECASENS, José de, 1986. El concepto de cultura. Cartillas de desarrollo cultural. Instituto Colombiano de Cultura. Bogotá, Colombia.

RENGIFO, Luis Ángel, 1966. La proporción armónica en la estatuaria agustiniana. Facultad de Artes Universidad Nacional de Colombia. Bogotá. Colombia.

ROZO Krauss, Rómulo, 1990. Rómulo Rozo escultor indoamericano. Delfos Editor, 1ª. Edición 1974. 2ª. Edición 1990. México.

SALINAS, Oscar, 2010. Tecnología y diseño en el México prehispánico. Editorial Designio. México.

SONDEREGUER, César, 1999. Diseño precolombino. Catálogo de iconografía Mesoamérica, Centroamérica-Suramérica. Ediciones Corregidor. Buenos Aires, Argentina.

Exposiciones

GUTIÉRREZ VIÑUALES, R. Fontán del Junco, M., Toledo Gutiérrez, M. Editores, 2024. Exposición Antes de América. Fuentes originarias en la cultura moderna. Fundación Juan March. Madrid 6 de octubre de 2023 – 10 marzo 2024.

SEMBRAR LA DUDA. INDICIOS SOBRE LAS REPRESENTACIONES INDÍGENAS EN COLOMBIA, 2023. Exposición y Catálogo. Colecciones Banco de la República. Museo de Arte Miguel Urrutia. Bogotá, 2023.

ENCUENTRO DE TEJEDORES DE LAS AMÉRICAS, 2012. Congreso. Centro de Convenciones del Palacio Municipal Cusco. 01 al 05 de octubre de 2012.

Web

https://aeromexico.com/es-mx/blog-de-viajes-inspirate/aniversario-aeromexico-caballero-aguila 18-06-2025

https://elpais.com/america-colombia/2024-09-15/colombia-despide-en-silencio-la-bachue-de-rozo-un-tesoro-artistico-incomprendido.html 6-2-2025

3

Aves, felinos y ofidios en los Templos Montaña amerindios

Sarai Ramos Muñoz[1]

Resumen

El siguiente estudio se centra en la comparación de las representaciones pictóricas de aves, felinos y ofidios de algunos de los principales Templos Montaña, tanto de la zona andina, como de Mesoamérica. Dentro de él se pueden apreciar las similitudes y diferencias arquitectónicas y escultóricas simbólicas de estas imágenes.

El análisis comparativo se realiza a través de un estudio iconográfico e iconológico de la arquitectura escultórica de dichos templos y de cada una de las representaciones zoomorfas relacionadas con el concepto del *Axis Mundi* prehispánico, centrándose en el águila, el jaguar y la serpiente.

Al mismo tiempo se analiza la importancia que tiene esta arquitectura escultórica para entender la imagen y la función que tienen los Templos Montaña en su entorno sagrado y mítico.

Palabras clave: Templos Montaña; iconografía-iconología; arquitectura escultórica; águila, jaguar y serpiente.

doi: 10.32873/unl.dc.zea.1603

Introducción

El siguiente estudio es una continuación de los trabajos realizados y presentados en los dos Congresos Internacionales de Iconografía Precolombina celebrados en Barcelona en 2019 y 2023 (CIIPI y CIIPII)[2].

---

1 Doctoranda en Historia del Arte (Universidad de Zaragoza); magister en Análisis y Gestión del Patrimonio Artístico (Universitat Autònoma de Barcelona) y miembro investigador del Grup d'Estudis Precolombins (GEP) de la Societat Catalana d'Estudis Històrics (SCEH) del Institut d'Estudis Catalans (IEC). Email: sarai_ramos_8@hotmail.com / sarairamosdeladron@gmail.com
Orcid: https://orcid.org/0009-0007-6574-8457

2 Consultar los artículos: RAMOS MUÑOZ, S.; 2024. «La representación del Axis Mundi en los Templos Montaña de Amerindia», dentro de SOLANILLA, Victòria (ed.); *Segundo Congreso Internacional sobre Iconografía Precolombina, 2023. Actas*, Nebraska: Zea Books, Lincoln; y RAMOS MUÑOZ, S.; 2020. «Los Templos Montaña y su simbología», dentro de SOLANILLA, Victòria (ed.); *Congreso Internacional sobre Iconografía Precolombina, Barcelona 2019. Actas: trabajos seleccionados*, Nebraska: Zea Books, Lincoln, pp. 112-142. . Aquí mostramos un análisis comparativo más exhaustivo de una selección de las muchas representaciones pictóricas de aves, felinos y ofidios de algunos de los principales Templos Montaña (TM) andinos y mesoamericanos.

Publicado en *Actas seleccionadas del SIMPOSIO ARTE 4.2: Migraciones en la imagen prehispánica: transitando territorios del pasado al presente. 58º Congreso Internacional de Americanistas, Novi Sad, Serbia, 2025.* Victória Solanilla Demestre y Annabel Villalonga Gordaliza, editoras. Zea Books, Lincoln, Nebraska. 2026. https://doi.org/10.32873/unl.dc.zea.1600

A través del estudio iconográfico e iconológico de la arquitectura escultórica de dichos templos, y de cada una de las representaciones zoomorfas elegidas, veremos las similitudes y las diferencias arquitecto-escultóricas y simbólicas de cada uno de estos TM, centrándonos en el concepto y la representación del *Axis Mundi* (AM) prehispánico.

También tenemos en cuenta la importancia que tiene la colorimetría de esta arquitectura escultórica para entender la imagen y la función que tienen estos TM en su entorno mítico-sagrado.[3]

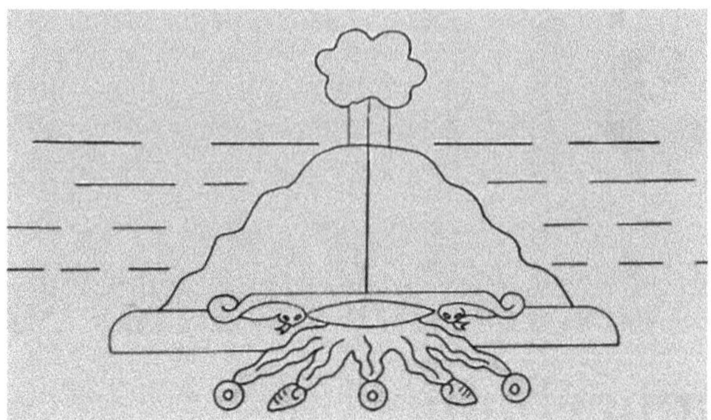

Fig. 1: Interpretación simbólica de la arquitectura del Templo Mayor.

El Templo Montaña (TM) y su entorno sagrado[4]

Antes de profundizar en el concepto del AM, queremos hacer un breve recordatorio de los que son los TM; para qué se utilizaban, cómo eran y la importancia de su entorno para poder comprenderlos en su totalidad.[5]

Los TM son una representación alegórica de la Montaña Sagrada (MS), son el centro del cosmos, pero también del mismo complejo arqueológico (CA). Estos edificios sagrados son el lugar donde se fusionan los pensamientos cósmicos, las ideas mítico-religiosas y el poder de los dioses y los gobernantes. El TM es la representación de la MS; pero también es la plasmación de su concepción del Universo: Tierra-Cielo-Inframundo (Fig. 1).

El concepto del Monte Sagrado o Cerro como lugar sagrado es lo que llevó a los indígenas a plasmar de forma arquitectónica las ideas cósmicas que tenían para así poder acercarse y comunicarse con los dioses y sus antepasados y, para lograrlo, construyeron estos grandes templos piramidales conocidas como TM.

«El urbanismo, la arquitectura, la escultura y la pintura forman un todo integral e integrador que se configura como un mensaje idóneo de fuerza y poder (Mª. T. Uriarte; 2012, p. 189)».

Cuando estudiamos estos CA amerindios, debemos tener en cuenta que todos ellos estaban planificados urbanísticamente y los edificios de culto más importantes de estos complejos están orientados hacia los puntos cardinales. Normalmente los ejes que siguen están marcados por el recorrido del sol, los solsticios y los equinoccios para así llevar a cabo los diferentes rituales necesarios para controlar los ciclos naturales relacionados, sobre todo, con la agricultura.

Como veremos con los principales animales sagrados, los TM también ocupan un lugar concreto en los centros ceremoniales (CeC), creando así una Geografía Sagrada (GS) donde

3 Para agilizar la lectura, en el siguiente artículo se usan diferentes abreviaturas de términos concretos repetidos a lo largo del discurso empleando las iniciales de cada palabra, apareciendo entre paréntesis la primera vez que son mencionadas en el texto. .

4 AIMI, 2003; ALCINA, 2000; AVELAR, 2009; BLANCO, 2000; CARCELLER, 2010; CARRILLO, 2016; ELIADE, 1983 (1957); FUX, 2012; GARCÍA, 2019; GAMEZ Y LÓPEZ, 2017; LÓPEZ AUSTIN Y LÓPEZ LUJAN, 1996 Y 2011 (2009); LÓPEZ AUSTIN, 1993; MANZANILLA, 1992; MAKOWSKI, 2020; MILLER, 1999; RAMOS, 2020 Y 2023; ROUX, 1999; SONDEREGUER, 1989; 1998; 2000; 2002 (1998); 2003 Y 2006; SONDEREGUER Y PUNTA, 2003 Y WEBSTER, 2002.

5 Para más información sobre el tema consultar: RAMOS MUÑOZ, S.; 2020. «Los Templos Montaña y su simbología», dentro de SOLANILLA, V. (ed.); *Congreso internacional sobre iconografía precolombina, Barcelona 2019, Actas: trabajos seleccionados*, Nebraska: Zea Books, Lincoln, 2020, pp. 112-142. .

estos templos se convierten en el foco principal de los CA.

Además, los CeC suelen estar situados cerca de afluentes de agua, ya sean ríos, cenotes o lagos; y próximos a montañas y sierras; creando así una visión mítica del territorio elegido. Al mismo tiempo, esta sacralidad del paisaje, dota a los edificios de un fuerte carácter sagrado y simbólico convirtiendo a los TM en una alegoría del AM consiguiendo una interacción e integración entre el paisaje creado, diseñado y pensado; con el natural y salvaje. Todo esto es lo que crea la GS de estos CeC, y hace que todos los edificios que conforman cada CA confluyan y se integren en la propia naturaleza.

El concepto del *Axis Mundi* prehispánico[6]

En la cosmovisión amerindia el principio fundamental es el de la dualidad donde todo se complementa y forma un todo único e integrador: lo masculino y lo femenino, la oscuridad y la luz, la noche y el día, el frío y el calor, arriba y abajo…

Dentro de la cosmovisión azteca,[7] en el centro del nivel terrestre, se encuentra el Templo Mayor, ombligo del mundo, del que parten las cuatro direcciones del Universo. En estos cuatro rumbos están Quetzalcóatl y Tezcatlipoca, en constante batalla, creando así el movimiento cíclico, el surgimiento de los soles, el fuego, la formación de la pareja humana inicial,[8] la creación del tiempo/calendario solar y los diferentes niveles del cielo y el inframundo. Arriba están los 13 cielos, y en el último es donde viven los dioses creadores.[9] Abajo están los 9 inframundos y en el Mictlán es donde viven los señores del lugar de los muertos.[10] En medio está la Tierra formada por el agua y el Cipactli (cocodrilo sagrado) con los cuatro rumbos antes mencionados. En cada una de estas partes hay un dios que se asocia con un color y un símbolo (lám. 1).

En la concepción simbólica del Universo amerindio, la Ceiba (Fig. 2) es el árbol sagrado que une el plano celestial, el terrenal y el inframundo en un solo eje donde las energías y fuerzas cósmicas fluyen constantemente de arriba a abajo y de abajo a arriba.

Para construir estos templos según su concepto de AM lo que hicieron fue crear estos TM, unas pirámides escalonadas donde plasmaron el esquema de su concepción del Universo en la topografía sacra. Esta manera de construir es la mejor para concebir esta idea arquitectónicamente, entendiendo el TM como la escalera de ascensión al Cielo o de descenso al Inframundo. Para poder construir estos templos, los amerindios se basaron en el principio básico de morfoproporcionalidad,[11] regulando así las dimensiones de las formas en relación con su

---

6 AIMI, 2003; ALCINA, 1991 Y 2000; ARDEVOL Y MUNILLA, 2003; AVELAR, 2009; BADILLO Y BERMÚDEZ, 2017; BAQUEDANO, 1987; BARBIER, 1997; BERENGUER, 2000; BURENHULT, 1994; CASO, 1953; CAMACHO, 2013; CARCELLER, 2010; CARRILLO, 2016; DAVIES, 1977; ELIADE, 1983 (1957); GARCÍA, 2019; GARRIDO, 1997; GAMEZ Y LÓPEZ, 2017; GODOY Y SARMIENTO, 2019; GUSSINYER, 1992-93; JANUSEK, 1994; LÓPEZ AUSTIN Y LÓPEZ LUJAN, 1996 Y 2011 (2009); LÓPEZ AUSTIN, 1993 Y 1994; MAKOWSKI, 2020; MARQUINA, 1981A Y 1981B; MATOS MOCTEZUMA, 1989; MATOS MOCTEZUMA Y SOLÍS OLGUÍN, 2002; MONTEJO Y GARAY, 2005 (1999); RAMOS, 2020 Y 2023; ROUX, 1999; SOLÍS, 2000; SONDEREGUER, 1989; 1998; 2000; 2002 (1998); 2003 Y 2006; SONDEREGUER Y PUNTA, 2003; ŠPRAJC, 1998 Y 2001; STIRLING, 2001; THOMAS, 1995; VRANICH, 2001 Y YOUNG, 2009.

7 Para más información sobre el tema consultar los estudios citados en la bibliografía de E. Matos Moctezuma; A. López Austin y L. López Luján.

8 Ciptactonal y Oxomoco.

9 Tonacateuhtli y Tonacacihuatl.

10 Mictlantecuhtli y Mictecacihuatl.

11 Para más información sobre el tema consultar los estudios citados en la bibliografía de C. Sondereguer.

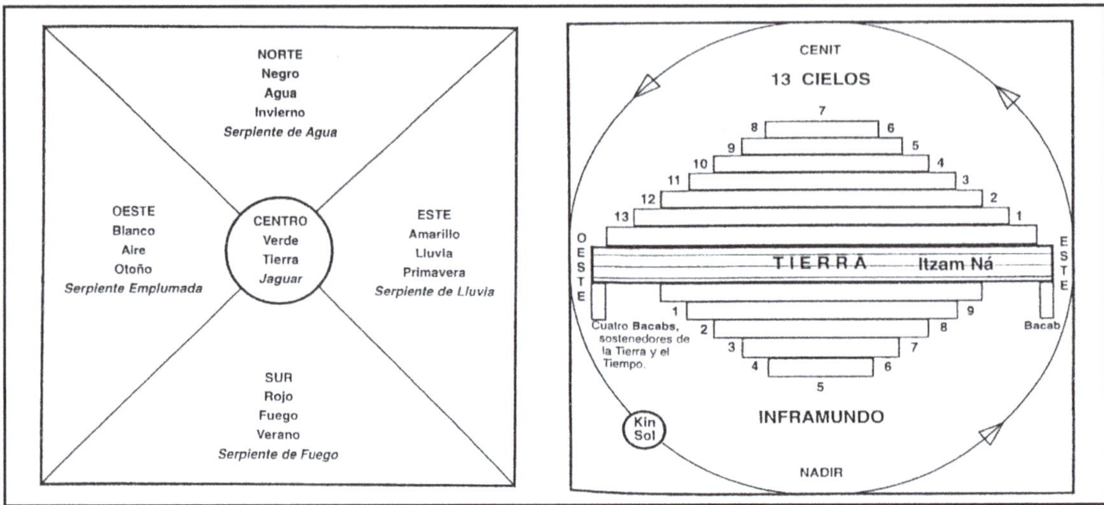

Lám. 1: Representaciones esquemáticas del Axis Mundi prehispánico (imágenes cedidas por la Dra. V. Solanilla)

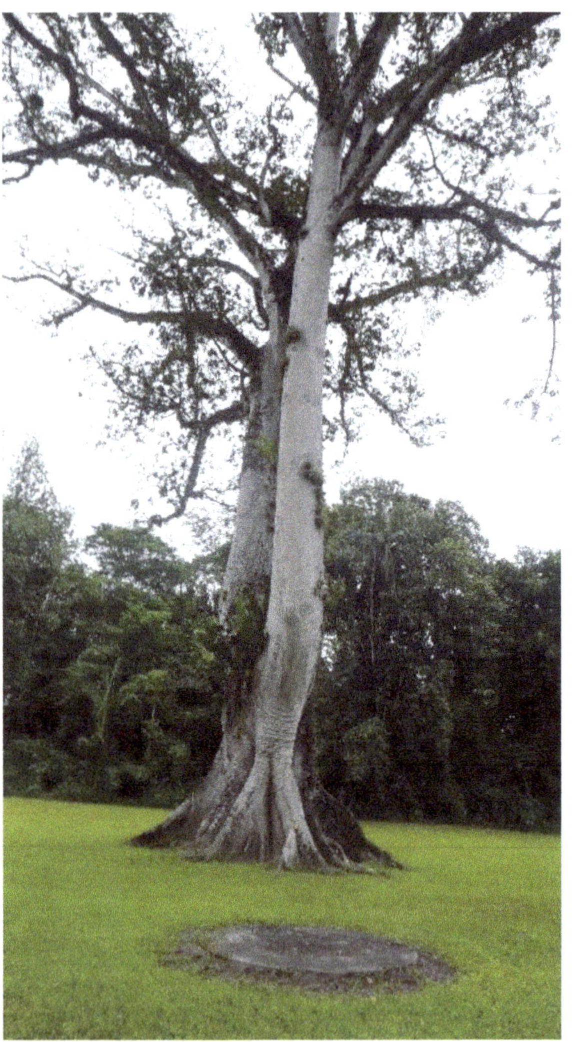

Fig. 2: Ceiba con altar contemporáneo, Quiriguá, Guatemala (SRM, 2023).

estructura y espacialidad y estableciendo unos cánones generales, pero, al mismo tiempo, con peculiaridades distintas en cada cultura y en cada zona geográfica.

Por lo tanto, los TM son en esencia la propia representación cosmológica y cosmogónica de la concepción del Universo precolombino entendiendo estos monumentos como el centro del propio CA donde todo queda integrado a través de la arquitectura, la escultura y la pintura.

Correrr, volar y reptar[12]

Los TM de estos CeC están decorados con diferentes motivos: zoomorfos, antropomorfos, geométricos, fitomorfos... pero dentro del imaginario precolombino destacan tres animales sagrados que se vinculan con esta idea del Universo: Águila/cóndor; Jaguar/puma y Serpiente.

La representación de estos motivos iconográficos en los TM, y en los propios CA, hace que cada una de las partes del monumento y las zonas del CeC donde se encuentran esculpidos y/o pintados estos animales, estén relacionados directamente con la concepción del AM. Las aves, especialmente el águila y el cóndor, están vinculadas al cielo y el sol; los felinos se relacionan con lo terrenal y poderoso, con la noche y los gobernantes; y las serpientes son animales húmedos y mojados que se asocian con el Inframundo, el fuego y el aire.

Todos estos animales sagrados se encuentran representados en las fachadas de los TM, en sus interiores, en las esculturas que los complementan, en los objetos hallados en sus interiores o a sus alrededores... haciendo que el TM cobre verdadero sentido gracias a todos ellos.

Asimismo, no debemos olvidar la policromía de todos estos materiales que hoy, en su gran mayoría, vemos desnudos, y la importancia de la simbología del color de cada uno de ellos.

Por lo tanto, no es de extrañar, que en todo el mundo amerindio se hayan elegido los mismos animales sagrados para ser representados, ya que todos ellos se vinculan con las principales creencias religiosas, míticas y sagradas de todas las culturas, andinas y mesoamericanas. Aunque todas las representaciones albergan sus particularidades, el simbolismo es el mismo.

«(...) Hubo sorprendente similitud en los cultos felínicos, ofídicos y ornitológicos en toda Amerindia. Las creencias zoomíticas, como causalidades cósmicas, sí difundieron en los dos principales núcleos culturales: la zona mesoamericana y la andina central pero, sus respectivas creatividades del diseño transmutando ideas míticas en corporeidades icónicas, fueron autóctonos de cada alta y media cultura-autor y específica de la circunstancia topográfica regional conformando sus particulares morfologías. Difundida por todo el territorio americano, la adoración de 3 animales: el jaguar, la serpiente y el ave, configuran metonimias cósmicas del Poder, o sea, símbolos causales de las básicas fuerzas vitales de la Tierra, la Fecundidad, la Lluvia y el Cielo y de las principales dualidades existenciales: masculino-femenino, día-noche, vida-muerte, cielo-tierra, etc. (Sondereguer, C. y Punta, C.; 2003, p. 24)».

Felinos

Los felinos son uno de los animales más representados ya que son una alegoría del poder, sobre todo en las culturas madres amerindias: la cultura Olmeca en Mesoamérica y la cultura Chavín en la Zona Andina. Como ya escribimos, para estas culturas, el felino también es la representación del cosmos en su totalidad, es decir, es la alegoría de la fecundidad, el Sol, la lluvia y la Tierra. En Mesoamérica encontramos al jaguar, un animal sigiloso, poderoso, nocturno, con mucha fuerza... y, en la Zona Andina están el puma y el lince, de nuevo

12 ALCINA, 1991; BERENGUER, 2000; BLANCO, 2000; BURENHULT, 1994; CARLSON, 2012 Y 2013; COE, M. D.; 1999; COE, W. R.; 1990; FUX, 2012; GÓMEZ, 2013; GUTIÉRREZ, 2003; JANUSEK, 1994 Y 2005; LÓPEZ AUSTIN; LÓPEZ LUJAN Y SUGIYAMA, 1991; LUMBRERAS, 1993; MAKOWSKI, 2010; MANZANILLA, 1992; MARQUINA, 1981A Y 1981B; MARTIN Y GRUBE, 2002 (2000); MILLER, 1999; MUÑOZ Y QUINTANA; 1996; MUÑOZ, 1997; MUÑOZ; VIDAL Y VALDÉS, 1999; O'NEIL, 2019; PIÑA Y MATOS, 1998; RAMOS, 2020 Y 2023; SALA, 2023; RUZ, 1992 (1972); SONDEREGUER, 2000; 2002 (1998) Y 2003; SONDEREGUER Y PUNTA, 2003; STIERLIN, 2001; TRIK, 1963; URIARTE, 2012; VÁZQUEZ, 2020; VRANICH, 2001; YOUNG, 2009 Y WEBSTER, 2002.

felinos aterradores, poderosos, nocturnos; animales muy importantes dentro de la fauna y la iconografía de los Andes. Los felinos son representaciones del poder, la fuerza y la propia divinidad. Son seres peligrosos, fuertes y nocturnos relacionados tanto con el Inframundo, como con lo celestial, lo terrenal y lo mundano y, por ello, vinculados con los sacerdotes y gobernantes. Los felinos más representados en todo el arte prehispánico son el jaguar y el puma, y pueden aparecer en su forma original o de manera hibrida, ya sea con cuerpo humano o de otros animales.

En la zona andina, el CA de Chavín de Huántar en Perú es uno de los lugares sagrados donde los felinos cobran un papel importante y muy relevante dentro de todo el imaginario plasmado. En él destacan las famosas **cabezas clava** (Figs. 3 y 4); unas pequeñas esculturas redondeadas antropomorfas con rasgos felínicos muy característicos de Chavín: colmillos grandes, garras y cejas peludas. Estas esculturas están adheridas a las paredes de los templos principales del sitio, como el Templo Viejo, el Templo Semisubterráneo o la Plaza Circular

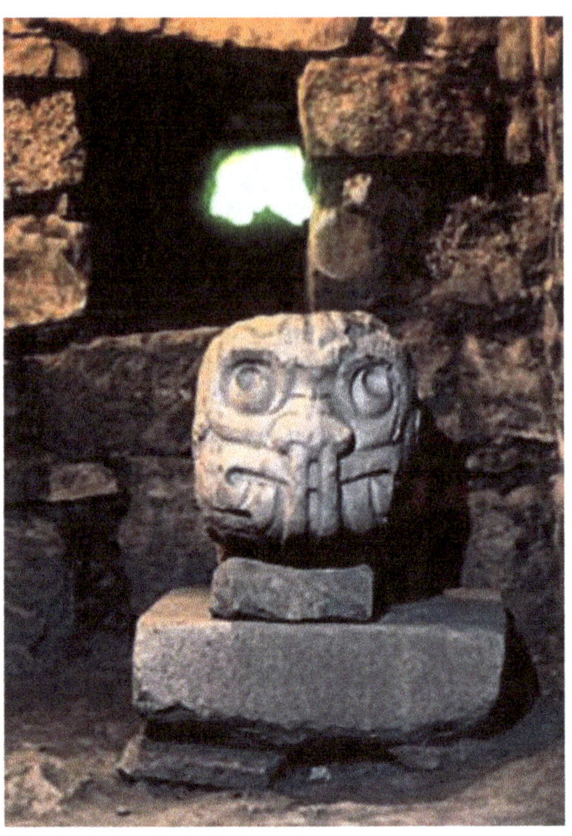

Fig. 3: Cabeza clava interior, Chavín de Huántar, Perú.

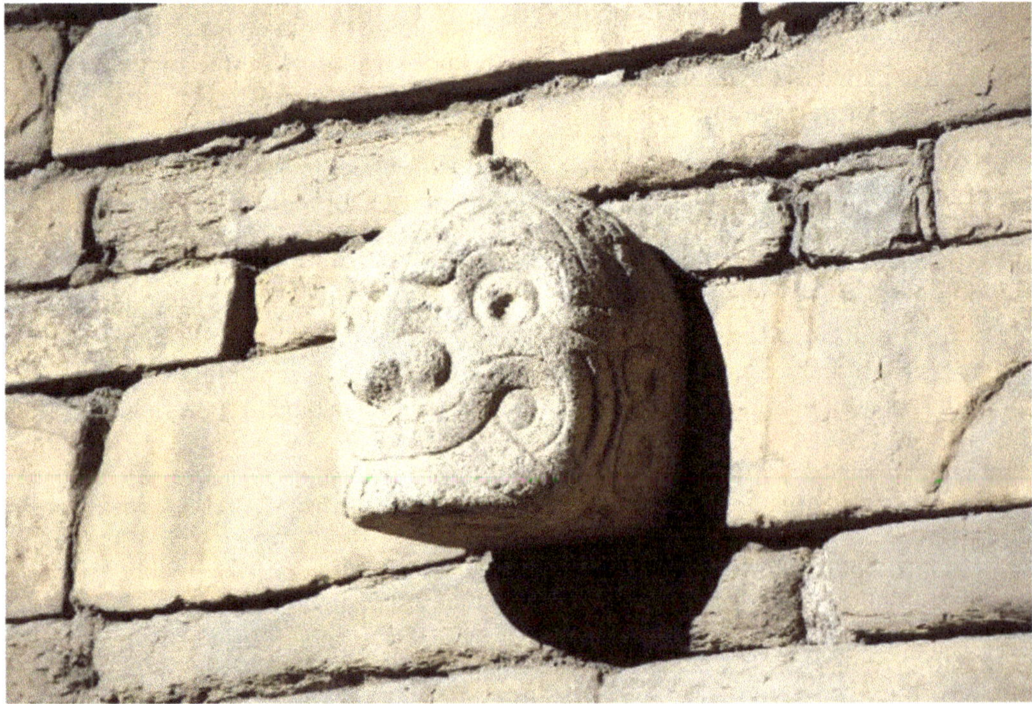

Fig. 4: Cabeza clava *in situ* en el muro, Chavín de Huántar, Perú.

hundida, porque terminan en una prolongación, como un clavo, que permite empotrarlas fácilmente a los muros. Estas esculturas sirven, tanto para decorar las fachadas, como para dotar a los edificios de un fuerte simbolismo y poder, así como para protegerlos. En origen, según los orificios que hay en los muros, había 56 cabezas clavas, pero hoy en día solo se conserva una *in situ* y el resto están en museos o han desaparecido. Además, las cabezas clava servían para remarcar la importancia de estos edificios ya que éstos son los lugares principales donde se llevaban a cabo los rituales y ceremonias más destacadas.

En el mismo sitio de Chavín, encontramos los famosos **relieves esculpidos de la Plaza Circular hundida** (lám. 2). Estos relieves rectangulares muestran diferentes felinos y otros personajes antropomorfos con rasgos felínicos, de aves o de serpientes (seres míticos). Todos los relieves de animales están dispuestos de forma horizontal, justo debajo de los relieves verticales que incluyen los personajes antropomorfos en un tamaño más grande. Todos los animales de los relieves están esculpidos a cuatro patas y miran en la misma dirección, hacia la puerta de entrada a la plaza circular, para remarcar la importancia del sitio ya que conecta con la Galería del Lanzón. Algunos de estos animales tienen el cuerpo decorado con círculos simulando las manchas del puma y el jaguar. Los personajes antropomorfos se presentan como una procesión de sacerdotes (o

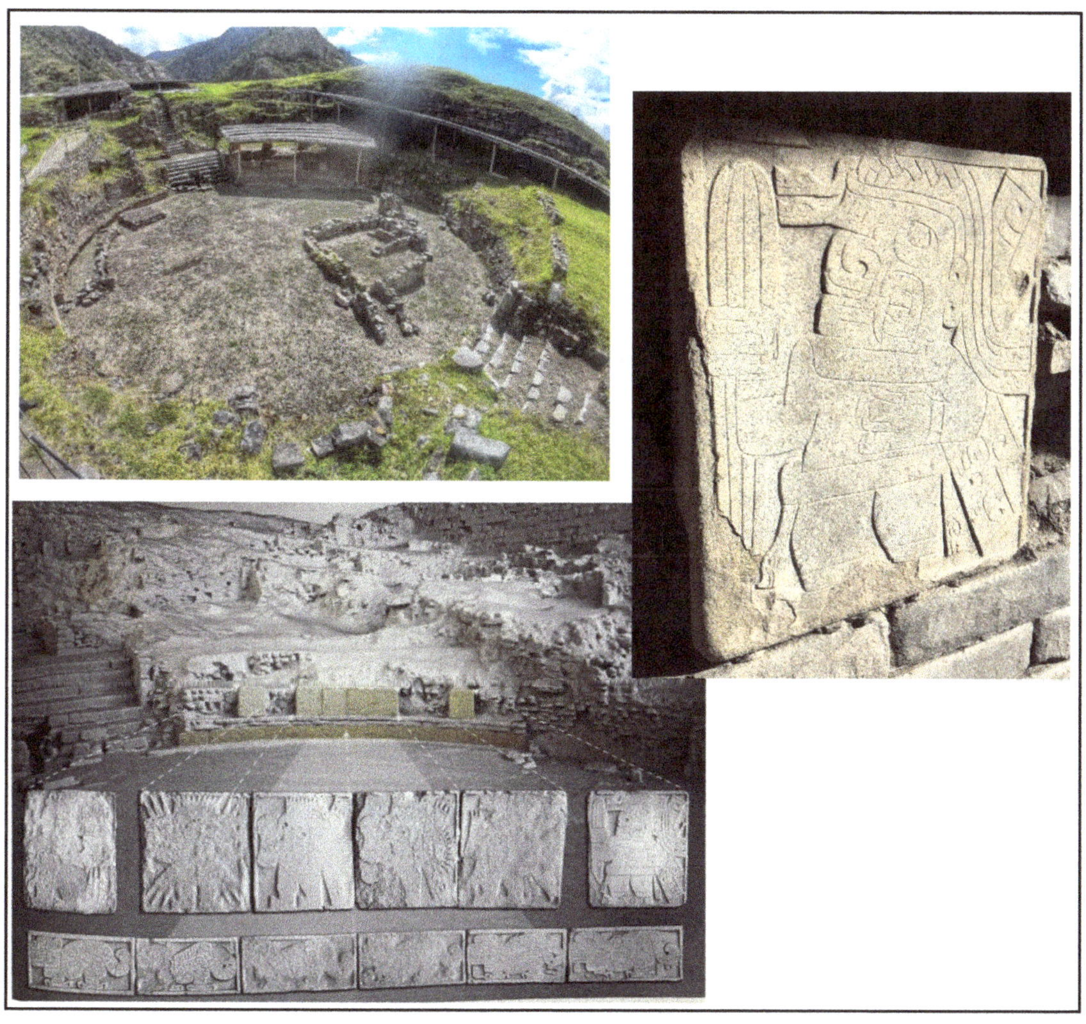

Lám. 2: Relieves de la Plaza circular hundida, Chavín de Huántar, Perú.

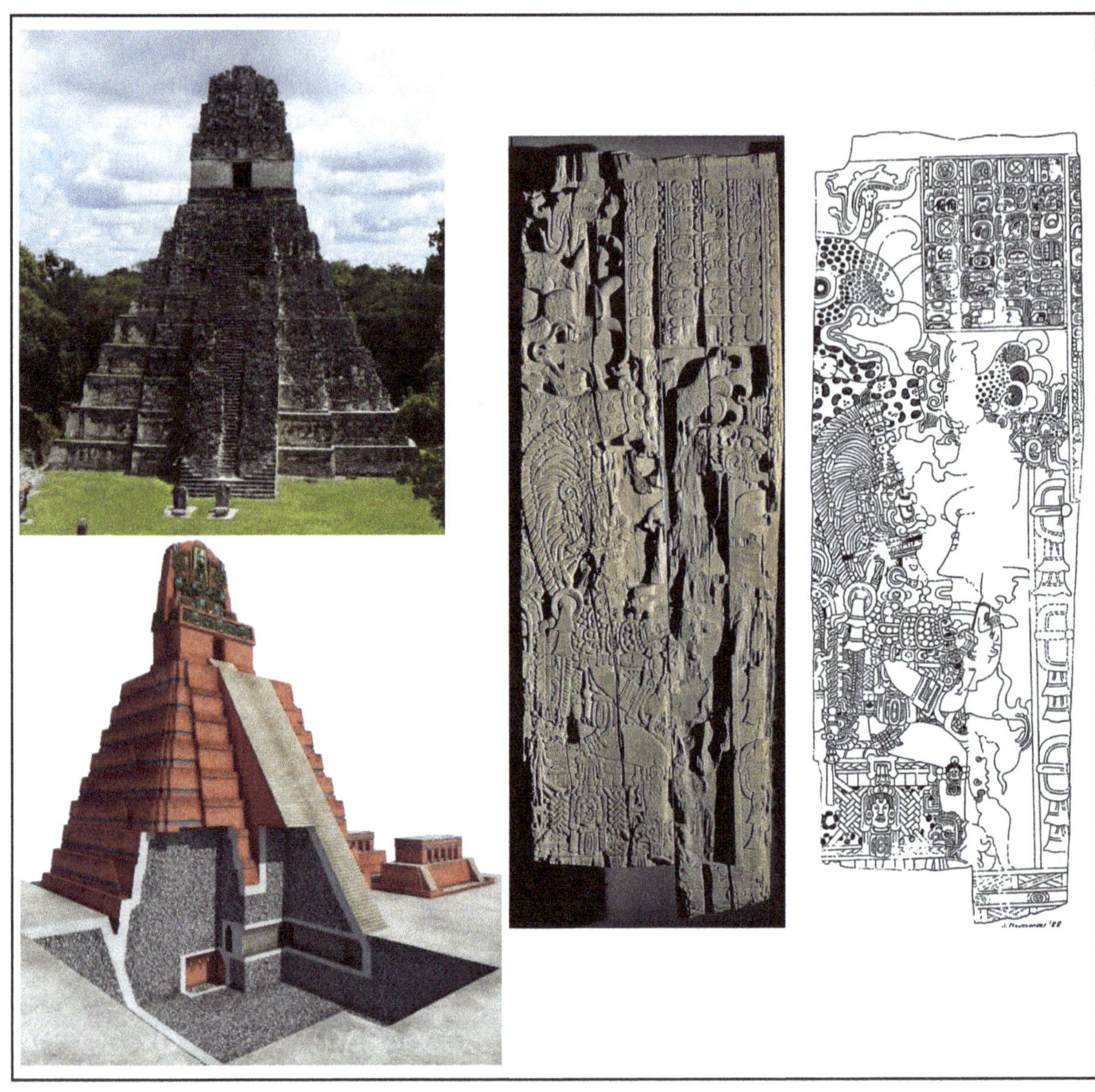

Lám. 3: Templo 1 o de El Gran Jaguar de Tikal y su dintel nº 3, Guatemala.

danzantes) que también miran hacia la puerta principal. Todos estos hombres presentan rasgos faciales felínicos: con las narices chatas, grandes colmillos y manos con garras. Además, portan báculos o arcos y flechas y sus cabezas están decoradas con plumas de aves o cuerpos de serpiente como cabello; así como garras de pájaro en los pies. Es decir, en estas representaciones antropomorfas de Chavín podemos ver esta hibridación de las formas con los tres animales sagrados que representan el AM prehispánico y serían una alegoría misma de éste, como una marcación de la importancia de estos seres, seguramente sacerdotes.

En Mesoamérica encontramos numerosas representaciones de felinos, y uno de los casos más destacados es el del **Templo I de Tikal**, en Guatemala (lám. 3). Este templo funerario fue construido por el gobernante Jasaw Chan K'awiil (682-734) y su hijo entre el 700 y el 750 dC. Se trata de una estructura piramidal de nueve cuerpos superpuestos, con una gran escalinata central y un templo superior dividido en tres cámaras decorado con una enorme crestería. Este TM no es solo famoso por la representación de su **crestería** donde vemos representado a Jasaw con pieles de jaguar sobre un trono rodeado de serpientes emplumadas y volutas;

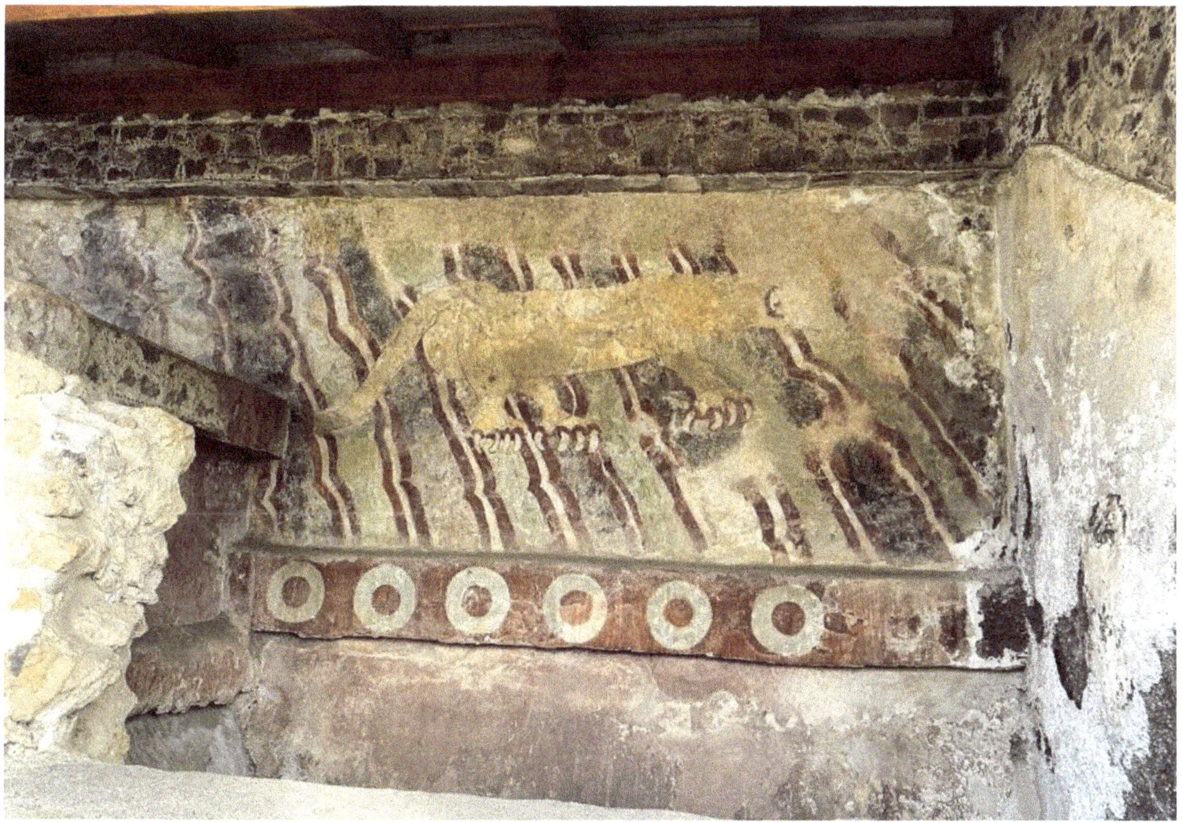

Fig. 5: Mural del jaguar o pumas, Teotihuacán, México.

sino también por el dintel que hay en su interior. Éste, el **dintel 3**, está hecho de madera de chicozapote pintado completamente en rojo con las figuras esculpidas y pintadas en negro.[13] En él podemos ver al gobernante sentado encima de un palanquín acompañado por una efigie de jaguar, posiblemente una representación del ser sobrenatural conocido como "Nuun B'alam Chaaknal". Jasaw aparece ataviado con un gran tocado de plumas, un enorme collar de cuentas de jade, una nariguera, orejeras y pulseras redondas, tal y como fue encontrado en su tumba en el interior del mismo TM (el entierro 116 de Tikal[14]). Detrás de él, aparece el jaguar con las fauces abiertas enseñando sus enormes colmillos y sacando la lengua, todo ello para remarcar el poder del gobernante.

Otro caso destacado de felinos en Mesoamérica son los numerosos ejemplos que podemos encontrar en la ciudad sagrada de Teotihuacán, en México. Un ejemplo de felinos es el antiguo **Mural del jaguar o puma** que encontramos en el tablero de uno de los edificios al norte de la calzada de los muertos de Teotihuacán (Fig. 5). En él podemos ver los restos monumentales de un felino visto de perfil, sin cabeza, que simula caminar sobre unas amplias bandas onduladas y transversales rojas, blancas y verdes (simulando un lugar acuático). El felino se desplaza en sentido horizontal y su lomo y su vientre están perfilados con una línea fina levemente ondulada.

13 Además de las imágenes del gobernante y el jaguar, en el dintel hay una serie de jeroglíficos que narran la celebración de la victoria de Jasaw Chan K'awiil en el 695 dC sobre la ciudad de Calakmul. .

14 Descubierto en 1962 por A. Trik donde se halló el cuerpo de Jasaw Chan K'awiil cubierto con grandes cantidades de adornos de jade y acompañado por un enorme ajuar funerario donde destacan las pieles de jaguar, los vasos cerámicos policromados, un cuenco de jade con tapa con la cabeza del gobernante y huesos de animales y humanos tallados y decorados con escenas mítico-religiosas y jeroglíficos.

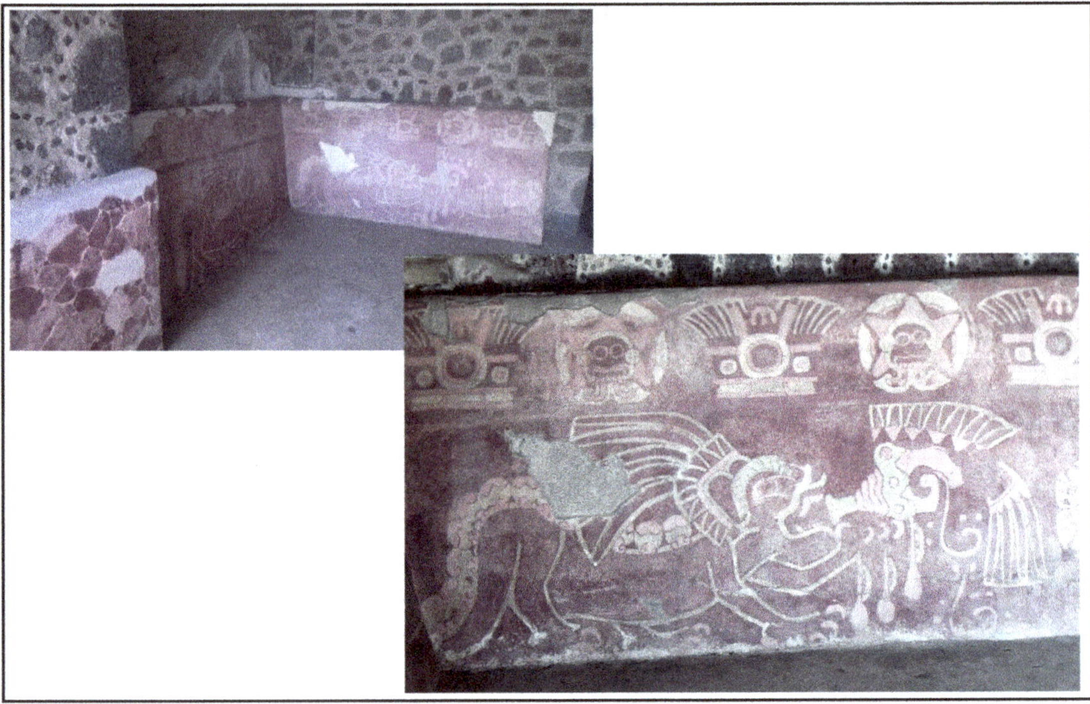

Lám. 4: Patio de los jaguares del Palacio de Quetzalpapálotl, Teotihuacán, México.

Tiene una cola angosta que desciende y se curva suavemente, junto con tres patas visibles muy cortas con cuatro grandes garras cada una. La imagen del felino, sobrepuesto sobre el fondo de bandas onduladas, está enmarcada y en el listón del tablero hay una decoración de anillos verdes (chalchihuites, piedras semipreciosas) que se repiten rítmicamente a intervalos regulares, sobre un fondo rojo oscuro.

Otro ejemplo de esta misma ciudad es el del **Patio de los Jaguares** dentro del conjunto de Quetzalpapálotl construido entorno al s. III dC (lám. 4). En los muros del norte hay representados felinos, en una especie de procesión, tocando trompetas de caracoles emplumados. Los felinos tienen el cuerpo alargado en color rojo oscuro, con la cabeza levemente echada hacia arriba; el ojo hecho con dos líneas curvas en color rosa; las orejas erguidas y redondeadas están arriba, detrás de las cejas; el hocico abierto muestra los dientes y los colmillos y se ve una pequeña nariz circular. Los felinos están de perfil, colocados en posición simétrica. Todos llevan un elaborado tocado de largas plumas y sobre sus lomos hay una línea de conchas marinas que continúan hacia la cola. Con una de sus patas delanteras sostiene el caracol marino adornado con plumas de quetzal y sabemos que los están haciendo sonar porque, justo delante de ellos, aparecen dos floridas volutas, y se desprenden gotas que aluden a ojos de agua. En la parte superior, y a los lados de los felinos, hay una cenefa formada por dos figuras simbólicas alternadas entre sí: un elaborado tocado de plumas colocado de frente y un rostro de Tláloc con lengua bífida en el centro de una estrella de cinco puntas. Toda esta representación es una evocación al agua y a la fertilidad y, seguramente, tenía relación con alguno de los rituales que se llevaban a cabo en este lugar.

Aves

Las aves siempre se relacionan con el mundo celestial y con los principales dioses del Cielo, y por ello, todas se consideran sagradas. En los Andes destacan el cóndor, el colibrí y el búho y, en Mesoamérica, destacan el águila, el quetzal y el búho. Todas estas aves se vinculan con los espíritus y ancestros que bajan a la Tierra para comunicarse con los sacerdotes o los gobernantes y, por lo tanto, son animales

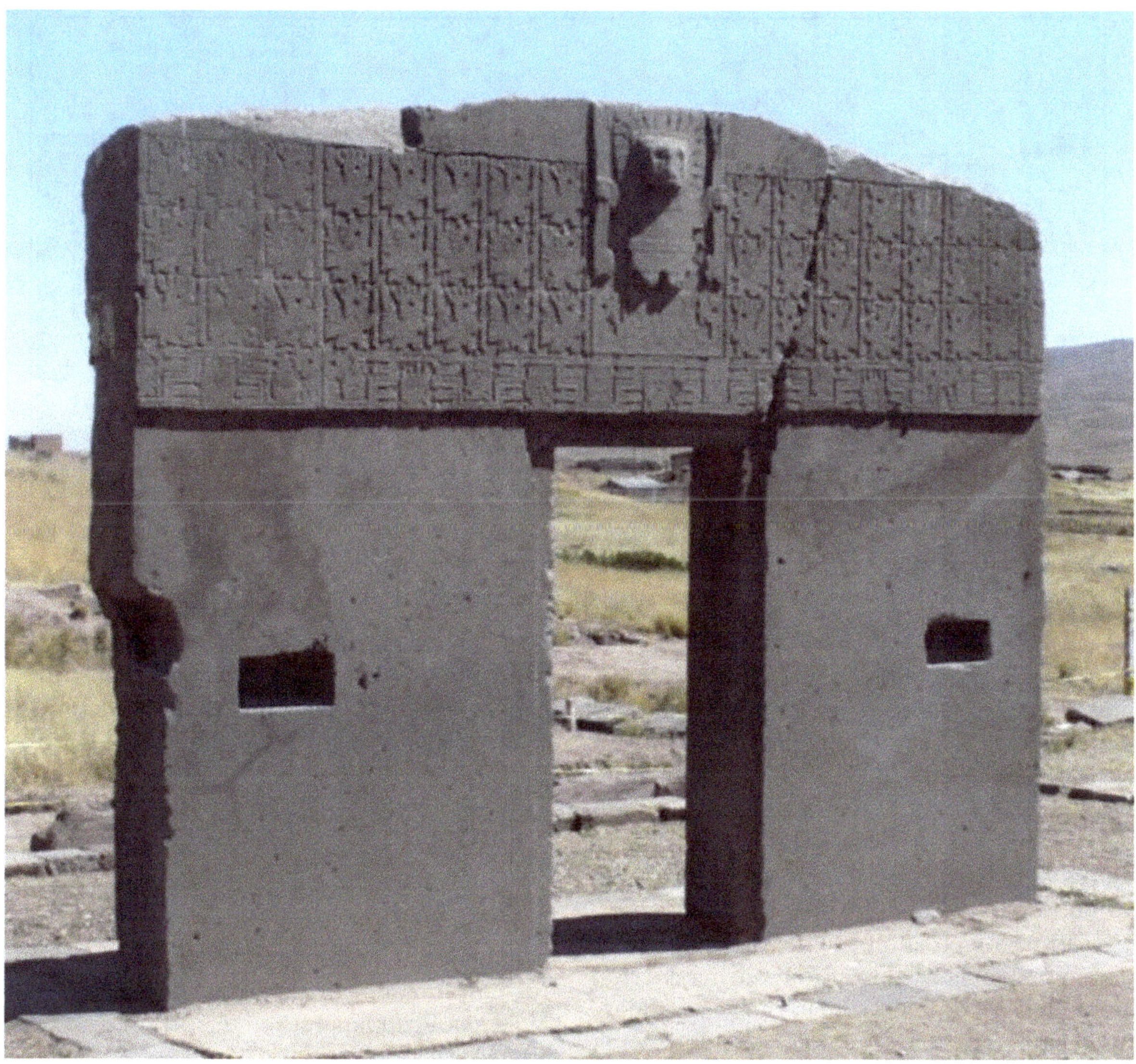

Fig. 6: Puerta del Sol de Tiahuanaco, Bolivia.

sagrados y venerados. Se pueden representar iconográficamente de distintas formas: figurativa idealista, abstracta figurativa o abstracta geométrica, pero siempre albergan este fuerte carácter simbólico y religioso relacionado con el Cielo y los espíritus.

En la zona andina encontramos un famoso monumento que acompaña a dos de los TM principales de Tiahuanaco, en Bolivia: la Pirámide de Akapana y el Templo de Kalasasaya; se trata de la famosa **Puerta del Sol de Tiahuanaco** (Fig. 6). La puerta está hecha de un monolito único de andesita de 3 metros de alto por 4 metros de ancho. En él vemos tallado al dios Viracocha (señor de los Báculos) en el centro de la composición, acompañado por dos seres antropomorfos con rasgos de ave: cabeza de cóndor y alas. A cada lado del dios central, hay una procesión de 48 figuras dispuestas en tres franjas horizontales que representan a soldados-aves que portan bastones en las manos y se dirigen hacía él. Las figuras centrales tienen cabeza de cóndor y el resto cabeza de humano. La composición es muy simétrica, aunque la puerta quedó inconclusa ya que hay varias figuras sin acabar. Posiblemente, estas representaciones estén relacionadas con los ciclos solares, lunares y venusianos ya que contiene símbolos astronómicos y astrológicos relacionados con otros monumentos del CA.

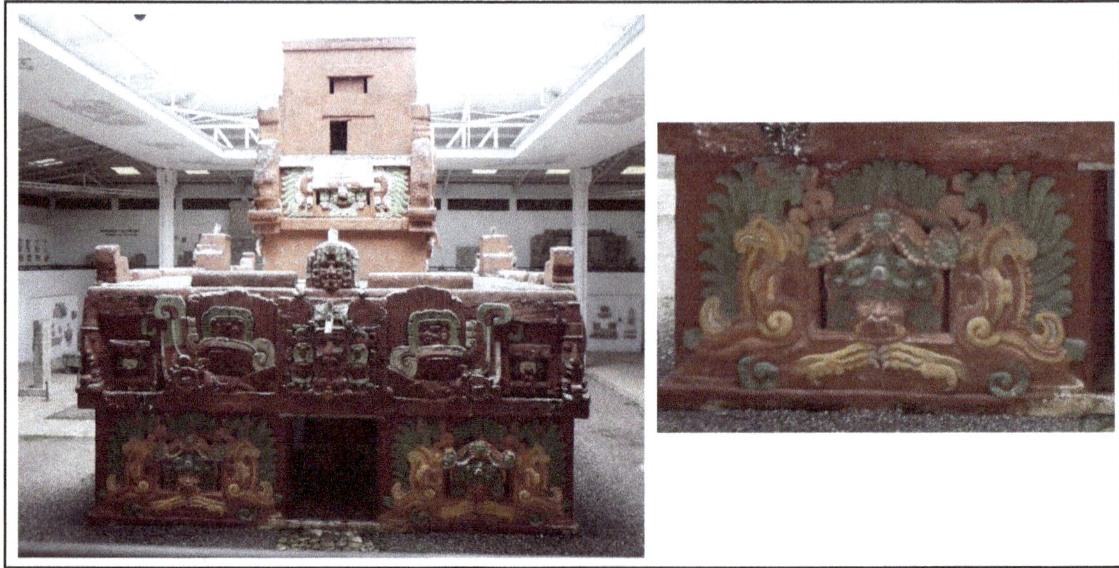

Lám. 5: Templo de Rosalila, Museo de Copán Ruinas, Honduras.

En Mesoamérica también encontramos innumerables representaciones de aves; un ejemplo de ello es el **Templo de Rosalila** de Copán, en Honduras (lám. 5). Este TM fue construido en el s. VI dC, bajo el reinado del décimo gobernante de la ciudad, al S-O de la plaza de los Jaguares, justo debajo de la Pirámide 16 de Copán. El templo fue enterrado ya en época maya y en el Museo de Arqueología de Copán podemos encontrar una reconstrucción a escala. El TM tiene tres cuerpos superpuestos recubiertos de un color rojizo y decorados con diferentes seres y animales mítico-religiosos pintados con colores vivos y llamativos como el rojo, el verde, el amarillo, el azul y el blanco. La fachada principal es la oeste y está profusamente decorada: en los laterales de la puerta de acceso hay unos mascarones antropomorfos con rasgos ornitoformes, concretamente de guacamayas. Las figuras presentan unas grandes plumas verdes alrededor de la cabeza y unas patas con grandes garras amarillas; flanqueadas por dos serpientes con las fauces abiertas. En el friso superior encontramos un gobernante en el centro ricamente ataviado con joyas de jade y plumas de quetzal, todo pintado en verde. A ambos lados de éste, hay representaciones esquemáticas de cuerpos de serpientes en verde y amarillo, relieves con aves y mascarones antropomorfos en las esquinas, ambos en rojo. En la parte superior central del templo encontramos un mascarón con un gran tocado de plumas verdes, con nariguera, orejeras y collar de cuentas de jade.

Otros dos ejemplos mesoamericanos donde encontramos aves representadas están en el complejo de Quetzalpapálotl de Teotihuacán, en México: la subestructura de los Caracoles Emplumados y el patio de los pilares de Quetzalpapálotl. La **subestructura de los Caracoles Emplumados** se construyó debajo del Palacio de Quetzalpapálotl en el s. III dC (lám. 6). La decoración que da nombre a esta estructura la encontramos en el tablero del basamento del templo. En él podemos ver una procesión de aves verdes de perfil sobre un fondo rojizo, posiblemente loros o guacamayas. Éstas tienen las plumas cortas y anchas y de sus picos naranjas salen corrientes de agua que llegan a unas flores amarillas de tres pétalos. Todas las aves están dispuestas simétricamente hacia la escalinata central del templo y van acompañadas de otros motivos marinos (caracoles emplumados) y florales (flores de tres y cuatro pétalos) dispuestos todos en franjas verticales.

El **patio de los pilares** es el corazón del edificio y es el que da nombre a todo el complejo arquitectónico construido en el s. V-VI dC (lám. 7). Este es el único edificio de Teotihuacán decorado con columnas labradas con motivos iconográficos de aves: quetzales en el lado

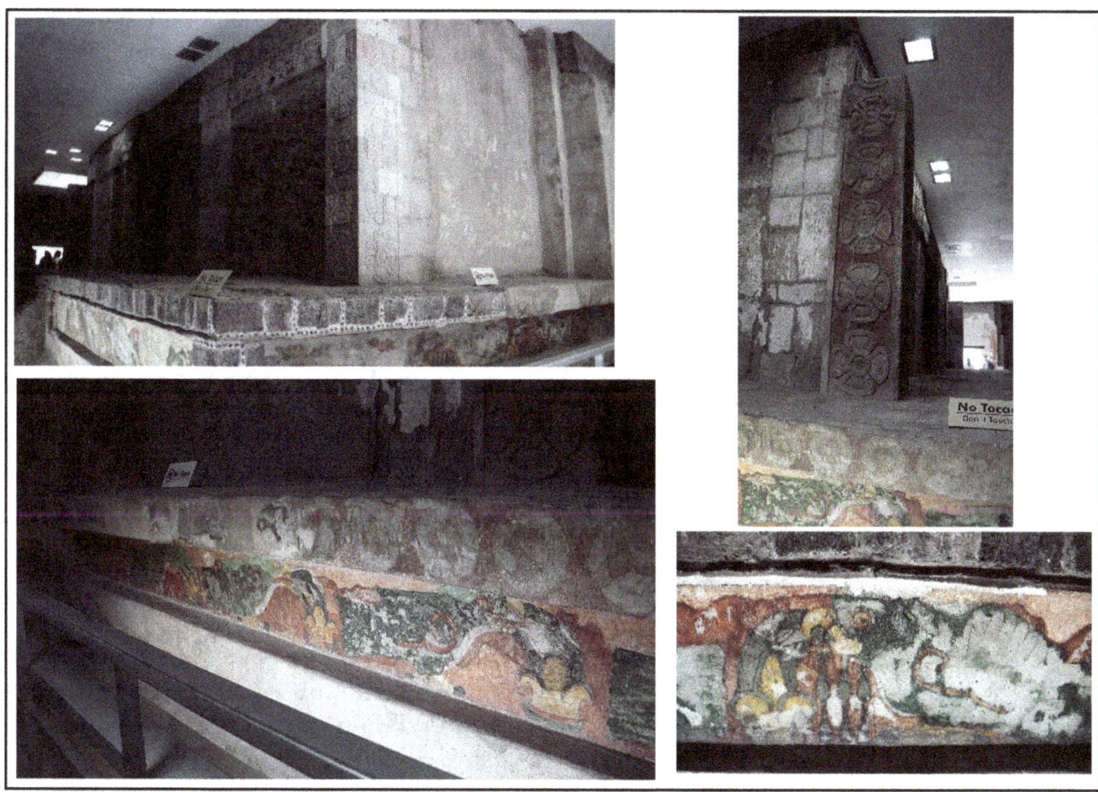

Lám. 6: Subestructura de los Caracoles Emplumados del Palacio de Quetzalpapálotl, Teotihuacán, México.

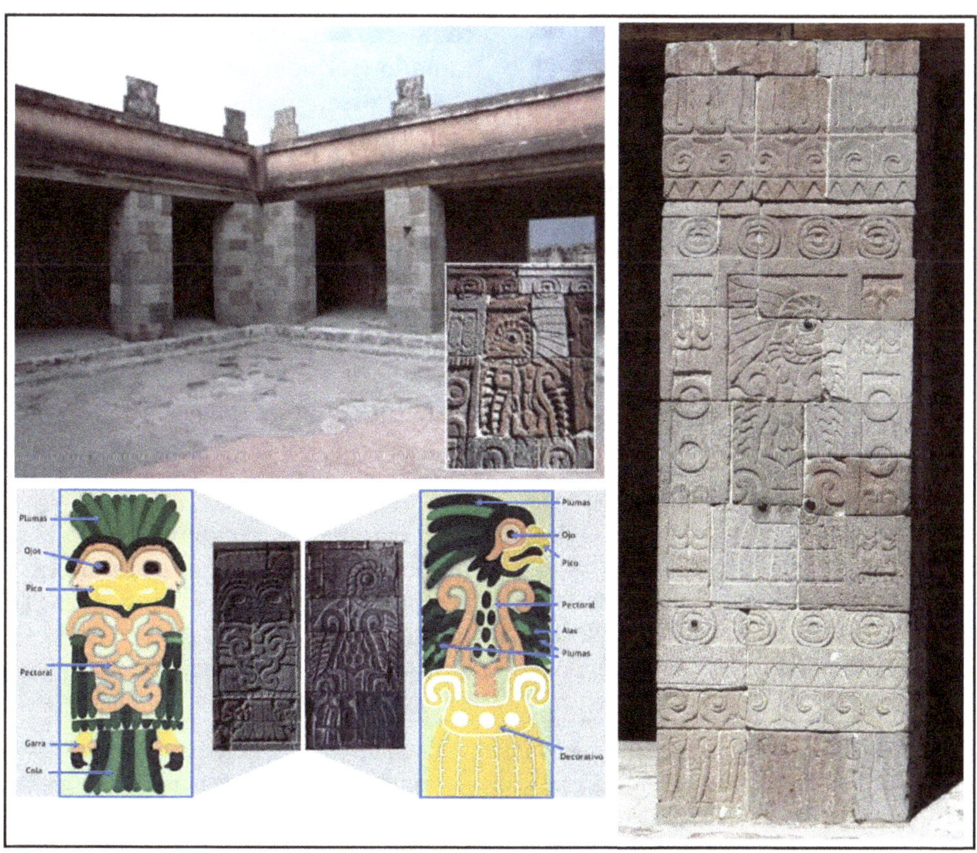

Lám. 7: Patio de los pilares del Palacio de Quetzalpapálotl, Teotihuacán, México.

norte, sur y oriente (relacionadas con la salida del sol), y lechuzas en el lado oeste. Las aves se encuentran talladas en los pilares de frente y de perfil, con incrustaciones de obsidiana en los ojos y las patas y restos de policromía, y van acompañadas de otros motivos iconográficos: ojos, caracoles, plumas y cuentas. Las columnas de piedra forman parte de los pórticos que enmarcan la entrada a las habitaciones principales y hay perforaciones en las aristas que servían para amarrar cortinajes. En el techo del patio sobresalen almenas ornamentales con el glifo del año teotihuacano. Seguramente este espacio era una de las residencias de la élite de Teotihuacán y, junto con el patio de los jaguares y el templo de los caracoles emplumados, eran los lugares donde se llevaban a cabo rituales y ceremonias relacionadas con el culto al agua y la fertilidad.

Ofidios

Los ofidios son el tercer y último animal sagrado relacionado con la representación del AM dentro de la iconografía amerindia. De todos ellos, el animal que más destaca es la serpiente, aunque también encontramos representaciones de cocodrilos y caimanes.

Estos animales suelen vincularse con el Inframundo y, por lo tanto, con aquello oscuro, húmedo y oculto; aunque en algunas culturas se han relacionado con los dioses principales de su panteón y sus poderes. Por ejemplo, para los mayas está Tláloc (dios de la Lluvia) y para los aztecas está Coatlicue (diosa de la Tierra, la vida y la muerte) que se representan con rasgos de serpientes. Y también están las representaciones híbridas con aves o felinos como Quetzalcóatl en Teotihuacán (serpiente emplumada, dios fecundador y controlador del Cielo-Tierra) o Echecatl para los aztecas (el dios del viento). Todas estas representaciones de serpientes y ofidios pueden ser de distintas formas, ya sean híbridas compuestas o simples, con cuerpo de humano o como serpiente emplumada (uniendo los conceptos de Cielo e Inframundo en uno solo).

Uno de los ejemplos más destacados de los Andes es el famoso **Obelisco Tello** de Chavín de Huántar, en Perú (Fig. 7). Este monumento fue encontrado cerca del Templo Nuevo de Chavín, junto a la plaza cuadrada.[15] Se trata de una escultura monolítica de granito en forma de prisma de 2'5 metros de alto. En sus caras hay tallados diferentes motivos iconográficos, pero destacan las dos figuras gemelas centrales de cocodrilos o caimanes. Estos dos animales, uno con la boca abierta y el otro cerrada, tienen las mandíbulas largas con unos grandes colmillos; unas colas muy grandes y garras de felino en las pequeñas patas. El ser masculino muestra un órgano sexual compuesto por un apéndice fálico cuyo glande tiene la forma de una cabeza zoomorfa y desde el cual emerge un flujo (semen) y el ser femenino muestra el icono de una semilla de una leguminosa o un maní. Toda la superficie está cubierta de diseños labrados muy complejos y estilizados. Entre ellos destacan el signo de la chacana (cruz andina), otros animales de menor tamaño (felinos, peces y aves), flores, frutos y semillas en un *horror vacui* que complica la lectura iconográfica de la escultura. Los restos de policromía son poco visibles, pero a través de los estudios reconstructivos y las diferentes restauraciones del obelisco, sabemos que estaba pintado de verde, rojo, naranja, blanco y negro. Esta escultura ha tenido muchas interpretaciones a lo largo de la historia, pero lo que está claro es que es una representación de la dualidad de lo masculino y lo femenino en el mundo andino, así como de un posible dios o ser mitológico al que veneraban.

Otro ejemplo de serpientes en la zona andina son los altorrelieves **del patio de las serpientes de la Plataforma Uhle de la Huaca de la Luna** en el complejo de las Pirámides de Moche, en Perú (lám. 8). Se trata de 42 paneles

15 Hay diferentes teorías del emplazamiento original de este obelisco, y es muy probable que éste estuviera en el centro de la Plaza Circular hundida y se utilizase como una especie de aguja de un gran reloj solar que ilumina los diferentes relieves de la plaza, como un marcador de tiempo para llevar a cabo los rituales relacionados con los ciclos agrícolas en este lugar.

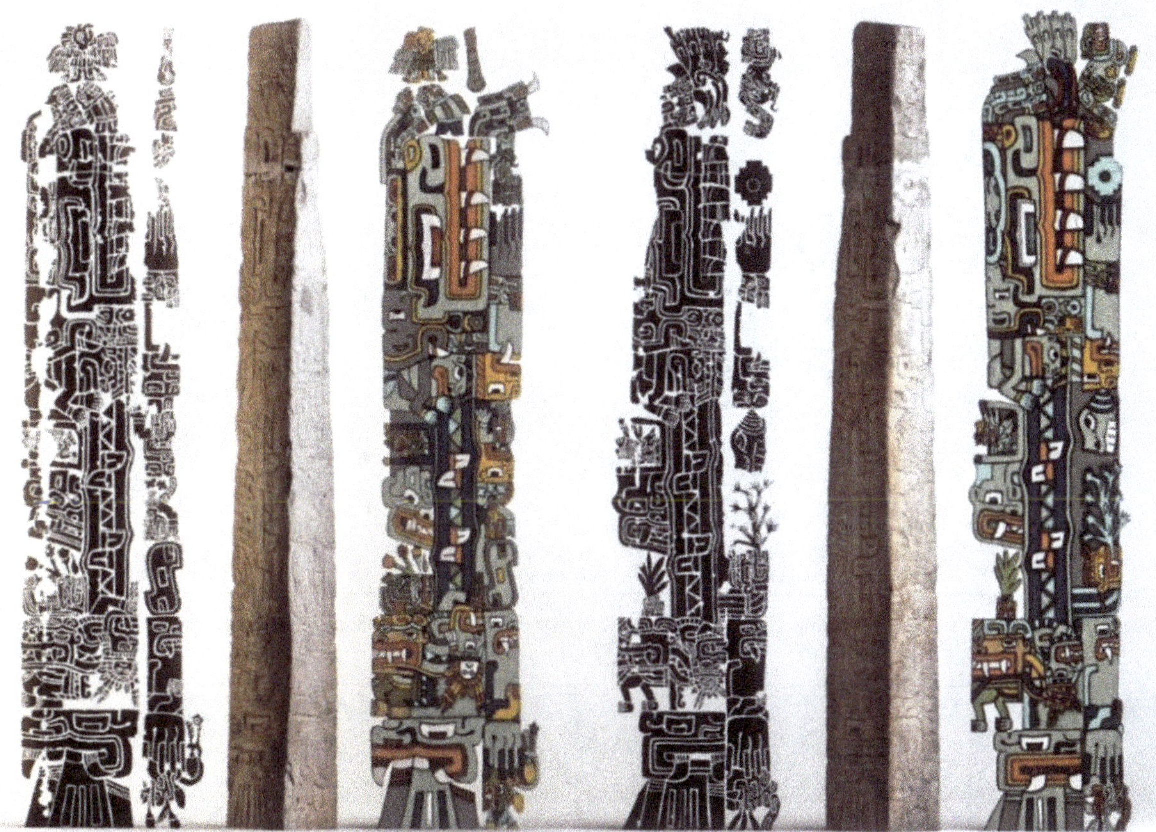

Fig. 7: Obelisco Tello, Chavín de Huántar, Perú.

cuadrangulares en los muros sur y este del patio decorados con serpientes muy naturalistas en su interior.

Todas las serpientes tienen la cabeza de perfil, con los ojos pintados en blanco y las fauces abiertas con grandes colmillos y las lenguas hacia fuera. Los cuerpos de los animales están pintados de azul y amarillo sobre un fondo rojo y se enroscan mirando hacia diferentes direcciones. Los paneles están delimitados por bandas simples a los lados y una cenefa arriba y abajo. La plataforma Uhle es uno de los lugares más destacados del complejo de las pirámides de Moche y en su interior se han hallado más de 70 entierros mochicas de la élite, por lo cual no es extraño encontrar representaciones de serpientes ya que los moches relacionan este animal con la muerte y el ciclo de la vida, y simbolizan los ríos que fertilizan los campos.

En la zona mesoamericana encontramos muchas representaciones de serpientes, sobre todo, de la famosa serpiente emplumada. Uno de los ejemplos más famosos de representaciones de serpientes es el **Templo de Kukulkán de Chichén Itzá**, en México (lám. 9). El TM que vemos hoy en día es del siglo XI-XII dC, y es el resultado final de tres etapas constructivas.[16] Está hecho de piedra caliza y tiene 9 taludes superpuestos con cuatro escalinatas de 91 escalones cada una, y un templo superior con tres aberturas decoradas con jambas en forma de serpiente. La

16 Sabemos que el Templo de Kukulkán fue construido en diferentes etapas: la primera del 550-800 dC; la segunda del 800-1000 y la tercera del 1000-1300 dC. En el interior del templo se encontraron 2 esculturas, una de un Chaac Mol y otra de un Jaguar rojo con incrustaciones de jade. Asimismo, también se hallaron objetos de jade y obsidiana y restos óseos. Además, gracias a unos estudios de georradares y LIDAR, se observó que el templo está construido sobre un cenote, convirtiendo el lugar en un sitio sagrado y aludiendo al Xibalbá.

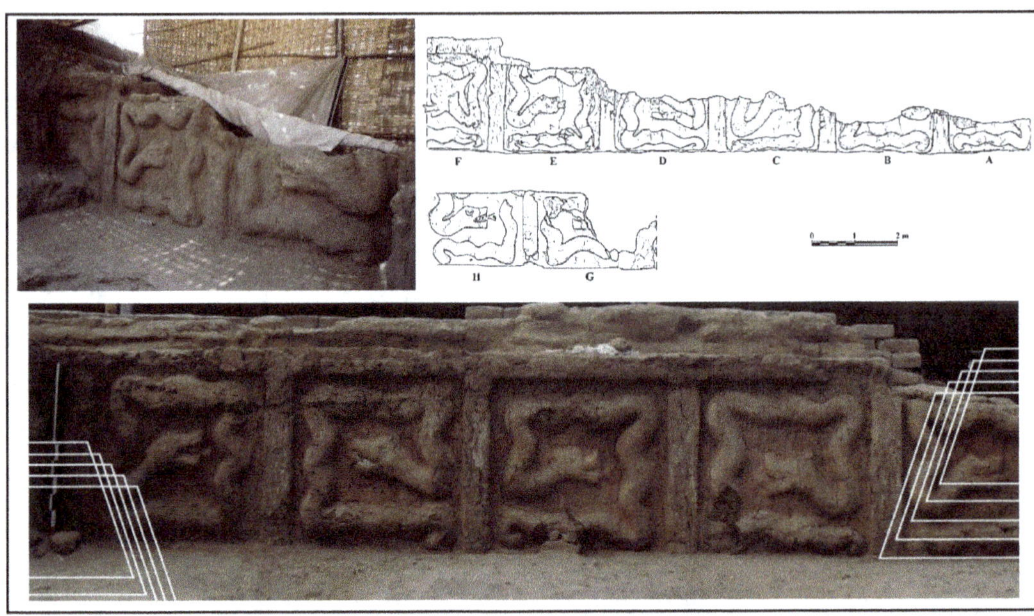

Lám. 8: Patio de las serpientes de la Plataforma Uhle en la Huaca de la Luna, Complejo de las Pirámides de Moche, Perú.

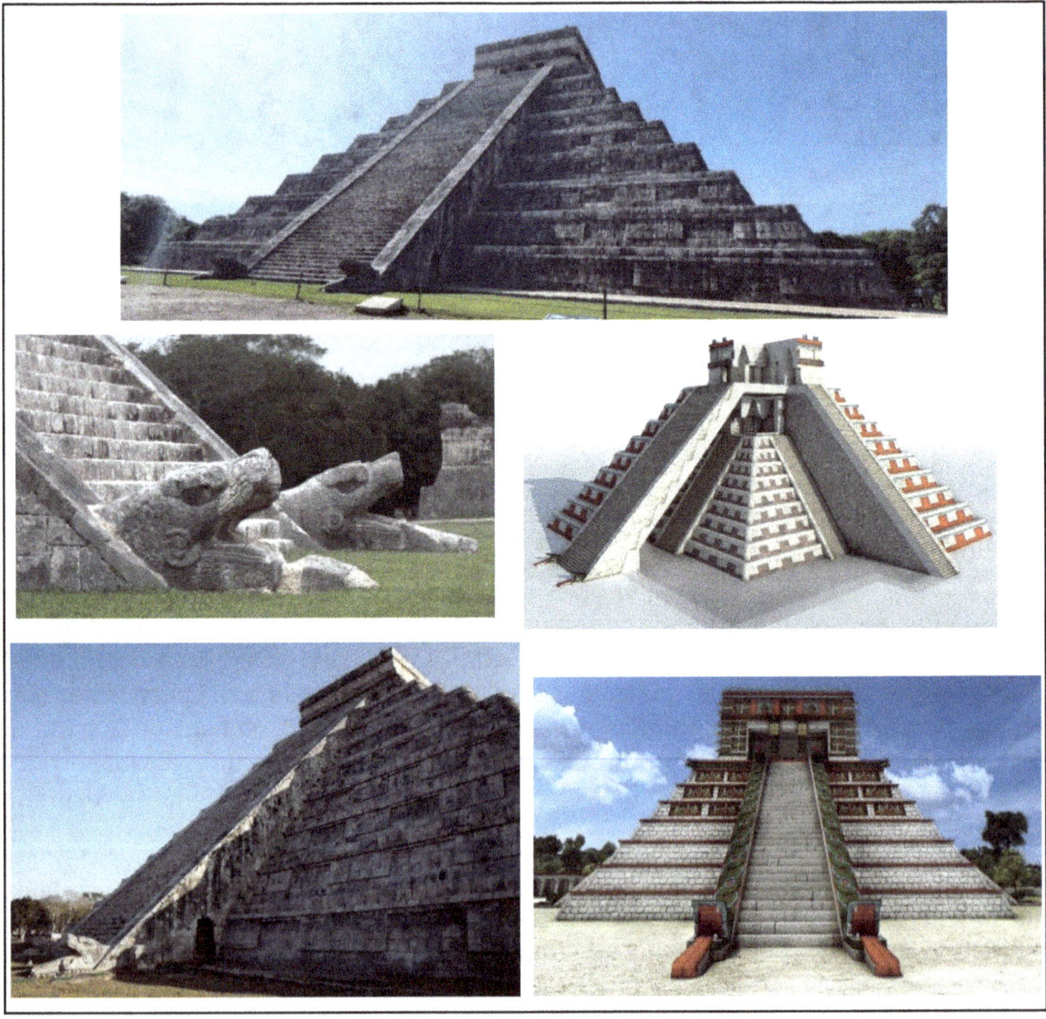

Lám. 9: Templo de Kukulkán de Chichén Itzá, México.

propia construcción de este TM es una alegoría del AM ya que el número de escalones (365 contando el del templo superior), los 9 cuerpos superpuestos y los cuatro puntos cardinales marcados por las escaleras, aluden al Inframundo, a la Tierra, al cielo y al calendario solar. Además, cada lado tiene 52 relieves (aludiendo así al siglo maya) en los taludes con escenas míticas y religiosas donde se aprecian no solo serpientes, sino también sacerdotes y gobernantes. Las alfardas de la escalinata principal situada al norte están decoradas con dos grandes serpientes emplumadas con las fauces abiertas y la lengua hacia afuera. A los lados de la boca las serpientes tienen una especie de espiral que podrían ser caracoles marinos y, en los parpados superiores, hay unos semicírculos que podrían ser la representación de la trayectoria del sol. Justamente en estas alfardas es donde, cuatro veces al año,[17] se produce un juego de luces y sombras que simulan el cuerpo de este animal, como si descendiesen del Cielo (templo superior) hacia la Tierra y el Inframundo, y así propiciase las buenas cosechas y la fertilidad.

Otro caso de serpientes en Mesoamérica es el del **Templo del Sol de Palenque**, dentro del complejo de las Cruces de Palenque, en México (lám. 10). Este TM fue construido al norte del complejo en el s. VII dC sobre una plataforma rectangular artificial. Es un templo de cuatro cuerpos superpuestos con tablero, con una escalinata axial y un basamento muy grande con el templo superior. Este templo superior tiene tres vanos de entrada, completamente decorados con relieves escultóricos que conservan restos de policromía en algunas zonas, y una gran crestería calada. En las jambas centrales vemos imágenes de gobernantes[18] vestidos con ricos ropajes y telas de piel de jaguar sujetando lanzas y escudos; y en las jambas laterales aparecen mascarones con serpientes entrelazadas que van hacia arriba. En los muros interiores se conservan relieves y pinturas donde aparece de nuevo el gobernante acompañado por dioses ancianos y deidades del Inframundo. En el frontón del templo superior se representa un gobernante sentado sobre un trono con un gran tocado del que surgen cuatro serpientes. Encima de él hay una serpiente bicéfala con colmillos y lengua bífida. La crestería del templo superior se divide en dos franjas horizontales y está completamente decorada. En la primera franja aparecen dos mascarones centrales de los que surgen dos serpientes que sujetan dos seres antropomorfos a cada lado. En la segunda franja está el gobernante sentado en el centro con un gran penacho de plumas mientras sujeta una serpiente bicéfala con las manos. A los lados del gobernante hay dos personajes antropomorfos que se dirigen hacia él sujetando una planta o flor, seguramente aludiendo a algún ritual o celebración. Ambas escenas están enmarcadas por unas cenefas con símbolos de Tláloc y cruces de diferentes colores. Toda la iconografía que vemos en el Templo del Sol, y en el propio complejo de las Cruces de Palenque, hace referencia al poder de los gobernantes, a su legitimación y a los mitos de creación.

Otro caso mesoamericano de serpientes es el del **Templo de Quetzalcóatl de Teotihuacán**, en México (lám. 11). Este templo tiene siete cuerpos superpuestos en talud-tablero y fue construido en el s. II dC. Está completamente decorado en sus cuatro caras con altorrelieves de serpientes emplumadas (Quetzalcóatl) y con mascarones del dios de la lluvia Tláloc, habiendo un total de 366, aludiendo así al calendario solar. La escalinata principal tiene las alfardas, los taludes y los tableros decorados con bajorrelieves de cuerpos de serpientes emplumadas, caracoles marinos y conchas. Estas serpientes emplumadas emergen de una flor de once pétalos y tienen las fauces abiertas mostrando los colmillos. Además, las serpientes tienen un gran tocado en forma de cabeza de reptil sin mandíbula, grandes ojos y dos anillos sobre la frente que, posiblemente, sean una

17 Estos momentos coinciden con los solsticios de invierno (diciembre) y verano (junio); y con los equinoccios de primavera (marzo) y otoño (septiembre).

18 Los relieves del Templo del Sol conmemoran el ascenso al trono del señor Chan Bahlum II en el 684 dC.

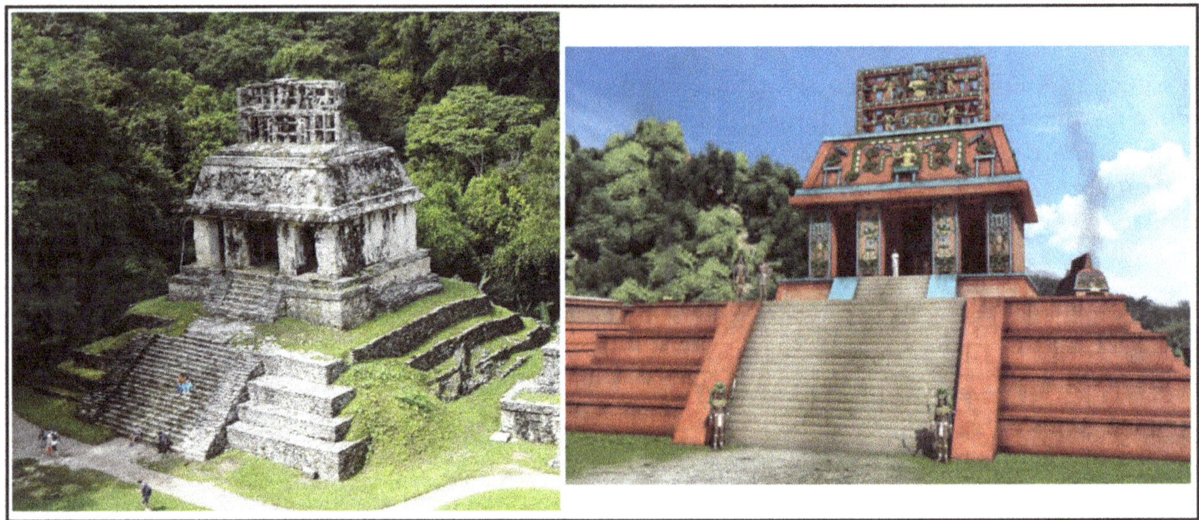

Lám. 10: Templo del Sol de Palenque, México.

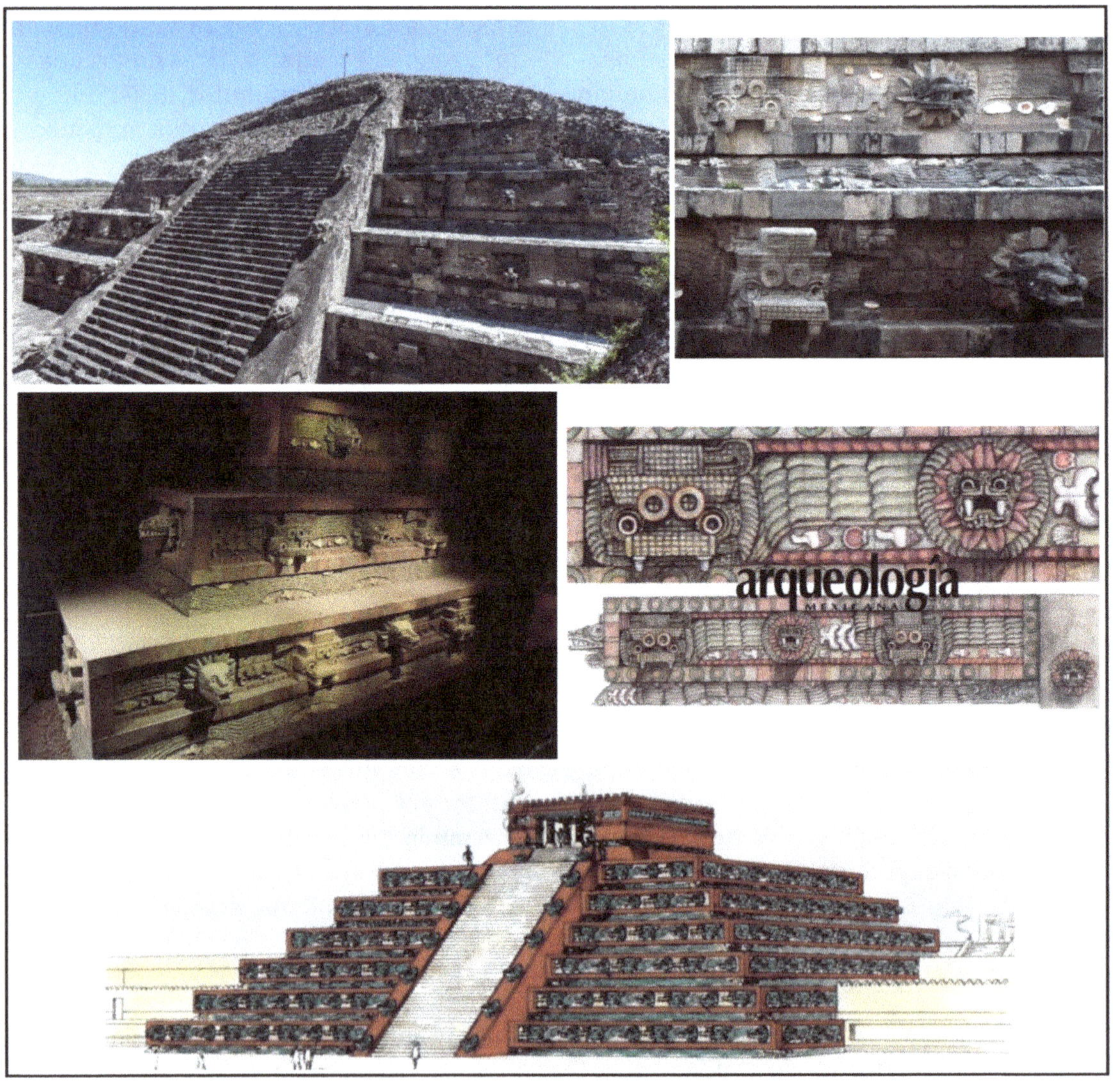

Lám. 11: Templo de Quetzalcóatl de Teotihuacán, México.

representación de Tláloc. Se han encontrado restos de policromía azul, verde y algo de rojo lo cual también sería una alusión al mundo acuático, al calendario, a la fertilidad y al ciclo de la vida y la muerte.

Consideraciones finales[19]

A lo largo de este estudio hemos visto como las diferentes culturas amerindias construyeron y decoraron sus TM siguiendo los mismos patrones estilísticos, creando así una especie de código/mensaje político, religioso y militar. Estos patrones estaban establecidos por el poder, es decir, estas representaciones zoomorfas de aves, felinos y reptiles no eran entendidas como meras obras de arte, sino que eran portadoras de un mensaje muy concreto que todos los integrantes de la sociedad eran capaces de entender y que estaba estrechamente relacionada con sus creencias religiosas y míticas. Por lo tanto, estas representaciones no eran simples grafías que ornamentaban los TM, o que servían como elementos decorativos en ciertas ceremonias y rituales; sino que están estrechamente ligadas con el Estado y la religión.

A más a más, debemos tener en cuenta que muchas de estas imágenes no destacaban únicamente por su forma o diseño, sino también por su color. Y, todo ello, acompañado por el aura especial que se creaba cuando se llevaban a cabo los diferentes rituales y ceremonias con distintos olores y luces por las quemas de inciensos. Es decir, el ambiente teatral que se generaba entorno a un TM concreto creaba un entorno único y embriagador.

> «(...) Los TM se utilizaban como telón de fondo para llevar a cabo los ritos más significativos dentro del CA, es decir, los TM eran los espacios sagrados donde se teatralizaban las ceremonias más importantes, el lugar donde se veían, interactuaban y admiraban los rituales (S. Ramos Muñoz; 2020, p. 135)».

Todas las reconstrucciones hipotéticas que hay de los diferentes TM y CA nos sirven, no solo para ver cómo eran éstos, sino para entender mejor estas culturas amerindias, sus gentes, sus rituales y su concepción del Universo (lám. 12).

La pirámide o templo escalonado (TM) evolucionó siguiendo unos fundamentos básicos: para elevar el templo del Dios, como símbolo geométrico mítico-religioso, como arquitectura astronómica y como expresión plástica escultórica.

Tal y como hemos visto, lo que varía en cada uno de estos TM es el concepto estético-plástico a la hora de representar estos animales, pero el contenido esencial es común en toda Mesoamérica y los Andes. Todas las construcciones siguen una geometría simbólica sagrada donde los conocimientos astronómicos, matemáticos, míticos, religiosos, geométricos, filosóficos... fueron los que permitieron crear estos TM dentro de una GS siguiendo unos cánones morfoespaciales muy similares y utilizando estos monumentos como telón de fondo para llevar a cabo sus rituales y ceremonias.

En estos TM podemos ver cómo se unen los espacios animales con los mítico-religiosos creando un entorno único y sagrado donde los cinco sentidos juegan un papel fundamental a la hora de entender y concebir estos CeC.

Hoy en día, vemos estos monumentos despojados de sus colores, de sus olores, de sus sonidos... pero, gracias a los trabajos interdisciplinares y las diferentes reconstrucciones, podemos tener una visión ideal de cómo eran estos templos y así hacernos una idea general de cómo eran los CA y los monumentos principales de cada uno de estos CeC donde cada motivo iconográfico está pensado y diseñado para cumplir

---

19 ALCINA, 1991 Y 2000; ARDEVOL Y MUNILLA, 2003; AVELAR, 2009; CARCELLER, 2010; ELIADE, 1983 (1957); GARCÍA, 2019; GARRIDO, 1997; GAMEZ Y LÓPEZ, 2017; JANUSEK, 2005; LÓPEZ AUSTIN Y LÓPEZ LUJAN, 2011 (2009); LÓPEZ AUSTIN, 1993; MAKOWSKI, 2010 Y 2020; MILLER, 1999; O'NEIL, 2019; RAMOS, 2020 Y 2023; ROUX, 1999; SONDEREGUER, 1989; 1998; 2000; 2002 (1998); 2003 Y 2006; STIERLIN, 2001; VIDAL, 2002 Y VRANICH, 2001.

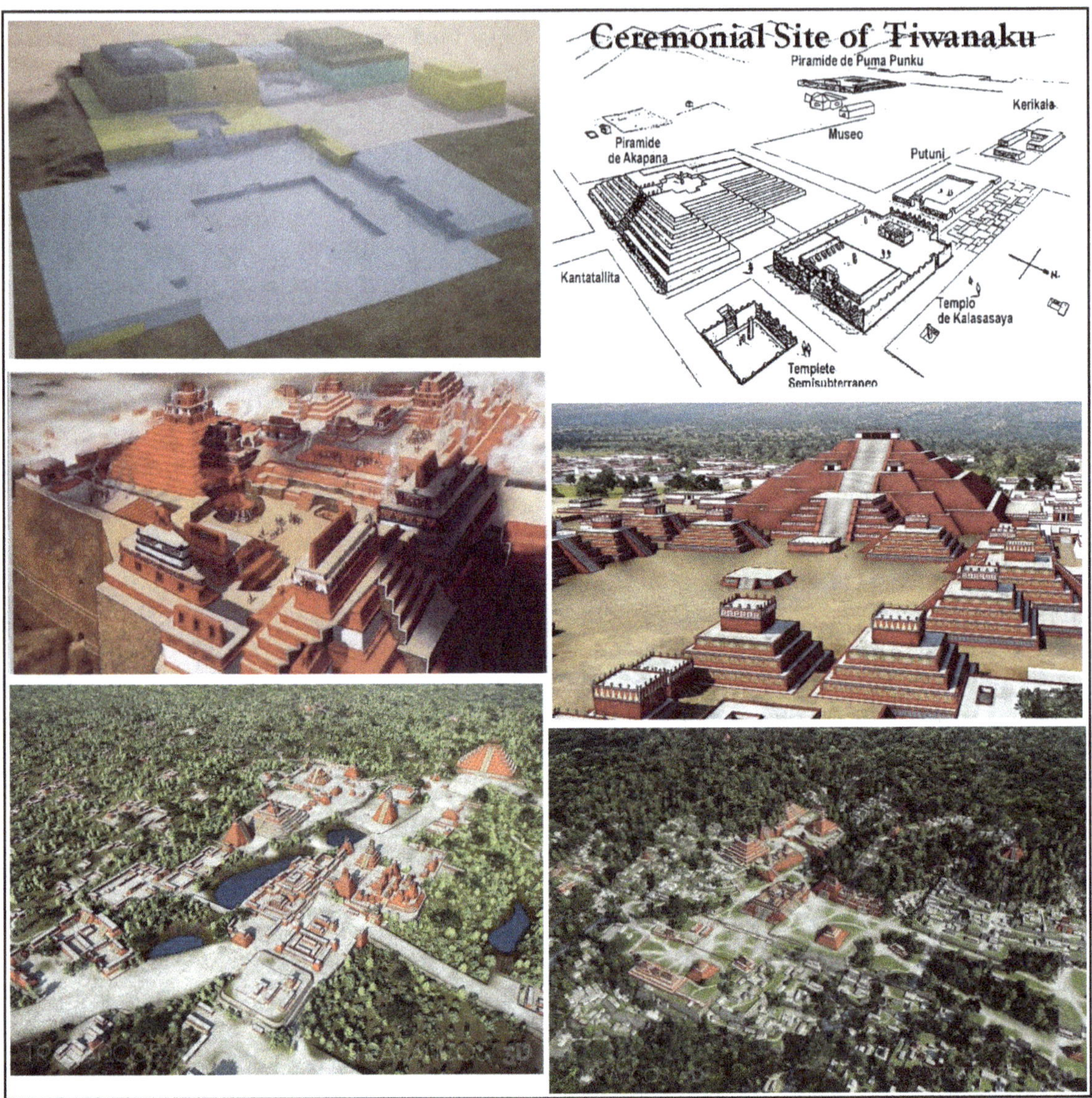

Lám. 12: Reconstrucciones de los CeC de Chavín, Tiahuanaco, Copán, Teotihuacán, Tikal y Palenque.

con una función. En este caso, hemos visto como las aves, los felinos y los ofidios están vinculados con la concepción que tenían estos pueblos amerindios del AM y los diferentes planos universales, los cuales están interconectados y relacionados en todo momento.

Bibliografía

AIMI, A.; 2003. *Mesoamérica. Olmecas, mayas, azteca: las grandes civilizaciones del Nuevo Mundo*. Art Book, Electa, Mateu Cromo Arte Gráficas, S.A., Madrid.

ALCINA FRANCH, J.; 1991. *El Arte Precolombino*, Biblioteca Básica de Arte, Grupo Anaya, S.A., Madrid.

ALCINA FRANCH, J.; 2000. *Las culturas precolombinas de América*, Alianza Editorial, Madrid.

ARDEVOL PIERA, E. y MUNILLA CABRILLANA, G. (eds.); 2003. *Antropología de la religión. Una aproximación interdisciplinar a las religiones antiguas y contemporáneas*, Universitat Oberta de Catalunya, Barcelona.

AVELAR ARAUJO, S. J.; 2009. «Cosmovisión y religiosidad andina: una dinámica histórica de encuentros, desencuentros y reencuentros», en *Espaço Ameríndio*, Porto Alegre, vol. 3, nº 1, pp. 84-99.

BADILLO ZÚÑIGA, J. y BERMÚDEZ GONZÁLEZ, A.; 2017. «La cosmovisión, conjunto articulado de sistemas», en *Revista de Enfermería y Humanidades. Cultura de los Cuidados*, Universidad de Alicante, nº 49, pp. 65-73.

BAQUEDANO, E.; 1987. *Los Aztecas: historia, arte, arqueología y religión,* Panorama Editorial, México D.F.

BARBIER, J. P.; 1997. *Guía d'Art Precolombí,* Musée Barbier Mueller. Skira Editore, Milán.

BERENGUER RODRÍGUEZ, J.; 2000. *Tiwanaku. Señores del Lago Sagrado*, Museo Chileno de Arte Precolombino, Morgan Impresores, Santiago de Chile.

BLANCO, R. (ed.); 2000. *Arte Prehispánico: creación, desarrollo y presencia*, Temas de la Academia, Academia Nacional de Bellas Artes, Mercantil S.A., año 2, nº 2, Argentina

BONILLA ROMERO, J.; GODOY MORALES, O. L. y SARMIENTO, E.; 2019. «La Arqueoastronomía, una alternativa de enseñanza de la Astronomía Precolombina en el contexto universitario», en *Revista Científica*, nº especial, Bogotá, pp. 234-243.

BURENHULT, G. (ed.); 1994. *Nuevo Mundo, Nuevos Horizontes. Incas, mayas y aztecas*, Editorial Debate, Printer Industria Gráfica, S.L., Madrid.

CAMACHO ÁNGELES, Mª M.; 2013. *Descifrando el cosmos. Análisis de cuatro cosmogramas precolombinos mesoamericanos*, Centre d`Estudis Precolombins, Barcelona.

CARCELLER SINDREU, M.; 2010. *El simbolismo de la montaña en la antigüedad. Estudio iconográfico de lo montañoso en las culturas de pensamiento mítico*, Tesina codirigida por la Dra. Victòria Solanilla y el Dr. Josep Cervelló, IEOPA-UAB, Barcelona. Sarai Ramos Muñoz 58 ICA 2025

CARLSON, U.; 2012. *Chavín enigmático. Simbolismo y su significación. Una contribución a la interpretación de la iconografía de Chavín*, Iconografía Andina, Braunschweig, pp. 3-18.

CARLSON, U.; 2013. The symbolism of reliefs and Wall paintings of ancient central and northern Peruvian coastal sites. A contribution to the understanding of the symbolism of ancient Peruvian art, Andean Iconography, Braunschweig, pp. 2-18.

CARRILLO MUÑOZ, S. J.; 2016. *Tiempo y muerte en Mesoamérica y los Andes. Estudio comparativo de dos casos amerindios*, Tesis Doctoral tutorizada por José Antonio González Alcantud, Universidad de Granada.

CASO, A. (ed.); 1953. *El pueblo del Sol*, Fondo de Cultura Económica, Colección Popular, México.

COE, M. D.; 1999. The Maya. Ancient peoples and places series, Thames & Hudson, 6ª edición, Londres y Nueva York.

COE, W. R.; 1990. Excavations in the Great Plaza, North Terrace, and North Acropolis of Tikal, Report 14, Vol. II, University of Pennsylvania Museum of Archaeology and Anthropology, Filadelfia.

DAVIES, N.; 1977. *Los Aztecas*, Destino, Barcelona.

DE SAHAGÚN, B. (ed. 1990). *Historia General de las cosas de Nueva España*, 1540-1585, edición de Juan Carlos Temprano, Crónicas de América, Historia 16, Madrid.

DOMENICI, D.; 2007. *Mayas: los tesoros de las antiguas civilizaciones*, RBA Libros, S.A., Barcelona.

ELIADE, M.; 1983 (1957). *Lo sagrado y lo profano*, editorial Paidós, Barcelona.

FUX, P. (ed.); 2012. Chavín. Perus geheimnisvoller Anden-Tempel, Museum Rietberg Zürich un Verlag Scheidegger & Spiess AG, Zürich.

GAMEZ ESPINOSA, A. y LÓPEZ AUSTIN, A. (coord.) 2017; *Cosmovisión Mesoamericana. Reflexiones, Polémicas y Etnográficas*, Fondo de Cultura Económica, México.

GARCÍA CAPISTRÁN, H.; 2019. «La montaña sagrada. Aspectos sobre la legitimación del poder en el Clásico Maya», Revista de Estudios de Cultura Maya, pp. 139-172. Centro de Estudios Mayas, Universidad Nacional Autónoma de México, vol. LIII, México.

GARCÍA, D.; 2010. *México Tenochtitlan: Arte y cultura en la gran capital azteca*, Editorial Alderabán, Ciudades y Leyendas, nº 5, Cuenca.

GARRIDO ARANDA, A. (comp.); 1997. Pensar América. *Cosmovisión mesoamericana y andina*, Actas de las VI Jornadas del Inca Garcilaso celebradas en Montilla del 11 al 13 de septiembre de 1996, Córdoba.

GÓMEZ, O.; 2013. *Nuevos datos para la historia de Tikal*, Departamento de Investigaciones Antropológicas, Arqueológicas e Históricas, Guatemala. Sarai Ramos Muñoz 58 ICA 2025

GUSSINYER I ALFONSO, J.; 1992-93. «Notas para el concepto de espacio en la arquitectura precolombina de Mesoamérica», en *Boletín Americanista*, Universidad de Barcelona, Facultad de Geografía e Historia, Sección de Historia de América, año XXXIII, Barcelona, pp. 183-230.

GUSSINYER I ALFONSO, J.; 1984. *Los Aztecas; un pueblo de guerreros*, Universitat de Barcelona, Barcelona.

GUTIÉRREZ USILLOS, A.; 2003. «El dios de las tormentas y divinidades de la lluvia: iconografía del felino de los Andes Septentrionales», Anales del Museo de América, Madrid, pp. 103-118.

JANUSEK, J. W.; 1994. Tiwanaku: Civilization in the High Andes, Editions Routledge, Nueva York y Londres.

JANUSEK, J. W.; 2005. «Patios hundidos, encuentros rituales y el auge de Tiwanaku como centro religioso panregional», en *Boletín de Arqueología PUCP*, nº 9, pp. 161-184.

LEÓN PORTILLA, M.; 1995. *De Teotihuacán a los Aztecas: antología de fuentes e interpretaciones históricas*, Universidad Autónoma Nacional de México, México D.F.

LÓPEZ AUSTIN, A. y LÓPEZ LUJAN, L.; 1996. *El pasado indígena*, Fideicomiso Historia de las Américas: Serie hacía una nueva historia de México, Fondo de Cultura Económica, México.

LÓPEZ AUSTIN, A. y LÓPEZ LUJAN, L.; 2011 (2009). *Monte Sagrado-Templo Mayor. El cerro y la pirámide en la tradición religiosa mesoamericana*, Instituto Nacional de Antropología e Historia y Universidad Nacional Autónoma de México, México.

LÓPEZ AUSTIN, A.; 1993. *La cosmovisión mesoamericana*, Apuntes manuscritos cedidos por el autor, Universidad Autónoma de Barcelona, Facultad de Filosofía y Letras, Cerdanyola del Vallés.

LÓPEZ AUSTIN, A.; 1994. *Tamoanchan y Tlalocan*, Fondo de Cultura Económica, México.

LÓPEZ AUSTIN, A.; LÓPEZ LUJAN, L. y SUGIYAMA, S.; 1991. «El templo de Quetzalcóatl en Teotihuacán. Su posible significado ideológico», en *Anales del Instituto de Investigaciones Estéticas*, nº 62, Universidad Nacional Autónoma de México, México, pp. 35-52.

LUMBRERAS, L. G.; 1993. *Chavín de Huántar. Excavaciones en la Galería de las Ofrendas*, Verlag Philipp von Zabern, Mainz.

MAKOWSKI HANULA, K. (comp.); 2010. *Señores de los Imperios del Sol*, Colección Arte y tesoros del Perú, Lima.

MAKOWSKI HANULA, K.; 2020. *Urbanismo Andino. Centro ceremonial y ciudad en el Perú prehispánico*, ed. Apus Graph Ediciones SAC, ed. digital, Lima, Perú. Sarai Ramos Muñoz 58 ICA 2025

MARQUINA, I.; 1981a. *Arquitectura prehispánica. Tomo I*, Instituto Nacional de Antropología e Historia, México.

MARQUINA, I.; 1981b. Arquitectura prehispánica. *Tomo II*, Instituto Nacional de Antropología e Historia, México.

MARTIN, S. y GRUBE, N.; 2002 (2000). *Crónica de los reyes y reinas mayas. La primera historia de las dinastías mayas*, Editorial Crítica, Barcelona.

MATOS MOCTEZUMA, E. y SOLÍS OLGUÍN, F., 2002; *Aztecas*, Turner Publicaciones con Conaculta, Madrid [CATÁLOGO EXPOSICIÓN].

MATOS MOCTEZUMA, E.; 1981. *Una visita al Templo Mayor de Tenochtitlán*, Instituto Nacional de Antropología e Historia, México D.F.

MATOS MOCTEZUMA, E.; 1989. *Los Aztecas*, Lunwerg, Barcelona.

MILLER, M. E.; 1999. *El Arte de Mesoamérica: de los olmecas a los aztecas*, Destino, Madrid.

MONTEJO, V. y GARAY, L.; 2005 (1999). *Popul Vuj. Libro sagrado de los mayas*, Artes de México, México, 3ª edición.

MUÑOZ COSME, G. y QUINTANA SAMAYOA, Ó.; 1996. «Intervenciones de restauración en el Templo I de Tikal, 1992-1994», en LAPORTE, J. P. y ESCOBEDO, H. (eds.); *IX Simposio de Investigaciones Arqueológicas en Guatemala, 1995*, Museo Nacional de Arqueología y Etnología, Guatemala, pp.302-308.

MUÑOZ COSME, G.; 1997. «La Restauración del Templo I "Gran Jaguar" de Tikal (Guatemala)»; en *Loggia. Arquitectura y restauración*, nº 2, Universidad Politécnica de Valencia, pp. 20-29.

MUÑOZ COSME, G.; VIDAL LORENZO, C. y VALDÉS GÓMEZ, J. A. (coms.); 1999. *Los Mayas. Ciudades Milenarias de Guatemala*, Ministerio de Educación y Cultura de España, Ayuntamiento de Zaragoza, Generalitat Valenciana, IberCaja, talleres gráficos Edelvives, Zaragoza.

O'NEIL, M. E.; 2019. «El tacto y la interacción en el arte maya antiguo», en *Revista Española de Antropología Americana*, Ediciones Complutense, nº 49, 2019, pp. 173-191.

PIÑA CHAN, R. y MATOS MOCTEZUMA, E.; 1998. *Los mayas del período clásico*, Corpus Precolombino. Sección Las Civilizaciones Mesoamericanas, Instituto Nacional de Antropología e Historia, Lunwerg Editores S.A., Barcelona.

RAMOS MUÑOZ, S.; 2020. «Los Templos Montaña y su simbología», dentro de SOLANILLA, V. (ed.); *Congreso internacional sobre iconografía precolombina, Barcelona 2019, Actas: trabajos seleccionados*, Nebraska: Zea Books, Lincoln, 2020, pp. 112-142.

RAMOS MUÑOZ, S.; 2023; «Las huacas moches y sus relieves pintados», dentro de Simmonds, C. y Valls, M. (eds.); *Tejiendo imágenes. Homenaje a Victòria Solanilla Demestre,* Nebraska: Zea Books, Lincoln, 2023, pp. 265-293.

RAMOS MUÑOZ, S.; 2024. «La representación del Axis Mundi en los Templos Montaña de Amerindia», dentro de SOLANILLA, Victòria (ed.); *Segundo Congreso Internacional sobre Iconografía Precolombina, 2023. Actas*, Nebraska: Zea Books, Lincoln

ROUX, J. P.; 1999. Montages sacrées, montagnes mythiques, Fayard, Paris.

RUZ LHUILLIER, A.; 1992 (1972). *El templo de las inscripciones de Palenque*, Fondo de Cultura Económica, México, 2ª ed.

SALA, A.; 2023. «La pirámide de Kukulcán. El mágico inicio de la primavera maya en Chichén Itzá», en *Historia National Geographic*, Civilización Maya (online).

SOLÍS OLGUÍN, Felipe, 2000; *El reino de Moctezuma*, Pasajes de la Historia, tomo 1, México.

SONDEREGUER, C. y PUNTA, C.; 2003. *Manual de historia y arte de América Antigua*: *pensamiento y obra*, Nobuko, Buenos Aires.

SONDEREGUER, C.; 1989. *La pirámide templo en Mesoamérica*. Morfoproporcionalidad, Arte al Día, Buenos Aires.

SONDEREGUER, C.; 1998. *Arquitectura precolombina. Catálogo de tipos de urbanismos, de obras y constructivos. Norte, Meso, Centro y Suramérica*, Ediciones Corregidor, Buenos Aires.

SONDEREGUER, C.; 2000. Sistemas compositivos amerindios. *Morfoproporcionalidad. El concepto arquitectura-escultórica en Amerindia. Praxis de un pensamiento morfoespacial, simbólico y urbanístico*, Universidad de Buenos Aires, Buenos Aires.

SONDEREGUER, C.; 2002 (1998). *Diseño precolombino. Catálogo de iconografía – Mesoamérica – Centroamérica - Suramérica*, Gráficas 92, S.A. Barcelona.

SONDEREGUER, C.; 2003. *Manual de diseños precolombinos. Géneros plásticos, animales sagrados, signos, ideografías, glifos y personajes. Antología morfológica*, Nobuko, Buenos Aires.

SONDEREGUER, C.; 2006. *Pirámides y Templos de Egipto y América. Fundamentos ideológicos, morfoproporcionalidad, crítica estética*, Nobuko, Buenos Aires.

ŠPRAJC, I.; 1998. *Venus lluvia y maíz: simbolismo y astronomía en la cosmovisión mesoamericana*, Instituto Nacional de Antropología e Historia, México.

ŠPRAJC, I.; 2001. *Orientaciones astronómicas en la arquitectura prehispánica del centro de* México, Instituto Nacional de Antropología e Historia, México. Sarai Ramos Muñoz 58 ICA 2025

STIERLIN, H. ; 1998; «Les Arts précolombiens de Mésoamérique», dentro de MENZ, C.; Mexique. Terre des dieux: trésors de l'art précolombien, Musée Rath, Ginebra, pp. 16-20.

STIERLIN, H.; 2001. *Los mayas. Palacios y pirámides de la selva virgen*, Taschen GmbH, Italia.

THOMAS, Hugh, 1995; *Yo, Moctezuma, emperador de los aztecas*, Planeta, Barcelona.

TRIK, A. S.; 1963. «The splendid tomb of Temple 1 at Tikal, Guatemala», en Expedition Magazine, vol. 6, no. 1, Septiembre 1963, pp. 3-18.

URIARTE, M. T.; 2012. *Arte y arqueología en el altiplano central de México. Una visión a través del arte*, Universidad Nacional Autónoma de México, Dirección General de Publicaciones y Fomento Editorial, Instituto de Investigaciones Estéticas, Siglo XXI Editores, México.

VÁZQUEZ, S; 2020. «La pirámide de Kukulkán en Chichén Itzá», en *Mayan Archaeological Sites: Chichén Itzá*, Mayan Península, Guía Turística.

VIDAL, J. A. (ed.); 2002. *El Mundo Precolombino*, MMII Editorial Océano, Barcelona.

VIÑUELAS SOLÉ, J. (ed.); 1995. *Aztecas: sangre y esplendor*, colección Civilizaciones Perdidas, Time Life Books Inc., Vol. I y II, Barcelona.

VRANICH, A.; 2001. «La pirámide de Akapana: reconsiderando el centro monumental de Tiwanaku», Boletín de Arqueología PUPC, número 5, Lima, pp. 295-308.

WEBSTER, D. L.; 2002. The Fall of the Ancient Maya: Solving the Mystery of the Maya Collapse, Thames & Hudson, Londres.

YOUNG SÁNCHEZ, M. (ed.); 2009. Tiwanaku: papers from the 2005 Mayer Center Symposium at the Denver Art Museum, Denver Art Museum, Denver.

4

El papel de Tonantzin-Guadalupe en la conservación del pensamiento nahua durante la cristianización de Mesoamérica

Marina Valls i García

marina.valls.mvg@gmail.com

Resumen

Dentro de este ciclo de estudios sobre la imagen del poder se aprovecha la ocasión para focalizar en el estudio de la imagen religiosa de la Virgen de Guadalupe y su papel en la conversión del México precolombino. Partiendo de la base antropológica en que el poder siempre es respaldado por la religión de una cultura, profundizamos a entender como este proceso "político" es mimetizado y acompañado no solo por la creación de una imagen de poder religioso sino por diversas luchas de poder entre el pensamiento nahua y el católico, así como entre las distintas órdenes cristianas que participan del proceso de conversión (franciscanos y dominicos, especialmente). Con esta perspectiva se pretende entender que, más allá de la pervivencia del pensamiento nahua en la iconografía de la Guadalupe, este momento histórico constituye una oportunidad para que el clero misionero revalorice su orden no solo en la jerarquía de la "Nueva España" sino, también, a ojos de la sede vaticana.

Palabras clave: Virgen de Guadalupe, Franciscanos, Dominicos, Conversión, Evangelización, Cosmovisión Nahua.

Abstract

Within this cycle of studies focusing on the image of power, we examine the religious image of the Virgin of Guadalupe and her role in the conversion of pre-Columbian Mexico. Proceeding from the anthropological premise that power is always supported by a culture's religious framework, we delve into understanding how this "political" process is mirrored and sustained not only through the creation of a religious image of authority, but also through various power struggles between Nahua and Catholic faiths, particularly among the different Christian orders involved in the conversion process (especially the Franciscans and Dominicans). This analysis seeks to demonstrate that, beyond the persistence of Nahua elements within Guadalupe's iconography, this historical juncture served as a critical opportunity for the missionary clergy to revalidate their orders,

Publicado en *Actas seleccionadas del SIMPOSIO ARTE 4.2: Migraciones en la imagen prehispánica: transitando territorios del pasado al presente. 58º Congreso Internacional de Americanistas, Novi Sad, Serbia, 2025*. Victória Solanilla Demestre y Annabel Villalonga Gordaliza, editoras. Zea Books, Lincoln, Nebraska. 2026. https://doi.org/10.32873/unl.dc.zea.1600

both within the hierarchy of "New Spain" and to the eyes of the Vatican See.

Keywords: Virgin of Guadalupe, Franciscans, Domonicans, Conversion process, Evangelism, Nahua cosmovision

doi: 10.32873/unl.dc.zea.1604

La Virgen de Guadalupe (Fig.1) es un icono fundamental de la identidad mexicana, aunque su génesis histórica y teológica es profundamente controversial (Martínez Soriano, 2007: 131). Más allá del relato piadoso de la aparición a Juan Diego en 1531, este trabajo refuerza que el culto guadalupano se consolidó como un artefacto político-religioso, producto de una intensa lucha de poder intraeclesiástica en la Nueva España del siglo XVI (De la Maza, 1953; Phake-Potter, 2003; Martínez Soriano, 2007). Esta pugna, protagonizada por el Episcopado (liderado por el arzobispo Alonso de Montúfar) y la orden Franciscana (con el prior Francisco de Bustamante a la cabeza), instrumentalizó la imagen para establecer una base de legitimidad religiosa local, vital para el incipiente nacionalismo criollo (De la Maza, 1953: 37) (Phake-Potter, 2003: 322).

La fundación de la ermita en el cerro del Tepeyac, un sitio prehispánico dedicado a la diosa madre Tonantzin, facilitó este proceso. La imagen resultante absorbió las funciones de deidades nahuas clave, como Coatlicue, la madre engendradora y protectora, y Tlazolteotl, diosa de la inmundicia y fertilidad (Martínez Soriano, 2007:15) (León Portilla, 2000). Esta re-presentación de la divinidad con elementos nahuas, como el manto estrellado de Citlallicue (González Torres, 1995: 40-41), la flor de cuatro pétalos *Nahui Ollin* sobre el vientre (Flaherty, 2011: 107), y la iconografía europea de la Mulier amicta sole (von Wobeser, 2015), constituye la prueba material de una falsa conversión.

En lugar de una ruptura religiosa, la Guadalupe representó una continuidad sincrética de las tradiciones prehispánicas bajo un nuevo símbolo, sentando las bases para una Iglesia criolla con una autonomía espiritual frente a la metrópoli española.

Este complejo panorama, marcado por la devastación material y psicológica posterior a la Caída de Tenochtitlan en 1521, y la consiguiente tabula rasa cultural, no se resolvió con la mera imposición de la fe, sino con la re-presentación de la divinidad (García González, 2014: 210). La disputa temprana entre franciscanos y dominicos a mediados del siglo XVI evidencia que el culto del Tepeyac fue, desde sus inicios, un campo de batalla político y simbólico (von Wobeser, 2015: 174).

Para comprender cómo la Virgen de Guadalupe trascendió la controversia para convertirse en el "calendario emocional del mexicano"; (Martínez Soriano, 2007: 8) y emblema de la identidad criolla, es indispensable analizar su génesis a través de tres ejes conceptuales interconectados que superan la visión unidireccional de la evangelización (García González, 2014: 209). Estos ejes son: 1) El Sincretismo, como proceso de fusión y continuidad de las matrices religiosas nahuas; 2) La Inculturación, que evalúa la asimetría en la asimilación cultural del Evangelio; y 3) El Poder Eclesiástico, que enmarca la construcción tardía de la leyenda milagrosa como herramienta de legitimidad local.

En clave de sincretismo, parto de la concepción de cultura como trama de significados, innovación y dominación: un proceso dinámico donde "lo nuevo" se legitima apropiándose de lo previo, y donde las luchas por el sentido son también luchas de poder. Desde esta óptica, el sincretismo no es mera mezcla "folclórica", sino una estrategia por la cual los grupos dominantes resignifican mitos y símbolos para asegurar obediencia, y los dominados, a su vez, preservan matrices religiosas bajo nuevas formas. En el caso guadalupano, la transmutación Tonantzin–Guadalupe y la reinscripción de categorías nahuas (Tloque Nahuaque, xochitlalpan, Tonacatlalpan) en el *Nican mopohua* muestran una continuidad profunda del imaginario prehispánico bajo un relato mariano, más que una ruptura radical (von Wobeser, 2013: 155).

La inculturación, tal como la formula la teología latinoamericana, describe un doble movimiento: el Evangelio "asume, purifica y eleva" elementos culturales, y las culturas

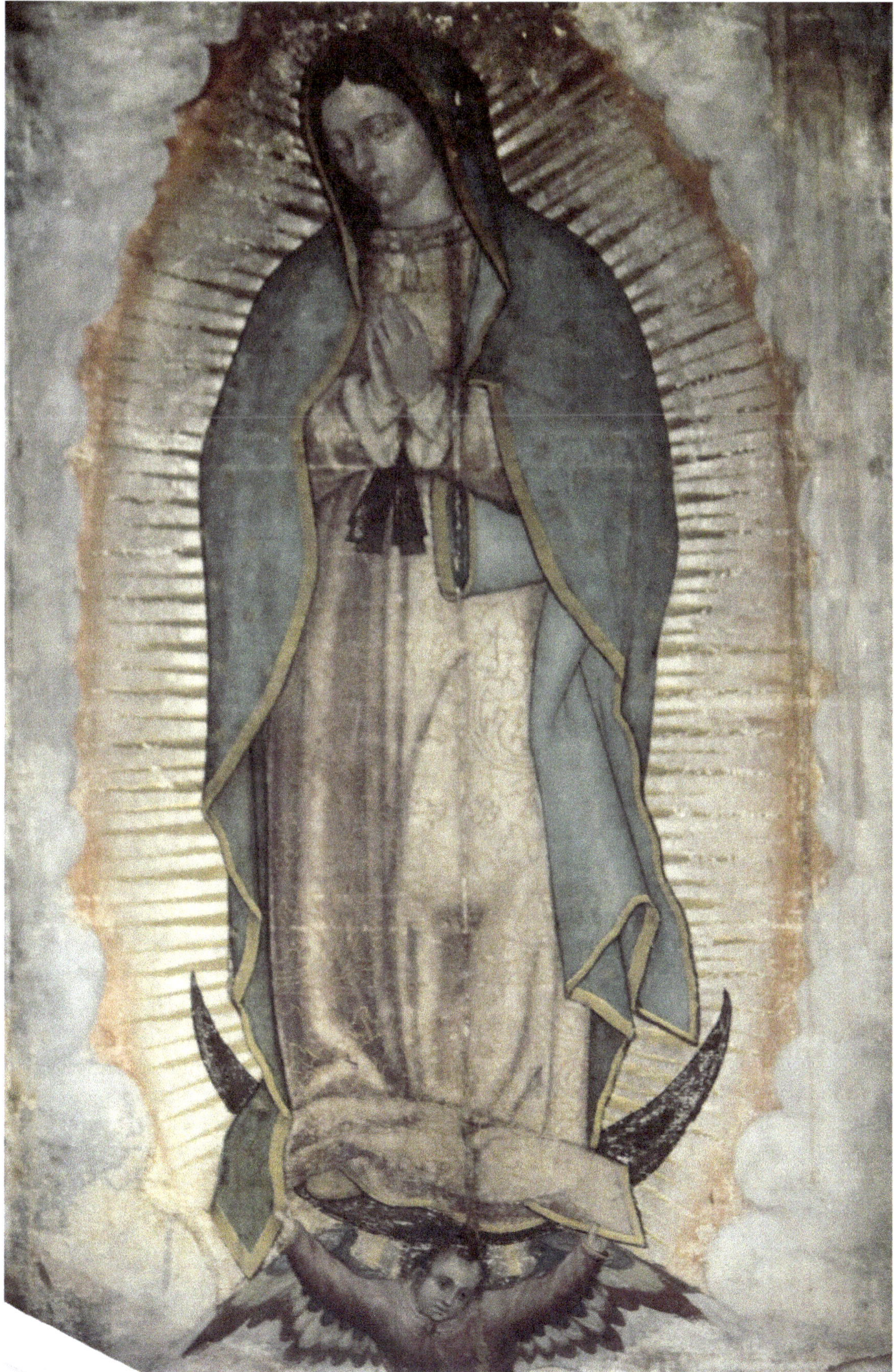

Fig. 1. Imagen restaurada de la Virgen de Guadalupe. Extraída de https://it.wikipedia.org/wiki/Nostra_Signora_di_Guadalupe#/media/File:Virgen_de_guadalupe1.jpg (consultado el 05/10/2025).

reconfiguran el cristianismo con su propio lenguaje simbólico (García González, 2014: 205-6). En el discurso magisterial, Guadalupe aparece como "modelo perfecto de evangelización inculturada", en la que la Virgen encarna "auténticos valores culturales indígenas" y su rostro mestizo simbolizan la matriz cultural de América Latina (Juan Pablo II, 1992). Esta lectura idealizada contrasta con una visión crítica donde la inculturación se entrecruza con el sincretismo asimétrico: la adopción selectiva de signos nahuas bajo una estructura doctrinal y disciplinaria controlada por el clero colonial (García González, 2014: 224).

Por último, el poder eclesiástico. Desde la psicología de la religión y la sociología del poder, la religión opera como "viejo poder" tras la monarquía: legitima jerarquías, naturaliza la dominación y proporciona mitos fundacionales que autorizan a una élite a "hablar por Dios" (Martínez Soriano, 2007:136). La Virgen de Guadalupe se inserta en esta lógica como representación social y como memoria colectiva: un símbolo que aglutina voluntades, organiza el recuerdo y proporciona un emblema legítimo a la Iglesia local y a las élites criollas. La reconstrucción archivística y la crítica histórica muestran que la narrativa de las apariciones y la sacralización del Tepeyac se consolidan tardíamente (1648-1649), en respuesta a necesidades de legitimidad episcopal y de construcción de una historia sagrada propia para la Nueva España (Poole 1996:14) (Phake-Potter, 2003: 273) (von Wobeser, 2013: 157).

La Virgen de Guadalupe; una lectura iconográfica crítica

En esencia, la imagen de la Guadalupe presenta una iconografía propiamente mesoamericana en un formato propio de la Europa germano-flamenca de los siglos XV y XVI, presentándola a los ojos cristianos como una *mulier amicta sole* o mujer amiga del/rodeada de/vestida con el sol (Von Wobeser, 2015:178). En ella podemos observar como la figura femenina se dispone de pie, con un ligero *contraposto*, las manos juntas en posición orante quedan delante del pecho, dejando entrever el nudo del cinturón de su atuendo y la cabeza orientada al suelo, semi-ladeada con los ojos cerrados y semblante apaciguado. Su cabeza queda cubierta por un velo azul ribeteado en dorado y repleto de estrellas el cual llega hasta los pies de la figura, pero sin tapar el vestido o túnica de color naranja/salmón/dorado con motivos naturales y vegetales que podrían parecer adamascados en la propia tela (una técnica ya conocida en Europa pero no tan extendida en América). La figura aparece rodeada de un aura, a modo de almendra mística, en la que se aprecian toda una serie de motivos equiparables a los destellos que a menudo solemos dibujar asociados a los rayos que emanan del astro solar. En la parte inferior, a modo de soporte de la figura femenina podemos ver como ésta se mantiene de pie sobre una media luna creciente bajo la que aparece un ángel que le sustenta, con sendas manos, tanto el velo como la túnica.

Este modelo de representación conocido como *mulier amicta sole* (Fig.2) queda vinculado al versículo 12:1 del Apocalipsis, donde se relata: "Apareció en el cielo una gran señal: una mujer vestida del sol, con la luna debajo de sus pies, y sobre su cabeza una corona de doce estrellas" – una figura asociada a la Virgen María gracias al versículo 12:5, en la que la figura femenina ya divinizada se convierte en diosa madre: "Y ella dio a luz un hijo varón, que regirá con vara de hierro a todas las naciones; y su hijo fue arrebatado para Dios y para su trono." (Von Wobeser, 2015:178). Si bien en el caso de la Guadalupe no se trata de una corona al uso europeo su manto estrellado asume esa función de corona en un tono quizá más humilde.

De este modo, la figura guadalupana se plantea insertada en un código teológico ya consolidado que leía a María como signo escatológico y como "señal en el cielo" vinculada a la historia de los pueblos. Situar en el Tepeyac, antiguo lugar de culto de Tonantzin (vocablo náhuatl con el que se designa a una diosa madre o Teteoh Innan), una imagen alineada con este modelo permitía, por un lado, asegurar su ortodoxia ante los ojos de la jerarquía hispana y, por otro, proyectar sobre la Nueva España una lectura providencialista: la conquista como capítulo del combate apocalíptico

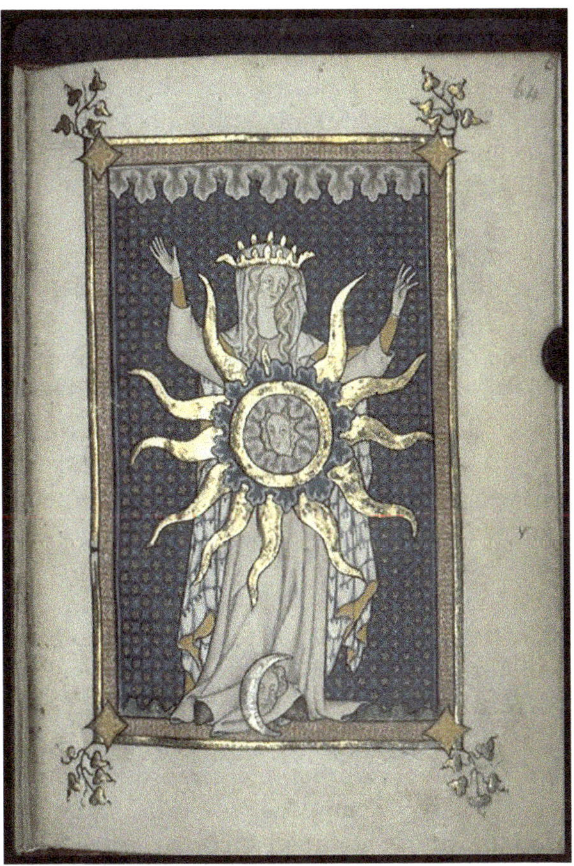

Fig. 2. Ejemplo del modelo de representación de la Virgen María como mulier amicta sole. Detalle de los Cánticos de Rothschild (f. 64r). Extraída de https://arts.st-andrews.ac.uk/monasticmatrix/figurae/rothschild-canticles-f-64r-mary-mulier-amicta-sole (consultado el 10/11/2025).

entre la Mujer (representando a la iglesia y al bien) y el "Dragón" (a modo de demonio, ergo el mal o, en este caso la idolatría que suponía para los cristianos el culto a las deidades precolombinas). Además, Miguel Sánchez, en 1648, fue pionero en interpretar la conquista como el preludio del advenimiento mariano, leyendo la aparición como el cumplimiento de la profecía apocalíptica, donde la mujer celestial desciende para fundar un "nuevo paraíso" (Von Wobeser, 2013:158).

Precisamente por ser plenamente reconocible como *virgo amicta sole* en clave hispano-barroca, la imagen pudo funcionar como soporte de una segunda codificación simbólica. Los mismos elementos -cielo estrellado, luz envolvente, flores significantes- activan, para los nahuas, un universo de referencias a las deidades del firmamento y a la estructura del cosmos. Sobre esta base se justifica el análisis específico de: A) el cielo estrellado y la deidad Citlallicue, y B) las flores de cuatro pétalos, la magnolia y la cosmología nahua.

El cielo estrellado y la deidad Citlallicue

Uno de los rasgos más distintivos de la Virgen de Guadalupe es su manto, de color azul verdoso y profusamente sembrado de estrellas doradas. Como hemos comentado, para el pensamiento cristiano, esta iconografía sitúa a María como la Mujer del Apocalipsis, pero también como la Inmaculada Concepción envuelta en la gloria celestial; un motivo proveniente de la descripción que hace San Juan de la Mujer Celestial en el Nuevo Testamento (Von Wobeser, 2015: 178 y Phake-Potter, 2003: 273).

No obstante, esta misma representación del cielo nocturno adquiere una resonancia profundamente distinta dentro de la cosmología nahua. En las religiones mesoamericanas, el sol, la luna y las estrellas no eran meros cuerpos físicos, sino manifestaciones directas de lo divino. El motivo de una figura femenina envuelta en estrellas se vinculaba inmediatamente con la deidad Citlallicue, cuyo nombre se traduce como "la de la falda de estrellas". Citlallicue era identificada como una diosa madre asociada con la Vía Láctea (Citlalinicue) y la creación de los astros (González Torres, 1995: 40-41).

El manto estrellado de la Guadalupana actúa, en esta clave, como una actualización del atributo de la diosa Citlallicue, superponiendo la figura de María a la de la deidad que rige el firmamento y es matriz del cosmos. Esta superposición de identidades, donde la Madre de Dios encarnada se fusiona con la Madre de los astros, facilitó la conversión masiva de los indígenas. Fray Bernardino de Sahagún observó que los naturales seguían acudiendo al Tepeyac, donde antes se veneraba a Tonantzin, y continuaban usando el vocablo "Tonantzin" o "nuestra madre" para referirse a la Virgen María (Sahagún, 2014: 383-4). Sahagún veía este sincretismo como un riesgo para la fe, una "invención satánica para paliar la idolatría" (*Ibid.*). Por el contrario, los estudios sobre la inculturación, como los de García González (2014), interpretan este fenómeno como la prueba de que el Evangelio se arraigó profundamente en la cultura local.

La iconografía guadalupana, al representar a María con la "falda de estrellas", logra un sofisticado proceso de "transducción" simbólica. Permite al indígena honrar a la Madre Celeste (Citlallicue/Tonantzin) mientras acepta la figura de la Virgen María. El manto no es solo una alusión a la gloria divina; es una cartografía cósmica que sitúa el misterio cristiano dentro del universo religioso nahua. El equilibrio visual de la imagen, con la Virgen rodeada por los rayos solares, pero sostenida por la luna creciente y envuelta en estrellas, le confiere un estatus de Señora del Cielo y de la Tierra, un título que resonaba con la omnipresencia de las deidades nahuas como *In Tloque nahuaque* ("el dueño de la cercanía y de la inmediación") (García González, 2014: 215). La Virgen, al ser la patrona de los novohispanos y la "sagrada criolla" (Sánchez, 1648/2010: 158), se convierte en el punto de encuentro donde lo ancestral y lo cristiano coexisten, haciendo que la imagen funcione como el "escudo y blasón" de la naciente nación mexicana (De la Maza, 1953: 124).

Las flores de cuatro pétalos, la magnolia y la cosmología nahua.

Los motivos florales que decoran la túnica de la Virgen de Guadalupe (Figs. 3 y 4), lejos de ser meros ornamentos estéticos de estilo de los ropajes adamascados europeos, funcionan como glifos que anclan la figura mariana a la cosmología y la filosofía nahua.

La Flor de Cuatro Pétalos (*Nahui Ollin*): La repetición del diseño de la flor de cuatro pétalos y sépalos sobre la túnica evoca inmediatamente el *quincunce* mesoamericano. Esta figura, que organiza el espacio en cuatro rumbos cardinales con un centro que actúa como eje cósmico (*axis mundi*), es fundamental en la cosmovisión nahua, ya que el centro de este *quincunce*, y por lo tanto el centro del universo, está representado por una flor única de cuatro pétalos que se sitúa (por toda la superficie de la túnica pero especialmente) a la altura del vientre de la Virgen, enfatizando así su condición de diosa madre.

Este glifo central, conocido como *Nahui Ollin* o "4-Movimiento", era el nombre de la era (el Quinto Sol) bajo la cual vivían los mexicas. Al inscribir el *Nahui Ollin* sobre la zona fértil de la Virgen, la imagen la presenta como una figura grávida que es, literalmente, el nuevo centro de la creación. El embarazo de María, sutilmente indicado por el cíngulo negro, se identifica con el origen del tiempo y del movimiento cósmico, recordando así a sacerdotisas advocadas a deidades madre como Tlazolteotl o a ceremonias como el atado de caña usado para regenerar/reiniciar/alargar los ciclos temporales (Figs. 5 y 6). La encarnación de Cristo se establece, así como el nuevo *axis mundi* que reordena el universo indígena, cumpliendo y transfigurando su propia profecía solar. La Virgen, por lo tanto, no solo es la Madre de Dios, sino también la Madre del Sol (clara metareferencia a Huitzilopochtli) que está naciendo en México (Flaherty, 2011: 108).

La Magnolia Mexicana y la Poética Nahua

El repertorio floral se complementa con la presencia de otras flores locales. Algunos análisis iconográficos han señalado la inclusión de elementos botánicos propios de la región, como la magnolia mexicana, cuya sección del pistilo se asemeja a ciertos diseños en la túnica (Fig. 7) (*Ibid.*). Este uso de flora local refuerza la tesis de la inculturación: el misterio cristiano se arraiga en la geografía específica del sitio.

Además del valor botánico y geográfico, la flor posee un profundo significado filosófico y religioso para los nahuas. El difrasismo *In Xóchitl in Cuícatl* ("Flores y Cantos") significaba "la verdad" o "lo verdadero": aquello que tiene raíz y está sólidamente fundado (García González, 2014: 211). El historiador José Luis Guerrero explica que las flores son la manifestación más

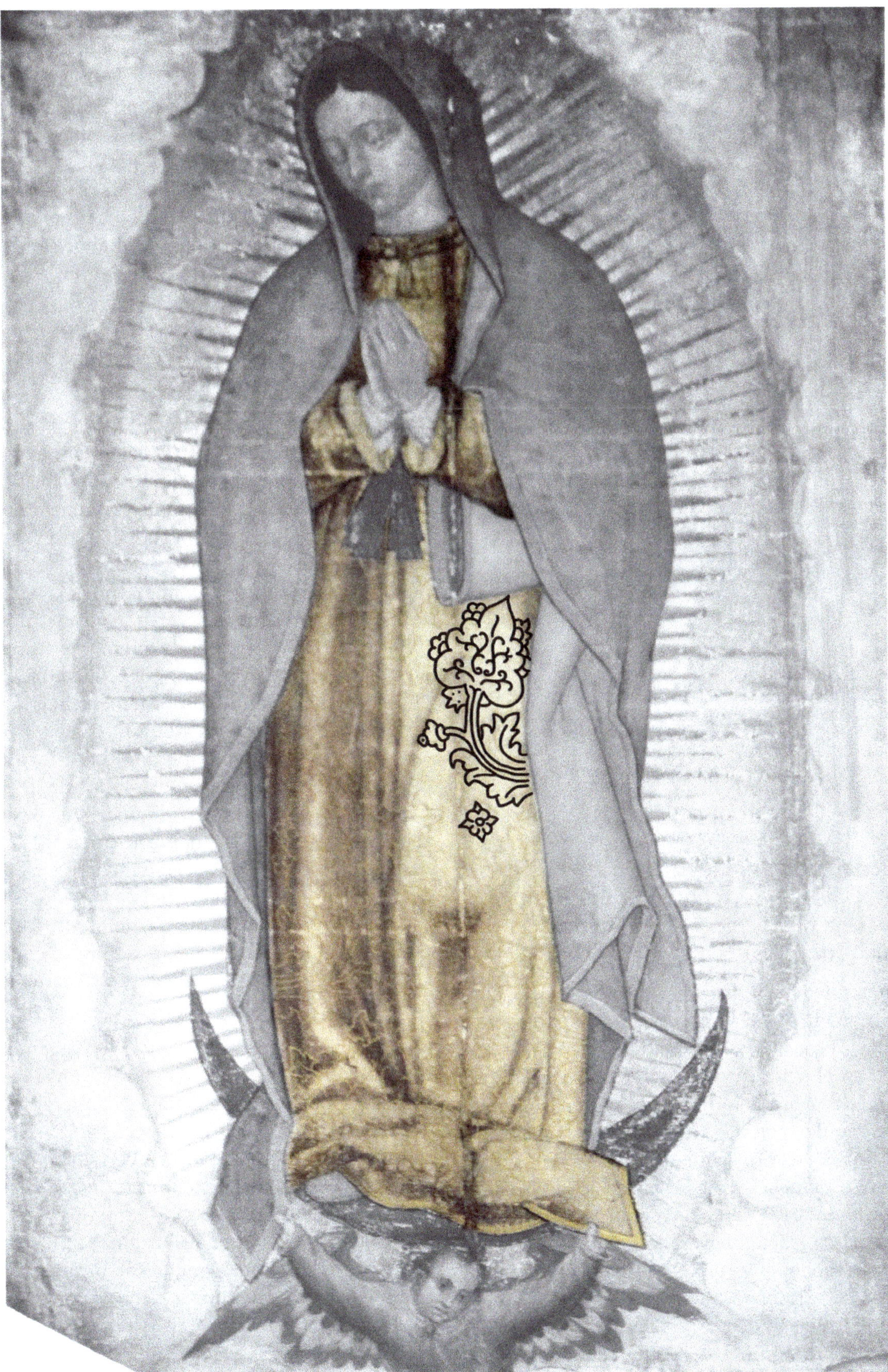

Fig. 3. Detalle i resalte de los motivos florales estampados en la túnica de la Virgen de Guadalupe. Imagen creada por Marina Valls a partir de la fig. 1.

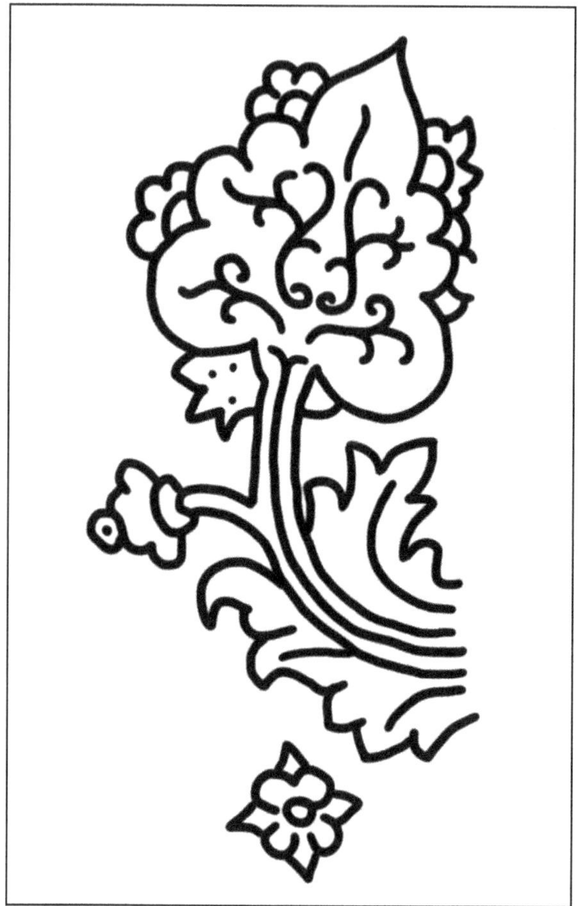

Fig. 4. Detalle de los motivos florales estampados en la túnica de la Virgen de Guadalupe. Imagen creada por Marina Valls.

delicada de la belleza y amor de Dios, porque sólo pueden ser producidas por una planta con una "sana raíz", y Dios es la raíz última de toda verdad (1988: 36).

La narrativa de la aparición del Tepeyac se halla impregnada de esta poética. Juan Diego es llamado a recoger rosas de Castilla, una flor imposible en el árido cerro en diciembre. El milagro, de la floración de rosas, se convierte en un signo de "verdad" (*nezcáyotl*), un lenguaje de "flores y cantos" que el obispo Zumárraga requiere y que la Virgen le concede (García González, 2014: 212). La imagen impresa en la tilma es la cristalización permanente de esas flores. De este modo, la Virgen, al utilizar el lenguaje nahua de "Flores y Cantos", se comunica con el pueblo indígena de una manera familiar y profundamente significativa, convirtiendo la tilma en un *amoxtli* o códice pictórico que resume su mundo religioso, cosmogónico, antropológico y cultural.

Este uso de la iconografía nahua, en lugar de diluir la fe, aseguró que la nueva religión fuera recibida por un pueblo que, gracias al *Nican Mopohua*, se sintió "elegido". El resultado es un icono dual: la Madre de Dios bajo el ropaje de la Reina del Cielo nahua, mediadora entre el hombre y el Dador de Vida.

El "Siglo del silencio" y el conflicto franciscano-dominico

Sabemos que: (1) a la llegada de Hernán Cortés a Tenochtitlan en 1519, el bachiller lleva por protectora a la Virgen de Loreto -también conocida como "Nuestra Señora de los Remedios" o "La Conquistadora"-; (2) ésta Virgen de Loreto es la que ocupa el lugar presidencial del altar en el que se celebra la primera misa cristiana evangélica en Tenochtitlan por el presbítero Juan Díaz Núñez y Fray Bartolomé de Olmedo en 1520; (3) que la primera orden evangelista en llegar al nuevo mundo son los franciscanos en 1523, seguidos de los dominicos en 1526; (4) según la tradición, el indio Juan Diego fue testigo de las primeras apariciones de la Virgen del Tepeyac en 1531; (5) que hasta 1649 no se publica el *Huei Tlamahuiçolticao* o "El Gran Acontecimiento" en el que se incluye el relato del *Nican Mopohua*, donde consta la historia del indio Juan Diego; (6) que tradicionalmente el tiempo que ocurre entre 1531 y 1649 se conoce como el "Siglo del Silencio" por la supuesta falta de noticias.

Si bien, como se ha mostrado, la apariencia y el relato (*Nican mopohua*) se diseñaron al detalle para poder inserirse en el pensamiento indígena con el mínimo riesgo de rechazo, esta premisa es justamente lo que la convierte en un prodigioso ejercicio de inculturación que desencadenó la sospecha y el conflicto entre cristianos. Según Javier García González (2014: 207) existen tres procesos o modos de intersección/transformación mediante contacto entre culturas: la "aculturación", la transición de una cultura originaria a otra; la "enculturación",

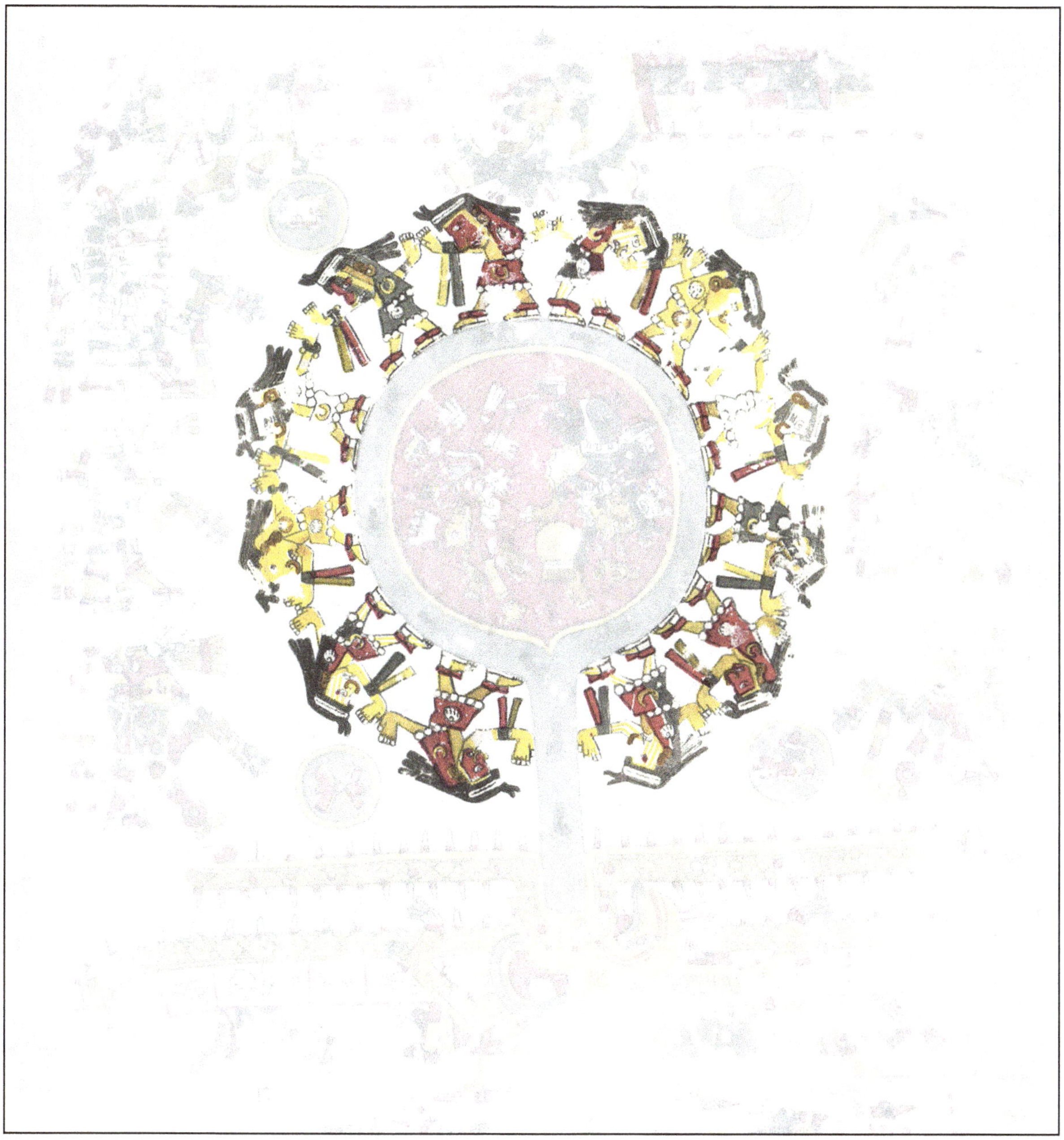

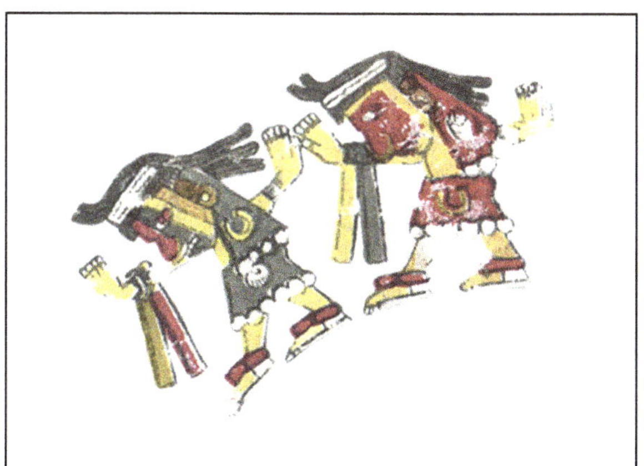

Figs. 5 y 6. Detalles de las mujeres advocadas a Tlazolteotl en la página 39 del Códice Borgia. Imágenes editadas por Marina Valls a partir de los originales publicados en el portal web FAMSI. Extraídos de https://www.famsi.org/spanish/research/graz/borgia/img_page09.html (14/06/2019).

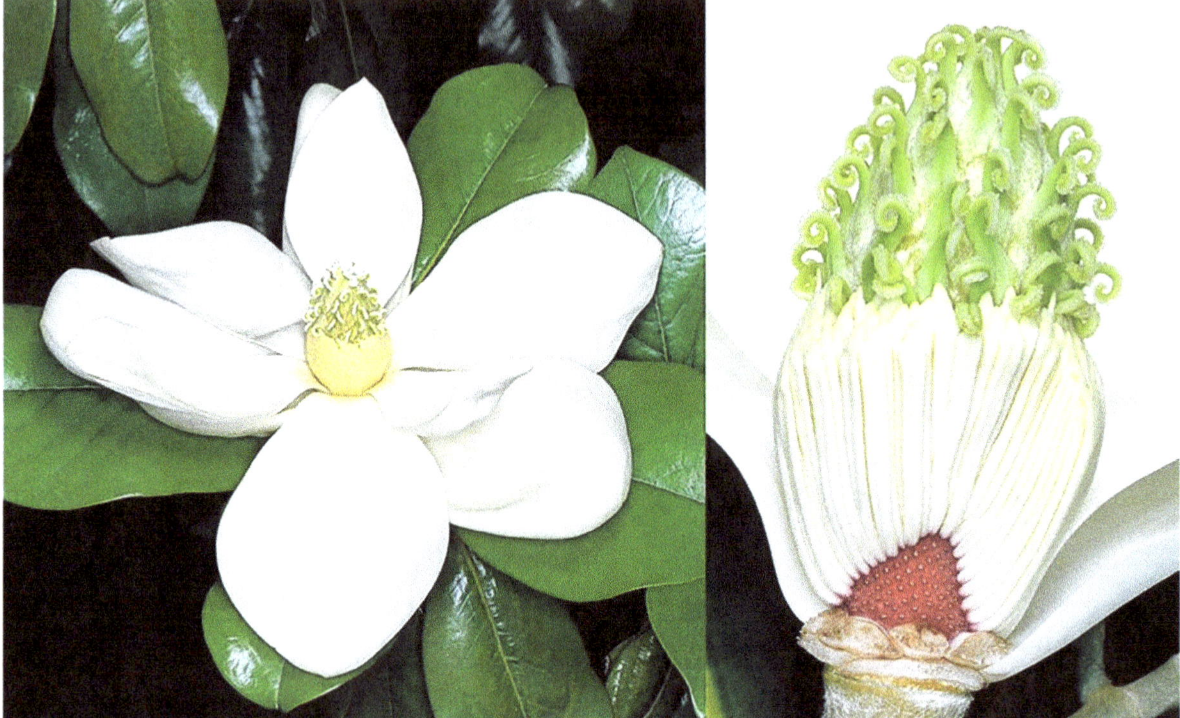

Fig. 7. Imagen de la magnolia mexicana y sección del pistilo que inspiran los motivos representados en la túnica de la Virgen de Guadalupe. Extraído de: https://www.monaconatureencyclopedia.com/magnoliaceae/?lang=es (consultado el 05/07/2025).

addición de un individuo, grupo o colectivo en otra cultura sin resistencia alguna (se adoptan los modos, la cultura y las costumbres); y, el proceso de "inculturación", vinculado al encuentro evangélico con un grupo, etnia, sociedad o cultura en las que el evangelizador presenta el contenido de su mensaje en un proceso de reiteración continua en el que los sujetos nativos se hacen suyo el discurso (a menudo tergiversando el mensaje evangelizador original).

Por ello, la imagen de la Guadalupe combinando iconografía europea y mesoamericana se convierte en un agente a caballo entre dos universos simbólicos, suscitando así que distintos actores eclesiásticos proyectaran sobre ella intereses y temores divergentes.

Por un lado, los franciscanos de primera hora veían con recelo cualquier forma de religiosidad popular que se apoyara en imágenes y lugares de culto prehispánicos. Zumárraga, formado en el erasmismo, recelaba de los "milagros" y, quince años después de la supuesta aparición, afirmaba en la Regla Cristiana que el Redentor "ya no quiere que se hagan milagros" porque la fe está suficientemente fundada en los del Antiguo y Nuevo Testamento (De la Maza, 1953: 11). Sahagún, por su parte, denunciaba que los indígenas seguían acudiendo al Tepeyac llamando "Tonantzin" a la Virgen, y calificaba ese culto como "invención satánica para paliar la idolatría" (Sahagún, 2014: 384).

Por otro lado, bajo el arzobispo dominico Alonso de Montúfar, la imagen se convierte en eje de un culto en rápida expansión, con ermita propia, limosnas, peregrinaciones y milagros atribuidos, que desborda el control franciscano (De la Maza, 1953: 12). En 1556 el provincial Francisco de Bustamante estalla en su famoso sermón anti-guadalupano, denunciando que se atribuyan prodigios a "una imagen que pintó el indio Marcos" y acusando a Montúfar de fomentar un culto sin fundamentos suficientes, peligroso para los naturales (*Ibid.*).

Así, la polisemia de la imagen —mariana y tonantzínica a la vez—, su implantación en un antiguo santuario indígena y las crecientes implicaciones económicas y jurisdiccionales la transforman en campo de batalla entre un franciscanismo celoso de su proyecto milenarista y una jerarquía diocesana dominica que apuesta por institucionalizar y explotar pastoralmente el fervor guadalupano. De ese choque nacerán tanto el "siglo del silencio" documental como la profunda fractura franciscano-dominica en torno a Guadalupe.

En la segunda mitad del siglo XVI, el franciscano Bernardino de Sahagún (Sahagún, 2014: 383-4) se convierte en una de las voces más críticas frente al culto que empieza a consolidarse en el Tepeyac. En el libro XI de la Historia general, al tratar las "supersticiones" todavía vivas entre los naturales, dedica un largo pasaje a la antigua Tonantzin, "nuestra madre", cuyo templo estaba en el cerro de Tepeyac y al que acudían peregrinos "de muy lejanas tierras", más de veinte leguas, con abundantes ofrendas. Tras la conquista, constata que la nueva iglesia allí edificada, dedicada a Nuestra Señora de Guadalupe, ha heredado la antigua romería: los indígenas siguen diciendo "vamos a la fiesta de Tonantzin" y llaman "Tonantzin" también a la Virgen cristiana. Esa persistencia del nombre y de las prácticas lleva a Sahagún a un juicio durísimo: califica la devoción como "invención satánica para paliar la idolatría", pues ve en ella una simple continuidad disfrazada del antiguo culto a la madre de los dioses. 4 5 Para él, el uso ambiguo de "Tonantzin" no es un puente sino una trampa: un desplazamiento nominal que permitiría a los indios seguir venerando a su diosa bajo la máscara de María, poniendo en peligro la "cristiandad" recién plantada.

Esa sospecha franciscana cristaliza espectacularmente en el célebre sermón que el provincial fray Francisco de Bustamante pronuncia el 8 de septiembre de 1556, en la iglesia de San Francisco de México, ante el virrey, la Audiencia y las principales autoridades civiles y eclesiásticas. Justo tres días antes, el arzobispo Alonso de Montúfar había predicado a favor de la devoción guadalupana; Bustamante responde frontalmente: denuncia que "la devoción de esta ciudad ha tomado en una ermita en casa de Nuestra Señora que han intitulado de Guadalupe", y afirma que ello es "gran perjuicio de los naturales porque les da a entender que hace milagros aquella imagen que pintó el indio Marcos" (García Izcabaleta, 2002: 31). El problema, para él, no es sólo la atribución de milagros, sino el modo en que los indios se relacionan con la imagen: la "adoran", le llevan ofrendas y comidas, comportándose como ante un ídolo (De la Maza, 1953: 12); es decir que estaban confundiendo y malinterpretando el uso religioso y doctrinal de la imagen en el planteamiento evangelizador cristiano dentro del contexto del concilio de Trento de 1545. Por eso, Bustamante califica esta devoción como una de "las cosas más perniciosas para la buena cristiandad de los naturales" y llega a proponer castigos ejemplares —"cien o doscientos azotes"— para quien sostenga la milagrosidad de la imagen (von Wobeser, 2015: 174).

Frente a esta ofensiva, el dominico Alonso de Montúfar, segundo arzobispo de México i dominico, representa la apuesta contraria: integrar y encauzar el culto dentro de la estructura diocesana. Desde su llegada en 1554 impulsa la ermita del Tepeyac, favorece las romerías y da crédito a los milagros que se le atribuyen a la imagen (De la Maza, 1953: 12). Cuando Bustamante lo ataca desde el púlpito, Montúfar abre una información judicial en 1556 en la que nueve testigos —clérigos, funcionarios y vecinos— declaran sobre la ermita, la imagen y la devoción (*Ibid.*). Todos coinciden en que, a mediados del siglo XVI, el culto se ha extendido ya a españoles, criollos, mestizos e indios, y que las peregrinaciones al Tepeyac han sustituido prácticas profanas en las huertas de las afueras (Martínez Soriano, 2007: 81). Ante la acusación de idolatría, Montúfar argumenta que no se hace reverencia a "la tabla ni la pintura", sino a la persona de Nuestra Señora que la imagen representa, e intenta desvincularla de un culto "a la materia" que los franciscanos temen (*Ibid.*). Paralelamente, la tradición franciscana atribuye a Motolinía —figura central de la primera evangelización— un papel clave en la transformación del antiguo santuario de Tonantzin en ermita mariana y en la primera difusión del culto entre los naturales (von Wobeser, 2015: 202). Esta confluencia entre franciscanos de primera generación y un arzobispo dominico reformador explica que el Tepeyac se convierta, ya en los años 1550, en un espacio de negociación entre proyectos: para unos, riesgo de recaída idolátrica; para otros, oportunidad de consolidar una devoción popular "americana" bajo control episcopal, con ermita, clero propio y limosnas que escapan a la órbita de las órdenes.

El conflicto en torno a la imagen —sospechas de idolatría, disputa sobre los milagros, choque entre franciscanos y Montúfar— se desarrolla, en buena medida, en el terreno de la práctica: peregrinaciones, limosnas, sermones. El giro decisivo se produce cuando ese culto local discutido se fija en relatos escritos que organizan retrospectivamente la memoria y ofrecen una versión cerrada de los orígenes. Es en ese paso del rito a la narración donde el "siglo del silencio" se clausura y Guadalupe se convierte en proyecto criollo.

Durante las décadas posteriores a 1531, llama la atención la ausencia de testimonios explícitos sobre las apariciones y la "impresión milagrosa" en la tilma. Zumárraga, que según la tradición habría sido el destinatario directo del milagro, no menciona a Juan Diego ni la tilma en sus escritos conservados. Tampoco lo hacen Montúfar, los virreyes Mendoza y Velasco ni los cronistas franciscanos, aunque todos se detienen en otros cultos marianos y en numerosos prodigios. Entre 1531 y mediados del siglo XVII sólo asoman alusiones vagas, como la referencia de Suárez de Peralta a una imagen "aparecida" (Phake-Potter, 2003: 321). Este vacío documental —el denominado "siglo del silencio"— sugiere que la memoria guadalupana circuló sobre todo en forma de tradición oral entre comunidades indígenas cristianizadas y en posibles relaciones manuscritas en náhuatl, hoy perdidas.

Las versiones más antiguas conservadas de la leyenda aparicionista están efectivamente en náhuatl y se sitúan ya en la segunda mitad del siglo XVI o comienzos del XVII. La más célebre de ellas, el *Nican Mopohua,* presenta la secuencia de las apariciones, los diálogos entre la Virgen y el macehual Juan Diego, la búsqueda de la "señal" floral y la revelación de la imagen ante el obispo. Combina motivos del marianismo hispánico —vidente humilde, desconfianza clerical, origen no humano de la imagen— con rasgos formales propios de la retórica nahua: paralelismos, difrasismos, diminutivos afectivos, y el escenario de un cerro florido asociado al ámbito de "flor y canto". La Virgen se expresa en náhuatl clásico, recurre a designaciones indígenas de Dios y sitúa su deseo de "erigir aquí una casita sagrada" en continuidad con la sacralidad del *tepetl.*

La atribución de autoría del *Nican Mopohua* ha sido objeto de debate. Tradicionalmente se ha propuesto el nombre de Antonio Valeriano, noble indígena formado en el Colegio de Tlatelolco; otros estudios han planteado una redacción posterior vinculada al clero secular o a mediadores como Luis Lasso de la Vega. Más allá de la cuestión autoral, lo decisivo es que el relato está diseñado para que un público indígena reconozca su propia sensibilidad religiosa en la figura de Juan Diego y en la manera de hablar de la Señora del Cielo: el mediador es un campesino, el escenario es un cerro conocido, el lenguaje se ajusta a la poética local (León Portilla, 2001: 23).

El desplazamiento hacia un proyecto explícitamente criollo se produce con la obra de Miguel Sánchez, *Imagen de la Virgen María, Madre de Dios de Guadalupe, milagrosamente aparecida en la ciudad de México*, publicada en 1648 (citado en von Wobeser, 2013: 157). Sánchez declara que no ha hallado constancia de las apariciones en los archivos eclesiásticos y que se apoya en "papeles" e información de procedencia indígena, además de en la aceptación generalizada de la tradición. Reproduce la trama básica del relato náhuatl —apariciones, rosas, tilma— pero la reescribe en castellano barroco, con un aparato de citas patrísticas y bíblicas dirigido a un público letrado hispano-criollo.

La innovación fundamental reside en la lectura apocalíptica y providencial que propone. Sánchez identifica a la Virgen del Tepeyac con la Mujer del capítulo XII del Apocalipsis y establece paralelos entre la visión de San Agustín en la isla de Patmos y la historia novohispana: la mujer celeste sería la Guadalupe mexicana; el dragón, la idolatría mesoamericana; la lucha angélica, la conquista; la tierra preparada en el desierto, la Nueva España. De este modo, la conquista aparece inserta en un plan salvífico que culmina en la "aparición" de una imagen mariana en suelo americano. La devoción deja de ser un asunto local para convertirse en signo de elección: Nueva España adquiere una historia sagrada propia, con su "Patmos" (la ciudad de México y el Tepeyac) y su revelación mariana.

Un año más tarde, en 1649, Luis Lasso de la Vega, vicario del santuario del Tepeyac, publica en náhuatl el *Huei tlamahuiçoltica*, que incluye el *Nican Mopohua*. En el prólogo, Lasso explica que, encargado del templo, desea poner por escrito "en lengua mexicana" la grandeza de la Virgen para que los naturales conozcan "cómo fue" el acontecimiento, pues mucho se había desdibujado "por las circunstancias del tiempo". Sostiene que los grandes milagros deben ser escritos en distintas lenguas y presenta la propia imagen de la Virgen como una forma de escritura accesible al pueblo, "pintada" para ellos.

Así, a mediados del siglo XVII, se consolida un dispositivo doble: en castellano, una narración teológica que integra Guadalupe en la exégesis bíblica y en una visión providencial de la conquista; en náhuatl, un relato que preserva formas expresivas indígenas y ofrece a los convertidos una memoria de su encuentro fundante con María. Este entramado textual desplaza el eje de la discusión: del escrúpulo franciscano sobre la idolatría y los milagros se pasa a la construcción de una genealogía sagrada para la Nueva España, que ofrece a las élites criollas y a los pueblos indígenas un origen compartido bajo el signo de Guadalupe.

Que millones de personas sigan subiendo al Tepeyac no nos dice tanto cómo de bien se evangelizó a los indígenas, sino quién ganó —y quién perdió— la batalla por el control de un santuario, de unas limosnas y de un relato fundacional. El expediente guadalupano es, ante todo, la historia de cómo una conversión a medias acaba reciclándose en una lucha de poder entre órdenes y episcopado, y de cómo, a partir de cierto momento, la pregunta deja de ser "¿estamos anunciando bien el Evangelio?" para convertirse en "¿quién manda aquí?".

Desde muy pronto, las posiciones quedan claras. Los franciscanos de primera hora ven en el Tepeyac dinamita pastoral. Bustamante, provincial franciscano, remata la faena en 1556: desde el púlpito, ante virrey y Audiencia, acusa al arzobispo Montúfar de tolerar una devoción "en gran perjuicio de los naturales" porque les hace creer que "hace milagros aquella imagen que pintó el indio Marcos" y pide azotes para quien sostenga tal cosa (García Icazbalceta, 2002: 31).

Montúfar responde no sólo en términos doctrinales, sino de autoridad: abre proceso contra Bustamante, moviliza testigos que subrayan la frecuencia de peregrinos y las limosnas que sostienen la ermita, y se presenta como fundador y patrono del santuario (Martínez Soriano, 2007: 81). Desde ese momento, el Tepeyac deja de ser sólo un problema de "supersticiones" indígenas para convertirse en un campo de batalla entre el clero secular, que ve allí un resorte pastoral y económico formidable, y unos regulares franciscanos que perciben cómo se les escapa de las manos un foco de poder religioso que creían propio.

La dimensión material no es menor. Las limosnas al Tepeyac, que habían crecido al ritmo de la devoción gracias a las ofrendas de ricos y pobres, los votos, las mandas, financian capillas, ornamentos.... comienzan a decaer a mediados del siglo XVI, gracias a la percepción "peninsular"/extremeña de los jerónimos que ven con alarma cómo la "Guadalupe mexicana" desvía parte de las devociones —y del dinero— hacia el otro lado del Atlántico (Martínez Soriano, 2007: 19). No es casual que los jesuitas se conviertan en los grandes promotores de la Guadalupe del Tepeyac: es una Virgen "americana", fuera del control jerónimo, capaz de concentrar limosnas, prestigio y fervor criollo sin pasar por la caja fuerte de Cáceres (*Ibid.*).

En paralelo, la famosa conversión masiva avanza a golpe de registro bautismal, pero no necesariamente de catequesis. Motolinía, Ricardo y otros describen decenas de miles de bautizos; Martínez Soriano (2007: 6) lo resume como evangelización "masiva aunque poco efectiva": muchos neófitos aceptan los sacramentos, pero siguen asociando santos con antiguos dioses y mezclando ritos sin gran comprensión teológica. El Tepeyac, rebautizado, cumple una función clave: permite canalizar hacia un mismo lugar el viejo impulso peregrino indígena y la nueva geografía sacra cristiana. Pastoralmente es un atajo; doctrinalmente, un campo minado. Pero cuando esa mezcla empieza a traer gente a la iglesia y prestigio al arzobispo, la balanza se inclina: o se cabalga la ola guadalupana, o se renuncia al proyecto de "conquista espiritual" tal como estaba planteado.

En el siglo XVII y XVIII la partida cambia de jugadores pero no de lógica. La pugna ya no es tanto franciscanos versus Montúfar como órdenes mendicantes versus clero secular por el control de doctrinas, diezmos y santuarios. En ese contexto, los jesuitas convierten a Guadalupe en su gran "marca": la llenan de tinta —Sánchez, Lasso, Florencia, Cabrera—, la cargan de exégesis apocalíptica y de reivindicación criolla, y la presentan como prueba de que la Nueva España es el "pueblo elegido" del final de los tiempos. A partir de ahí, discutir el culto es, en la práctica, dinamitar el relato que legitima el lugar de los criollos frente a la metrópoli.

La culminación institucional llega cuando, tras intensas gestiones, la Santa Sede reconoce en 1754 el patronato de la Virgen de Guadalupe sobre la Nueva España (Martínez Soriano, 2007: 109). A ojos de muchos, Roma sanciona así no sólo una devoción, sino una determinada configuración de poderes: obispos, jesuitas y élites criollas quedan alineados bajo el mismo estandarte. La cuestión de si los indios han dejado realmente de ver en ella a Tonantzin pasa a segundo plano; lo importante es que la imagen funciona como cemento social y como escudo de la monarquía y de la Iglesia. 21 26-609

El magisterio posterior, consciente de los riesgos, intenta poner coto a excesos sin desmontar el edificio. Los papas recuerdan una y otra vez la distinción clásica: sólo Dios recibe adoración (latría); a María le corresponde, como mucho, hiperdulía, una veneración singular pero subordinada. Señalan que la auténtica devoción mariana debe conducir "siempre y plenamente a Cristo" y que la religiosidad popular necesita purificación y catequesis para no deslizarse hacia supersticiones o hacia una "mariolatría" de facto. No hay condena del culto guadalupano en bloque, pero sí una desconfianza creciente ante cualquier práctica que, en la teoría, se dice cristocéntrica y, en la práctica, gira casi exclusivamente en torno a la imagen de la Madre.

Al final, lo que en 1531 se planteaba como un dilema sobre cómo convertir a los vencidos, termina siendo, siglo y medio después, una sofisticada arquitectura de poderes en torno a una Virgen que sostiene el edificio entero. La "falsa conversión" no consiste tanto en que los indios sigan siendo en secreto politeístas como en que la Iglesia acepta medir el éxito de la evangelización por la cantidad de peregrinos y procesiones, mientras las cuestiones incómodas —sincretismo de fondo, justicia social, discipulado evangélico— quedan sepultadas bajo una montaña de exvotos y de decretos de patronato.

Bibliografia

CABALLERO ZAMORA, C. (2002). *El lado oculto de la Guadalupana*. Editorial Dabar.

FLAHERTY, B. (2011). 'Our Lady of Guadalupe, Mother of a New Race'. *Goddesses in World Culture*, editado por Patricia Monaghan, 1ª ed., vol. 3, pp. 97-110.

GARCÍA GONZÁLEZ, J. (2014). 'Guadalupe, modelo perfecto de inculturación'. Dentro de *Revista Perseitas*, vol. 2, núm. 2, pp. 204-232.

GARCÍA ICAZBALCETA, J. (1883). *Juan Diego y las apariciones del Tepeyac. Un estudio científico por le máximo erudito en historia colonial mexicana*. Centro de Información sobre Sectas, Religiones y Nuevos Movimientos Intelectuales. Disponible en: http://www.sectas.org/Catalogo/textocompleto.htm (consultado el 27/05/2023)

GONZÁLEZ TORRES, Y. (1995). *Diccionario de Mitología y Religión de Mesoamérica*.

Ediciones Larousse.

GUERRERO, J. L. (1988). *El "Nican Mopohua". Un intento de exégesis* (Tomo I). Realidad, Teoría y Práctica.

JUAN PABLO II. (1992, 12 de octubre). *Discurso inaugural de la IV Conferencia General del Episcopado Latinoamericano*. Vaticano. https://www.vatican.va/content/john-paul-ii/es/speeches/1992/october/documents/hf_jp-ii_spe_19921012_iv-conferencia-latinoamerica.html

LEON PORTILLA, M. (2001). *Tonantzin Guadalupe: Pensamiento nahualt y mensaje cristiano en el Nican Mopohua*. Fondo de Cultura Económica.

MONTES GONZÁLEZ, F. (2019). Sevilla guadalupana. Arte, historia y devoción. Sevilla: Diputación Provincial.

MARTÍNEZ SORIANO, A. (2007). *Psicología de la religión; el mito de la Virgen de Guadalupe; una aprosicmación psicopolítica*. Universidad Nacional Autónoma de México.

POOLE, S. (1995). *Our Lady of Guadalupe: The Origins and Sources of a Mexican National Symbol, 1531-1797*. University of Arizona Press.

RICARD, R. (1986). *La conquista Espiritual de México*. Fondo de Cultura Económica.

SÁNCHEZ, M. (1648/2010). *Imagen de la Virgen María, madre de Dios de Gvadalupe, milagrosamente aparecida en la Ciudad de México / Celebrada en su historia... a devoción del Bachiller Miguel Sanchez...* Biblioteca Virtual Miguel de Cervantes. https://www.cervantesvirtual.com/obra/imagen-de-la-virgen-maria-madre-de-dios-de-gvadalupe-milagrosamente-aparecida-en-la-ciudad-de-mexico/

SAHAGÚN, F. B. (2014). *Historia general de las coses de la Nueva España* (Tomo II). Linkgua Historia 358.

TAYLOR, W. B. (2010). *The Virgin of Guadalupe: Art and Legend*. University of Arizona Press.

VON WOBSER, G. (2015). 'Antecedentes iconográficos de la imagen de la Virgen de Guadalupe'. Dentro de *Anales del Instituto de Investigaciones Estéticas*, vol. XXXVII, núm. 107, pp. 173-227.

5

Las representaciones figurativas del sitio arqueológico Cuidad del Jaguar (Honduras): espacio sagrado, conceptos compartidos y diálogo entre Mesoamérica y la Zona Andina

Geydy Rodríguez Wood

Grup d'Estudis Precolombins-GEP, adscrit a la Societat Catalana d'Estudis Històrics, Institut d'Estudis Catalans-IEC.

Doctorando en Historia del Arte, Universitat Autònoma de Barcelona-UAB.

Instituto Hondureño de Antropología e Historia-IHAH.

geywood@hotmail.com / 1276028@uab.cat

Resumen

El sitio arqueológico Ciudad del Jaguar-T1, se encuentra ubicado en el noroeste de Honduras. Pertenece al Área Intermedia, considerada zona de frontera y paso entre Mesoamérica y la Zona Andina. Esta ubicación facilitó que, durante la época prehispánica, fuese un sitio de migraciones e interacción constante entre culturas del norte y del sur del continente, que dio origen a una civilización hasta ahora desconocida, que se formó, desarrolló y tuvo una significativa producción artística.

En el presente trabajo propongo el estudio y la lectura e interpretación de las imágenes figurativas representadas en los objetos excavados, como también su utilidad y función, a través del estudio estilístico, iconográfico y simbólico. La metodología, la historiografía, la cosmovisión de las culturas prehispánicas, el estudio comparativo, que me permitan hacer esta propuesta y aproximación, para dar visibilidad a esta cultura que tuvo un grado de organización y desarrollo importante en el territorio.

Palabras clave: Arte Precolombino, iconografía, simbolismo, cosmovisión, migraciones, ritualidad

doi: 10.32873/unl.dc.zea.1605

Publicado en *Actas seleccionadas del SIMPOSIO ARTE 4.2: Migraciones en la imagen prehispánica: transitando territorios del pasado al presente. 58º Congreso Internacional de Americanistas, Novi Sad, Serbia, 2025.* Victória Solanilla Demestre y Annabel Villalonga Gordaliza, editoras. Zea Books, Lincoln, Nebraska. 2026. https://doi.org/10.32873/unl.dc.zea.1600

La arqueología en el noroeste de Honduras

El noroeste de Honduras es una de las áreas con menor investigación arqueológica realizada en el país. En la zona norte destacan algunos de los sitios con mayores investigaciones realizadas como El Valle de Sula, Naco, El Cajón, e Islas de la Bahía. En la actualidad, en el Departamento de Colón, en la costa noroeste del país, se está llevando a cabo el único proyecto de investigación llamado 'Proyecto Arqueológico Guadalupe'[1].

El Departamento de Gracias a Dios conocido como La Moskitia, hacia el oeste, no cuenta con ningún proyecto de investigación en la actualidad. Se han realizado incursiones y localizado varios sitios arqueológicos durante el siglo XX como Wankibila, las Crucitas de Aner, el sitio arqueológico Layasagni, entre otros. Hasta el momento no se ha mantenido ningún proyecto en el área por diferentes motivos[2]. El único proyecto de investigación con un equipo de trabajo interdisciplinar realizado en el Departamento de Gracias a Dios, ha sido "El Proyecto Arqueológico Ciudad Blanca (Kaha Kamasa)". Fue un proyecto del Estado de Honduras con la colaboración del Instituto Hondureño de Antropología e Historia-IHAH, que se llevó a cabo del 2016 al 2021, el cual, no ha tenido continuidad ni existen publicaciones académicas de sus resultados[3], como también, una expedición internacional anterior, que localizó con ayuda de la tecnología LiDAR, los asentamientos en el Valle de la Fortaleza entre 2012 y 2015[4].

Sitio Arqueológico Ciudad del Jaguar-T1 (955)

Ubicado en el Departamento de Gracias, La Moskitia, Honduras, dentro del Valle de la Fortaleza, con 20 sitios arqueológicos identificados, se encuentra el sitio arqueológico Ciudad del Jaguar-T1 (Imagen 1). Es el sitio con mayor dimensión del área arqueológica (3 km^2) y el más grande localizado en en la región de La Moskitia, con distribución arquitectónica y un sistema de asentamientos humanos con afiliaciones en el patrón que corresponden a una sociedad de rango medio o cacicazgo[5]. Pertenece al Área Intermedia de América en donde se desarrollaron sociedades cacicales, con conocimientos y prácticas de un alto grado de desarrollo técnico y artístico con diferentes materiales, con características culturales diferenciadas a las de Mesoamérica y la Zona Andina[6]. La arqueología hondureña la define como área culturalmente diversa y propone la Fase Selín (400 aC-1000 dC) para los sitios arqueológicos localizados en esta región [7].

Los datos facilitados por la tecnología LiDAR muestra que los habitantes de este valle ocuparon un paisaje humanizado y transformado como otros lugares en Mesoamérica y la Zona Andina[8]. Una reconstrucción virtual utilizando los datos obtenidos con LiDAR nos proporciona una imagen de cómo podría ser el sitio (Ilustración 1).

1. FECHER et al. 2020, 1-54.; REINDEL et al., 2016,2017,2018.
2. Por ejemplo: la falta de inversión en el estudio, la conservación y la divulgación del patrimonio cultural y natural de esta zona del país. Las dificultades de acceso, investigación y estancia en la selva. La falta de interés en el Área Intermedia, área geográfica a la que pertenece y el período histórico casi desconocido de estas antiguas culturas datadas en el Formativo y el Clásico. La falta de personal profesional, de fondos que puedan llevar a cabo proyectos de investigación académica, la apuesta de país centrada en el estudio de la cultura Maya y las Ruinas de Copán, y no menos importante, la cuestión política, que, en cada cambio de gobierno, decide darle continuidad o no, a los proyectos del gobierno anterior.
3. Para obtener información de estas investigaciones he recurrido a entrevistes personales con algunos de los investigadores que participaron en este proyecto de investigación, como también, la lectura de un artículo individual y la visualización de entrevistas y ponencias que han realizado en espacios académicos.
4. FISHER, 2016, 88-106; FISHER et al., (25.08.2016); FISHER et al. (12.01.2017), 129-138.
5. FISHER et al., 2016, 21; RODRÍGUEZ WOOD, 2023, 2-5.
6. Fisher, 2016, 98; HASEMANN Et al., 2017, 73-90,104-116,137-155; LARA PINTO, 2006,2-4.
7. FISHER et al., (12.01.2017); FISHER, 2016, 93.
8. FISHER et al., 2016, 10.

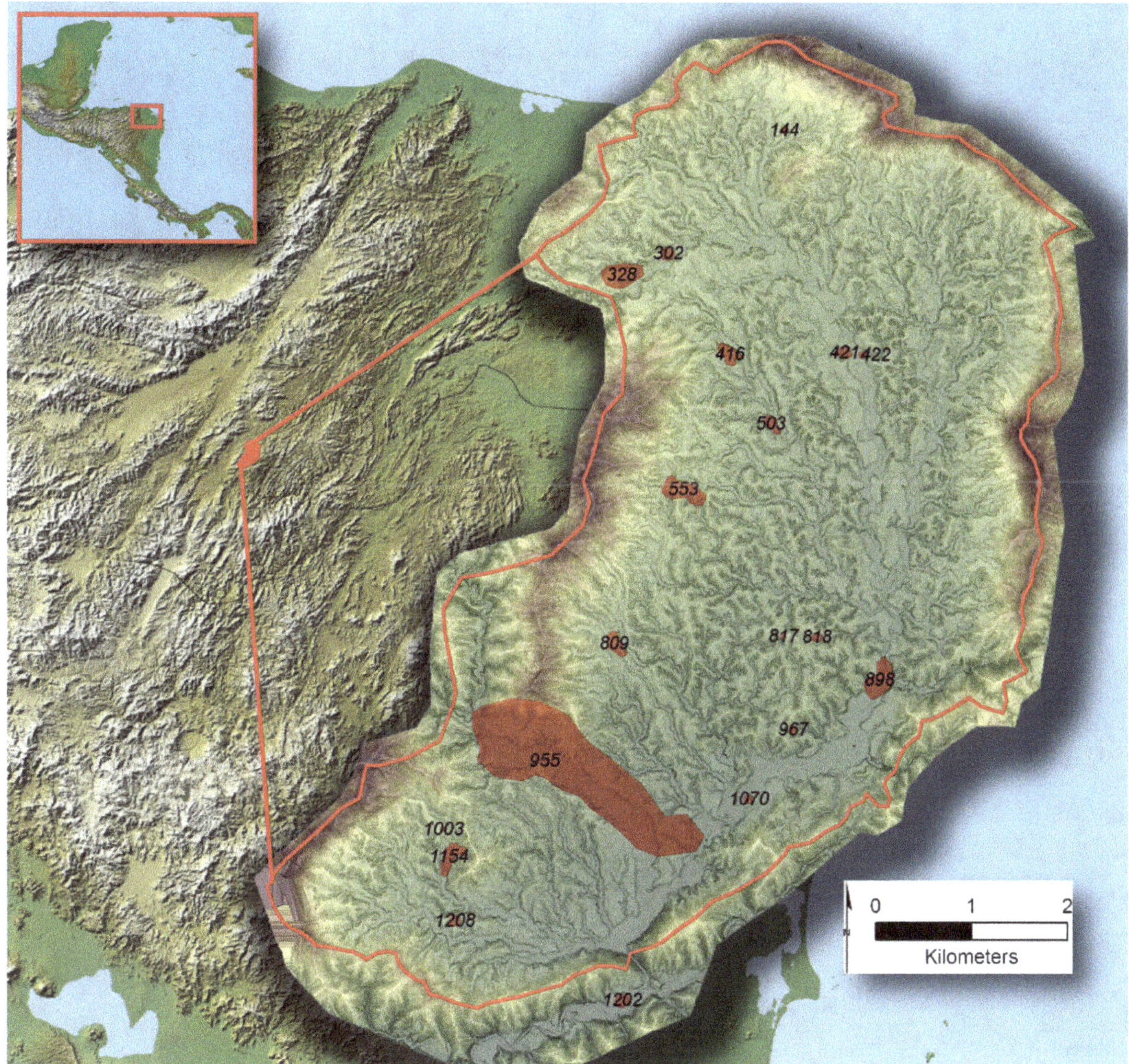

Imagen 1. Sitio arqueológico 955 Ciudad del Jaguar identificado dentro del Valle de la Fortaleza. Fuente: Fisher et al., 2016, 97. https://journals.plos.org/plosone/article?id=10.1371/journal.pone.0159890#pone-0159890-g020

En el año 2016 se realizó la primera excavación en Ciudad del Jaguar, en una de las plazas de la estructura principal del complejo arquitectónico, la estructura 5, en donde estaban a la vista, en la superficie, 52 objetos, vasijas y metates de piedra[9]. De esta primera excavación no se dispone de ningún informe técnico oficial para consultar. Los datos del trabajo de excavación y dichos resultados los he obtenido a través de consultas y conversaciones con el arqueólogo Ranferi Juárez, responsable del grupo de investigación entre 2016 y 2021, como también, de ponencias realizadas en espacios académicos como fue *"Kaha Kamasa: resultados del estudio arqueológico"*, en el canal de difusión de la Universidad Autónoma de Honduras (UNAH), Rutas Históricas de Honduras (RHH) en donde muestra un dibujo planimétrico con la localización de las muestras tomadas de la Estructura 5[10]. En la segunda excavación realizada

9. Juárez, (16.09.2022)

10. Ídem.

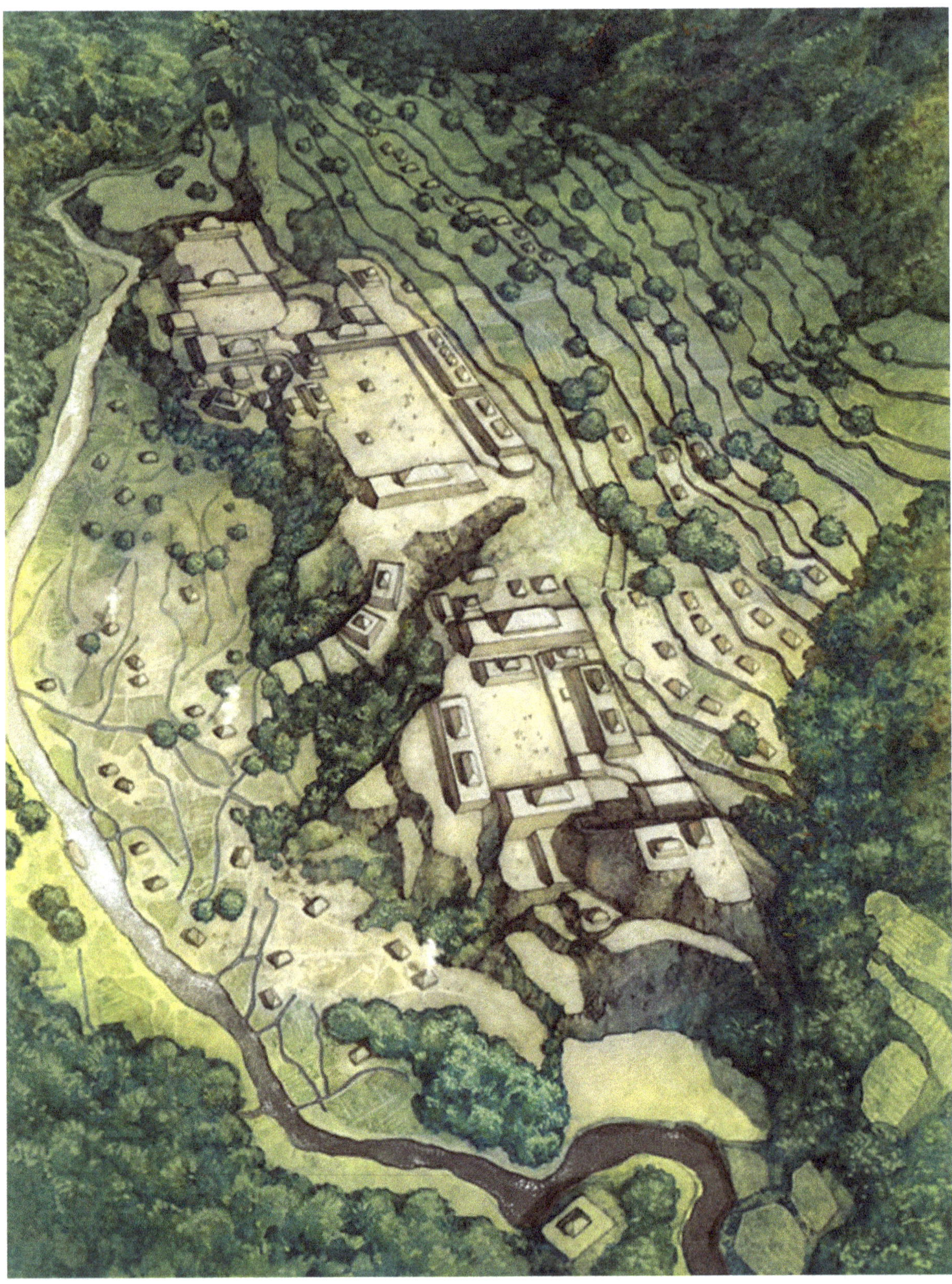

Ilustración 1. Reconstrucción artística de una porción del sitio 955. Fuente: Fisher et al., 2016, 27. https://journals.plos.org/plosone/article?id=10.1371/journal.pone.0159890#pone-0159890-g020

en 2021, se obtuvieron muestras de carbón que ofrecieron datos de temporalidad del lugar, de fechas como muestra de probable uso de espacios que pudieron ubicar en tiempo y espacio este sitio arqueológico[11]. Complementando la información obtenida de las excavaciones realizadas, los resultados de las muestras de carbono analizadas, sumado a los datos obtenidos de la tecnología LiDAR, podemos resumir que la información del trabajo arqueológico realizado en Ciudad del Jaguar obtuvo los siguientes resultados:

Veinte sitios arqueológicos registrados, dos sitios excavados (Layasagni y estructura 5 de Ciudad del Jaguar); 14 muestras de carbono 14 analizadas, 1 de Layasagni y 13 de Ciudad del Jaguar, que ofrecen las fechas de ocupación del sitio Ciudad del Jaguar para 1690 aC[12], 566 dC, 684 dC,768 dC,1632 dC y 1726 dC[13], cronologías de los períodos Preclásico, Clásico y Colonial. Se confirma que Ciudad del Jaguar está compuesto por diez complejos de plaza, con terrazas habitacionales, muestras de arquitectura y ocupación residencial con espacios agrícolas alrededor. La parte superior de los montículos adyacentes a las plazas cubiertas con cimientos de edificios, muestran pequeñas estructuras en los centros, que podrían ser los restos de templos y residencias de la élite con pequeños altares. Además de montículos y plataformas superpuestas que rodean el sitio, como los restos de un depósito de agua con canales[14]. Información que permite confirmar que, en época prehispánica, en esta área geográfica, vivió y se desarrolló una cultura, con una sociedad de alto grado de organización social, religiosa, producción tecnológica y muy probablemente comercial.

Objetivo y metodología de estudio

Esta investigación tiene como objeto el estudio e interpretación iconográfica y simbólica de las piezas del sitio arqueológico Ciudad del Jaguar-T1, como resultado de la observación, el conocimiento ancestral, la convivencia con el entorno natural, las prácticas rituales, la utilidad y función como parte de la cosmovisión de los habitantes de esta cultura prehispánica. Como también, Plantear posibles relaciones, senderos, rutas comerciales y áreas de influencia entre sus habitantes y el resto de territorio y áreas culturales.

La metodología aplicada es el estudio iconográfico, estilístico, simbólico y comparativo de los objetos seleccionados; la historiografía y la cosmovisión de las culturas precolombinas de América; Los atributos o rasgos típicos (cultural, funcional, estilístico, tecnológico); El estudio comparativo de las áreas culturales (Mesoamérica, Área Intermedia y Zona Andina) a través de las representaciones figurativas representadas en sus objetos, dentro de la temporalidad adjudicada a la cultura de Ciudad Blanca, como muestra de una mirada a las ideas compartidas que son el fundamento del pensamiento de los pueblos antiguos. Este estudio permitirá reconocer los elementos compartidos, fruto del conocimiento del medio y los fenómenos naturales, la interacción, la comunicación, los espacios sagrados y las prácticas rituales como reflejo del pensamiento mítico-espiritual de los pueblos prehispánicos.

En el presente artículo resumo y presento parte del trabajo de investigación de mi tesis doctoral en Historia del Arte, especialización en Arte Prehispánico, de los objetos arqueológicos que se encuentran en el Centro de Investigación Ciudad Blanca.

Objetos del sitio Ciudad del Jaguar-T1

En el Centro de Investigación Ciudad Blanca/ Kaha Kamasa, se encuentran 504 objetos pertenecientes a los sitios arqueológicos Ciudad del Jaguar y Layasagni. Aproximadamente 460 objetos y fragmentos fueron extraídos de

11. JÚAREZ, 2021, 13-20.

12. Entrevista personal con el arqueólogo Ranferi Juárez, jefe del grupo de investigación Ciudad Blanca 06.09. 2023.

13. Juárez, (16.09.2022)

14. FISHER, 2016, 94-97.

Ciudad del Jaguar. Lamentablemente el acceso al informe técnico de la primera excavación realizada por el equipo de investigación, sobre el depósito de donde se extrajeron las piezas, no llegó a publicarse, y en la actualidad está restringido a la investigación. La información obtenida sobre dicha excavación ha sido a través de la ponencia del que fuera jefe del grupo de investigación Kaha Kamasa, el arqueólogo Ranferi Júarez[15] y la publicación del escritor Douglas Preston[16].

De las 504 piezas extraídas, mi investigación se centra en 67 objetos con representaciones figurativas que equivale al 13,3% del total de piezas, 55 pertenecen a Ciudad del Jaguar y 12 a Layasagni. Los materiales usados para elaborar estos objetos son la lítica y la cerámica: 52 son de piedra y representan el 77,6% y 15 piezas y fragmentos son de cerámica que representan el 22,3%.

Distribución de representaciones figurativas y cantidad de piezas por categoría

La distribución de las piezas con representaciones figurativas se divide por temáticas representadas. La identificación de las especies realizada a partir de elementos o atributos diagnósticos facilitaron la siguiente información: Aves (17), Felinos (5), Figuras Geométricas (30), Figuras Antropomorfas, antropozoomorfas y Zoomorfas (13), Figuras Fitomorfas (2), resultados representados en los siguientes gráficos (Imagen 2).

Cosmovisión y simbolismo: el conocimiento del medio y los animales en las culturas prehispánicas

Los animales en las culturas americanas tuvieron un papel destacado y muy importante. Para

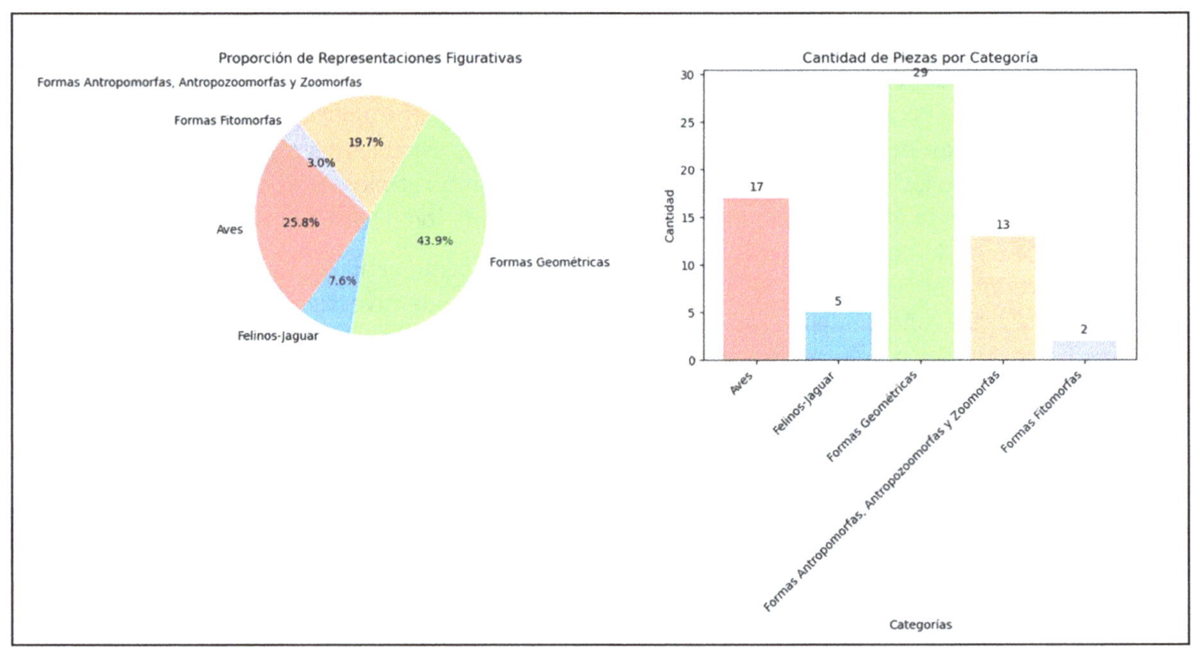

Imagen 2. Gráfico de sectores y barras muestran la distribución de representaciones figurativas y cantidad de piezas por categoría basado en datos de investigación sobre los resultados del estudio de las temáticas representadas en los objetos arqueológicos con representaciones figurativas del Centro de Investigación Ciudad Blanca. Gráficos realizados por la autora Geydy Rodríguez Wood

15. JUÁREZ, (16.09.2022).

16. PRESTON, 2018.

los pueblos precolombinos la naturaleza estaba intrínsecamente unida a su forma de entender el mundo. La flora y la fauna tenían un papel fundamental en su espiritualidad y cotidianidad. Las plantas y los animales eran símbolos de poder, reproducción, procesos cíclicos y vitales y fuerzas sobrenaturales. Algunos de los animales tienen un simbolismo mágico-religioso. Fueron considerados dioses y forman parte de la cosmogonía de la mayoría de las grandes culturas. Su poder trasciende y cruza espacios, están presentes en los mitos, rituales, y todo aquello que rodea la vida cotidiana y espiritual de los pueblos antiguos de América[17]. La observación del entorno realizada durante cientos y miles de años les proporcionó una visión y conocimiento que facilitó un espacio de convivencia y una estrecha relación entre el hombre, los animales y el medio natural.

Las Aves

Las aves tuvieron un papel primordial en el pensamiento prehispánico. Fueron deidades, animales tutelares, mensajeras de los dioses, guías y conectoras de planos, asociadas a elementos y fenómenos naturales. Fueron valoradas por sus particularidades como el vuelo, el canto, visión, su agilidad, fuerza etc, y su plumaje rico y colorido que asociaban a diferentes significados y usos ligados al poder, el comercio y utilizadas en diferentes rituales[18]. Para ampliar la información del estudio de las aves, remito al trabajo de investigación titulado "Iconografía y simbolismo de las aves en piezas del sitio arqueológico Ciudad del Jaguar-T1 (Honduras)"[19] realizado por la autora, motivo por el cual, la identificación de las especies de aves a continuación es un resumen del trabajo anterior.

Elementos diagnósticos para la identificación de especies

Zopilote Rey (*Sarcoramphus papa*): iconografía y simbolismo en las culturas de América.

El zopilote rey, conocido con diferentes nombres, es un ave carroñera que de mediana puede medir desde los 70 a los 82 cm de longitud. En el mundo de las aves pertenece a la orden de los Falconiformes, familia *Cathartidae* y la especie *Sarcoramphus papa*. Su hábitat se distribuye en la mayor parte del continente americano que va desde México hasta Argentina y Brasil. Se identifican los adultos por la cabeza y la parte superior del cuello desnudas, con arrugas y colores negro, pardo, rojo, naranja y amarillo. El píleo, parte superior de la cabeza del ave que comienza en la frente y se prolonga hasta la nuca, con arrugas. Los ojos blancos bordeados por un área rojiza. El pico con base negra y el extremo rojo, con una gran verruga nombrada carúncula de color amarillo o anaranjado. El plumaje del cuerpo es blanco. Tiene una bufanda de plumas grisáceas alrededor de la nuca. Sobresale el buche rosáceo colgante y desnudo. Las alas son blancas y negras, y la cola cuadrada, corta y negra, con patas grisáceas, oscuras y amarillas. Los jóvenes a diferencia de los adultos tienen los ojos y el pico pardos, el plumaje grisáceo con áreas moteadas de blanco que se aclaran a medida que el ave se desarrolla; sin carúncula o con la carúncula en desarrollo en función de la edad; la cabeza y el pico parcialmente naranja a medida que van desarrollándose. Su hábitat se localiza en las tierras altas de la selva densamente boscosa y se alimenta mayoritariamente de carroña, pero también de pequeñas crías de ganado, reptiles pequeños y animales heridos.

Es difícil identificar al Zopilote Rey por su género, debido a que macho y hembra son casi iguales. Por este motivo son considerados de

17. GONZÁLEZ TORRES, 2001, 19-35, 107-122; LOPEZ AUSTIN, 1996, 1999.

18. DE LA GARZA, 1995,7; GONZÁLEZ TORRES, 2001, 19-35, 107-122; CHEVALIER Y GHEERBRANT, 155-157; NAVARIJO ORNELAS, 2013, 83-98; NAVARIJO ORNELAS, 2011, 175-190; NAVARIJO ORNELAS, 1997, 48-51; NAVARIJO ORNELAS, 2001, 221-250; NAVARIJO ORNELAS, 2012, 5-31.

19. RODRIGUEZ WOOD, 2023. Para ampliar esta información consultar el trabajo de investigación sobre las aves realizado por la autora https://digitalcommons.unl.edu/actas2023/22/

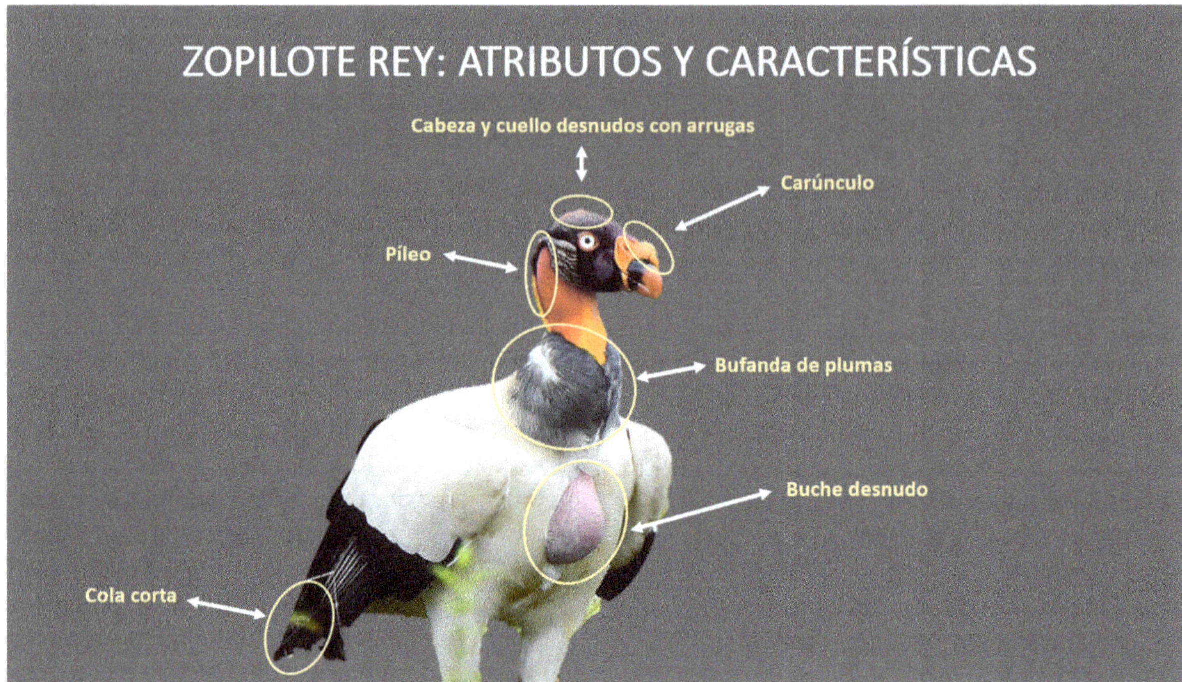

Imagen 3. Atributos, morfología y características del Zopilote rey. Imagen retocada y realizada por la autora GRW. Imagen del zopilote rey extraída de https://www.bocatapadainfo.com/zopilote-rey.html

especie monomórfica, en que ambos sexos tienen las mismas características excepto en el tamaño de la hembra, pero es tan pequeña la diferencia que es muy difícil de identificarlos incluso cuando las aves posan una al lado de la otra[20].

Atributos que facilitan la identificación de la especie de ave, Zopilote rey

De la excavación realizada en el sitio arqueológico Ciudad del Jaguar, los objetos con mayor representación figurativa son las aves, el animal más representado es el Zopilote rey, con un total de nueve objetos. El material utilizado es la piedra. La mayoría son vasijas: cinco con cabezas en forma de asas esculpidas en alto relieve; una representada en metate; una escultura de cuerpo entero; y dos cabezas independientes. No se conserva pintura evidente que facilite su identificación, motivo por el cual, realicé la lectura e interpretación de las imágenes representadas siguiendo los atributos, la morfología y el estilo naturalista en la representación de la especie (Imagen 3), del que obtuve los resultados siguientes: nueve objetos identificados como Zopilote rey y ocho objetos identificados como aves -sin identificación de especie- (Cuadro 1).

Felinos: El Jaguar

> *[...]anda y bulle en las sierras, y entre las peñas y riscos, y también en el agua, y dicen es príncipe y señor de los otros animales [...] es bajo y corpulento y tiene la cola larga, las manos son gruesas y anchas, y tiene el pescuezo grueso, tiene la cabeza grande, las orejas son pequeñas, el hocico grueso carnoso y corto, y de color prieto, y la nariz tiene grasienta, y tiene la cara ancha y los ojos relucientes como brasa, los colmillos son grandes y gruesos, los dientes menudos, chicos y agudos, las muelas anchas de arriba y la boca muy ancha, y tiene uñas largas y agudas, tiene*

20. Aves de Perú. Zopilote Rey https://avesdeperu.org/identificacion-apariencia-zopilote-rey/

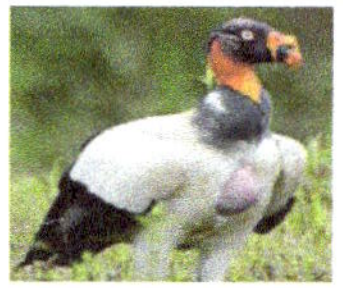 ZOPILOTE REY *(Sarcoramphus papa)*	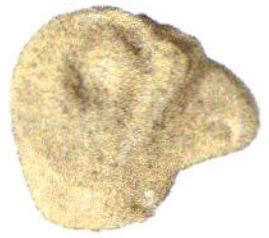 Nº 346.TGC-P-7599	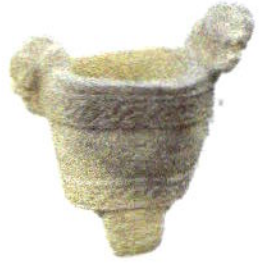 Nº 1. TGC-P-7254	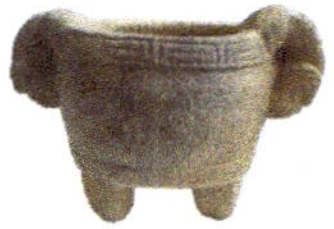 Nº 93. TGC-P-7346	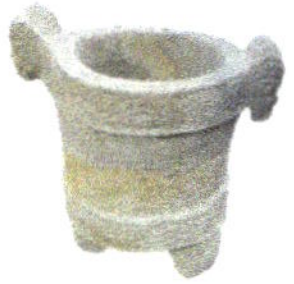 Nº 3. TGC-P-7256 / Nº 378. TGC-P-7631.	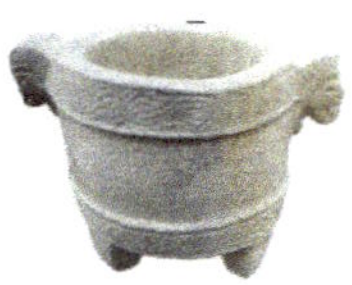 Nº 10. TGC-P-7263	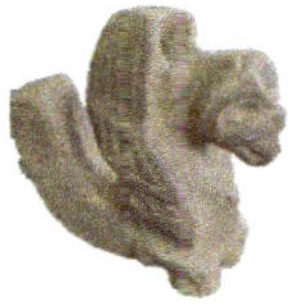 Nº 152. TGC-P-7405		
	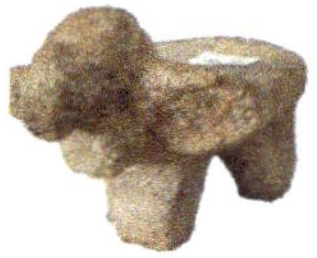 Nº 45. TGC-P-7298	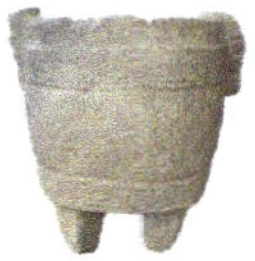 Nº 92. TGC-P-7345	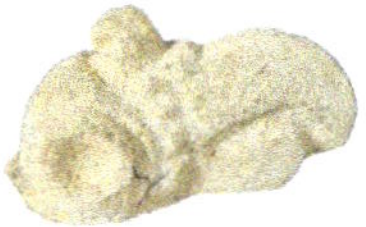 Nº 343. TGC-P-7596					
AVES (especie sin identificar)	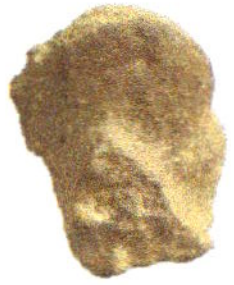 Nº 13. TGC-P-7266	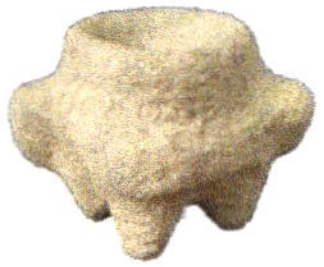 Nº 64. TGC-P-7317	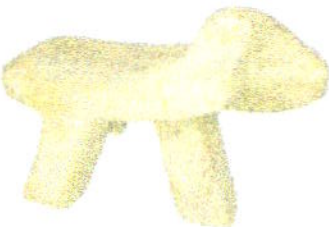 Nº 100. TGC-P-7353	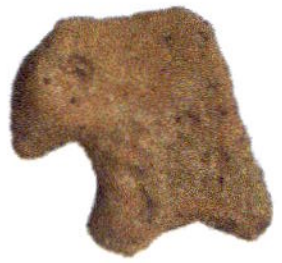 Nº 382. TGC-C-7635	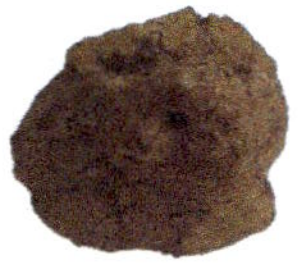 Nº 387. TGC-C-7640	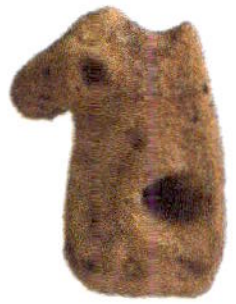 Nº 383. TGC-C-7636	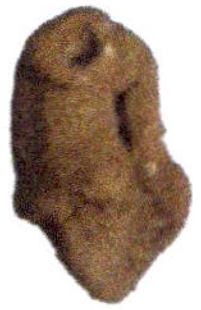 Nº 386. TGC-C-7639	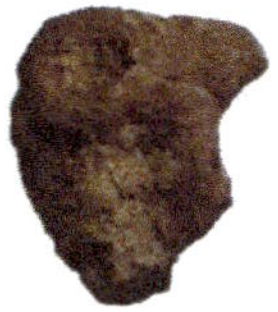 Nº 388. TGC-C-7641

Cuadro 1. Identificación de especies de aves del sitio arqueológico Ciudad del Jaguar, Centro de Investigación Ciudad Blanca. Cuadro e imágenes realizado por la investigadora, Geydy Rodríguez Wood. Imágenes propiedad del IHAH.

pesuños en los brazos y en las piernas, y tiene el pecho blanco, tiene el pelo lezne y como crece se va manchando [...]

(Sahagún, V.III, 221-22)

Elementos diagnósticos para la identificación de la especie

El Jaguar (*Panthera onca*), es el felino más grande que vive en los bosques de América. Considerado el señor y amo de los bosques, conocido con diferentes nombres *Yaguaraté* en guaraní, *Ocelotl* en nahua, *Balam* en maya, *Uturuncu* en quechua entre otros. El macho tiene una altura de 80 cm, mide aprox. 1.10 a 1.60 m de cabeza a la base de la cola (que mide 52 a 64 cm), y la hembra es un poco más pequeña. Tiene una gran cabeza redonda con pequeñas orejas, pelo corto y sedoso de color amarillo dorado, con manchas en forma de rosetas irregulares, aparece representado en diferentes manifestaciones artísticas desde el origen de los pueblos antiguos prehispánicos[21]. Su hábitat se extiende mayoritariamente en los bosques tropicales húmedos y áreas pantanosas, pero también en pastizales, espacios geográficos que van desde el sur de los Estados Unidos de América hasta el norte de Argentina. Tiene diferentes significados, aparece representado en diferentes formas y sus atributos más importantes fueron las garras, los colmillos y su piel. En su figura condensa varios de los valores y creencias de los pueblos indígenas. Está íntimamente ligado a la idea de la fertilidad, a la agricultura, las plantas, y los ciclos de regeneración del cosmos[22].

Simbolismo del jaguar en el pensamiento de los pueblos prehispánicos

En la cosmovisión de los pueblos mesoamericanos fue un animal sagrado, representación de fuerza, poder, inteligencia y vigor. Tiene un papel importante en la cosmogonía de casi todas las culturas como progenitor de diversos grupos humanos. Sus características principales estaban ligadas a la fertilidad de la tierra, al poder político, a fuerzas telúricas y al inframundo haciendo de vínculo conector entre ambos espacios[23].

Estas características del jaguar estaban asociadas al poder de los gobernantes, que manifestaban el control y dominio sobre otros grupos y sobre sus pueblos, asociado al poder, la fuerza, como espíritu sobrenatural, nahual (animal tutelar) y señor de los bosques. El vínculo con los guerreros, que valoraban las cualidades del felino como gran depredador y cazador de la selva, como ejemplo los grupos de élites de guerreros jaguar en diferentes culturas. Utilizado por los hombres sagrados como el chamán, representante mágico-religioso que tiene la cualidad de moverse y transitar entre espacios sagrados y de manifestarse con la forma del felino en sus rituales como agresor o protector transformándose en el animal a través de la vestimenta con sus pieles, garras y colmillos[24]. Las características morfológicas también como las manchas en la piel, la visión nocturna, las poderosas garras, grande boca y colmillos, orejas en punta y cola larga, fueron utilizadas y aplicadas a las deidades y personajes asociados al poder y en sus rituales. También se asoció a elementos y fenómenos naturales como el fuego por la visión nocturna, a eclipses, a animales y rituales de cacería. Su gusto por el agua como gran nadador, al trueno con su rugido; la conexión de espacios a través de su hábitat como las cuevas, cavernas y montañas como conector de diferentes planos y asociaciones sobrenaturales. Tuvo un papel primordial en la cosmogonía y relación con la luna, el sol, Venus, ligado al conocimiento adquirido durante siglos a través de la observación[25].

---

21. VALVERDE VALDÉS, 2004, 12; J. SAUNDERS, 2005, 20-27. RAE, Jaguar https://dle.rae.es/jaguar; WWF, jaguar https://www.wwf.es/nuestro_trabajo/especies_y_habitats/jaguar/
22. BARBA DE PIÑA CHÁN, 2000, 123-130; VALVERDE VALDÉS, 2004, 24-25: BUENO, 2023.
23. BARBA DE PIÑA CHÁN, 2000, 117; VALVERDE VALDÉS, 2004, 75-98.
24. VALVERDE VALDÉS, 2004, 181-290; REICHEL DOLMATOFF, 1978, 53.
25. VALVERDE VALDÉS, 2004, 2023; GONZALES TORRES, 2001; SELER, 2008, 33;

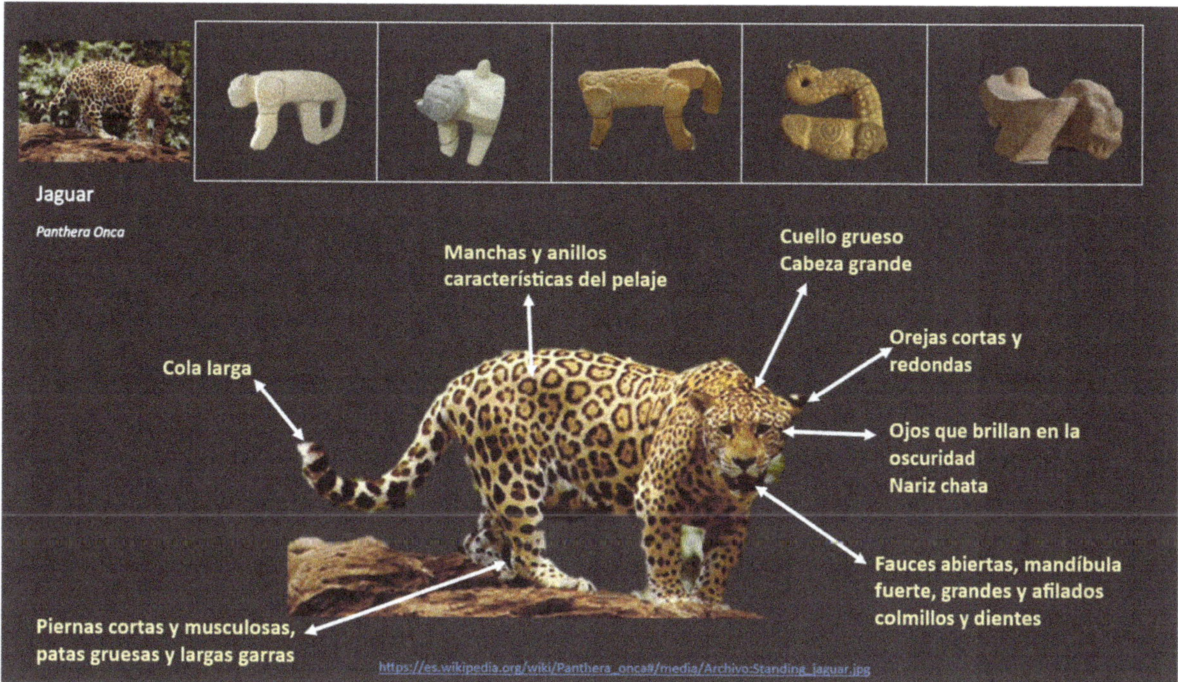

Imagen 4. Atributos y características para la identificación del jaguar. Imagen retocada y realizada por la autora GRW. Imagen del jaguar extraída de https://es.wikipedia.org/wiki/Panthera_onca#/media/Archivo:Standing_jaguar.jpg

Las características, atributos, simbología y formas de representación del jaguar se repiten en todo el continente americano. En la cosmovisión de las culturas antiguas, animales y plantas fueron símbolos de divinidad, poder, reproducción, conexión de espacios, de procesos cíclicos y vitales y de fuerzas sobrenaturales. El jaguar está presente en los mitos y rituales que rodean la vida cotidiana y espiritual de los pueblos, como ejemplo, estudios realizados sobre las representaciones figurativas del jaguar en culturas de América del Sur coinciden en sus manifestaciones artísticas y simbología:

> *"Connotan el poder sagrado en virtud sus capacidades suprahumanas: agilidad, velocidad, fuerza, aptitudes extraordinarias para la caza en el agua o en la tierra, para ver en la oscuridad [...] el jaguar es un excelente nadador y esta habilidad le facilita la caza en el agua, a lo que se suma una extraordinaria fuerza física que le permite matar y acarrear animales muy pesados".*[26]

Atributos que facilitan la identificación de la especie de felino, Jaguar

Cinco objetos de piedra con representación figurativa de jaguar, dos metates y tres esculturas exentas, forman parte de las piezas encontradas en el sitio arqueológico Ciudad del Jaguar (Cuadro 2). Los atributos, la morfología y el estilo naturalista en la representación permiten identificar la representación figurativa del jaguar (imagen 4).

Figuras antropomorfas, antropozoomorfas, zoomorfas, fitomorfas y formas geométricas

En el Centro de Investigación Ciudad Blanca se resguardan los objetos excavados del sitio arqueológico Ciudad del Jaguar y el sitio arqueológico de Layasagni. Varias piezas con formas de vasijas y metates tienen en los extremos, bordes, asas, bases y cuerpo tienen representaciones figurativas con motivos antropomorfos,

26. BOVISIO, 2024; LLAMAZARES, 2022, 153.

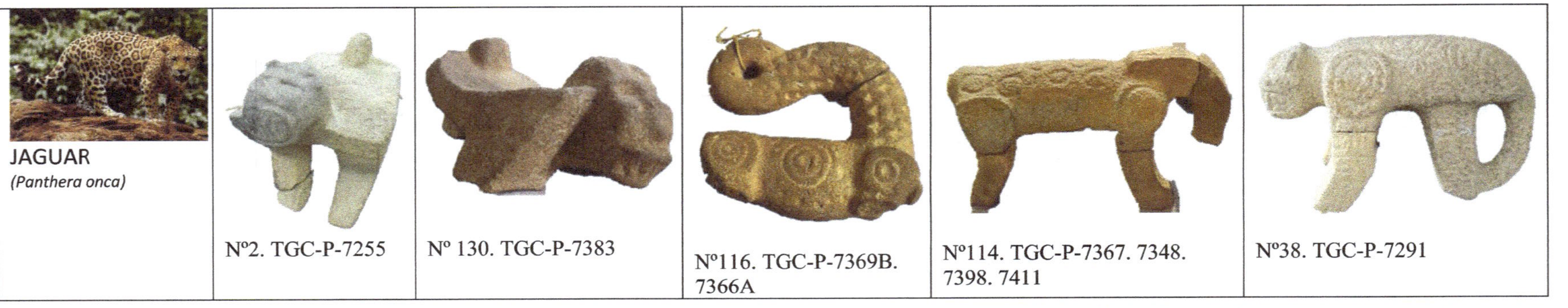

JAGUAR *(Panthera onca)*	Nº2. TGC-P-7255	Nº 130. TGC-P-7383	Nº116. TGC-P-7369B. 7366A	Nº114. TGC-P-7367. 7348. 7398. 7411	Nº38. TGC-P-7291

Cuadro 2. Identificación de especie de felino, jaguar, del sitio arqueológico Ciudad del Jaguar, Centro de Investigación Ciudad Blanca. Cuadro e imágenes realizado por la investigadora, Geydy Rodríguez Wood. Imágenes propiedad del IHAH.

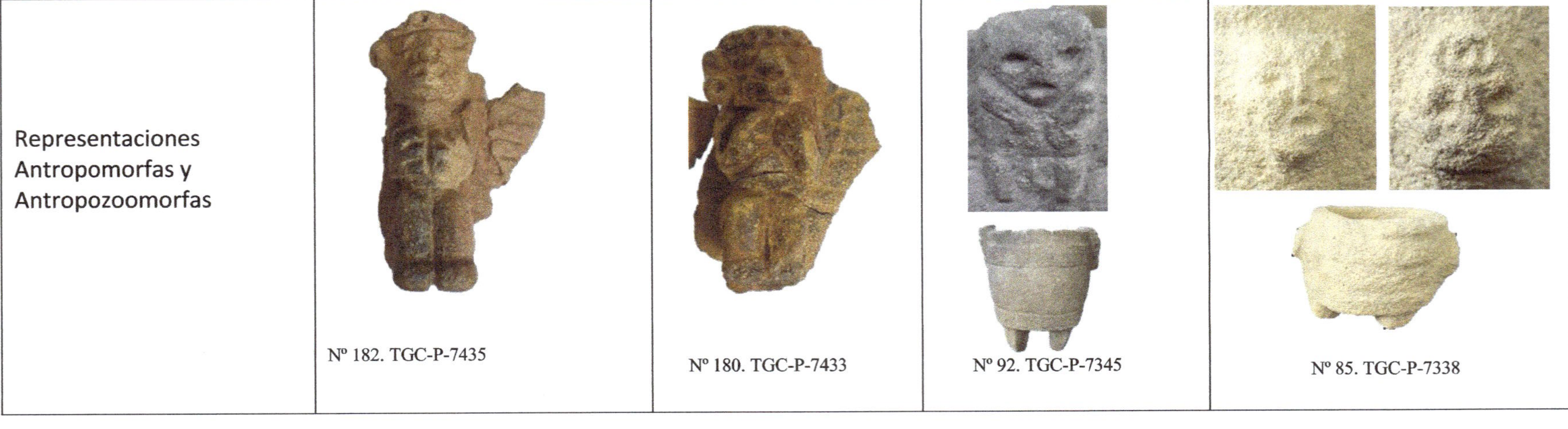

Representaciones Antropomorfas y Antropozoomorfas	Nº 182. TGC-P-7435	Nº 180. TGC-P-7433	Nº 92. TGC-P-7345	Nº 85. TGC-P-7338

Cuadro 3. Identificación de representaciones figurativas antropomorfas y antropozoomorfa del sitio arqueológico Ciudad del Jaguar, Centro de Investigación Ciudad Blanca. Cuadro e imágenes realizado por la investigadora, Geydy Rodríguez Wood. Imágenes propiedad del IHAH.

zoomorfos, antropozoomorfos, 13 piezas (12 de Ciudad del Jaguar, 1 de Layasagni); con motivos fitomorfos, 2 piezas (1 Ciudad Jaguar, 1 Layasagni); con formas geométricas, 30 piezas (20 Ciudad del Jaguar, 10 de Layasagni); con motivos fotomorfos, 2 piezas (1 Ciudad del Jaguar, 1 Layasagni). En este artículo, presento y resumo en el siguiente cuadro, el resultado final de la identificación de las especies con figuras antropomorfas, antropozomorfas, zoomorfas, fitomorfas y con formas geométricas (Cuadros 3, 4, 5). El estudio iconográfico, estilístico y simbólico de estas representaciones están estrechamente relacionadas a la cosmovisión y a los rituales de la cultura que las creó, usando como referentes animales, formas geométricas y plantas que fueron símbolos de fertilidad de la tierra, de movimiento, divinidad, poder, marcadores y conexión de espacios, procesos de cíclicos vitales y de fuerzas sobrenaturales.

Estos objetos fueron depositados como ofrendas en rituales y espacios sagrados, prácticas persistentes en el pensamiento de los pueblos prehispánicos. Los depósitos realizados en Ciudad del Jaguar son un reflejo de una sociedad organizada, con taller de elaboración propia y artesanos locales de bienes de prestigio y de gran valor simbólico, una manufactura realizada por artesanos con habilidad y desarrollo técnico de alto conocimiento que trabajan diferentes materiales[27], hipótesis reforzada porque se encontró instrumento de producción durante la excavación.

Por lo tanto, estamos hablando de una sociedad, que se instaló y se desarrolló en un amplio espacio geográfico, que utilizó diferentes materiales y técnicas en la fabricación de sus objetos y que la arquitectura sagrada más grande e importante encontrada en el territorio en la actualidad, fue durante siglos, un lugar de peregrinación y ritualización, hipótesis que se respalda y consolida en el estudio de la excavación realizada en Ciudad del Jaguar en donde se encuentran rituales u ocupaciones realizados en diferentes cronologías, que datan en época del Formativo, del Clásico y en época Colonial.

Espacio sagrado, conceptos compartidos y diálogo entre Mesoamérica, Área Intermedia y la Zona andina

En investigaciones realizadas a las culturas que se desarrollaron en diferentes temporalidades, hay un factor que se repite, y es que los habitantes de los grupos originarios de América, por diversos motivos como la migración, la búsqueda de materia prima, alimentos, minerales, el comercio, el intercambio y las alianzas entre otros; con el gran conocimiento del medio, los fenómenos naturales y la astronomía, realizaban expediciones y usaban diferentes medios para trasladarse. La civilización que habitó el área de La Moskitia, espacio relacionado a la leyenda de la Ciudad Blanca, además de un conocimiento del territorio en el que vivían, contactó con otros grupos y territorios creando afinidades y compartiendo aspectos culturales, fortaleciendo lazos y tradiciones artísticas con elementos compartidos.

En Honduras estudios sobre las rutas de comercio de los Mayas en particular, pero también de otros grupos, nos hablan de importantes redes comerciales en época precolombina y colonial[28]. En el nororiente del país no se habían realizado investigaciones sobre rutas comerciales. Esto ha cambiado con el reciente trabajo de investigación el Proyecto Guadalupe, dirigido por el Dr. Markus Reindel y su equipo de investigación que propone interesantes lecturas de redes de comunicación en el territorio[29], que muy probablemente conectarían con el área arqueológica de La Moskitia fortaleciendo mi hipótesis sobre la existencia de redes comerciales utilizadas en época precolombina por esta antigua civilización, que por su ubicación geográfica,

27. KUBLER, 1986, 345-349; JÚAREZ, 16.09.2022; PRESTON, 2018, 248.

28. KUBLER, 1986, 347; SHORTMAN Et al., 2014; HASEMANN Et al.,2017, 185-260; STONE, 1941; BAUDEZ y BECQUELIN, 1973; HIRTH, 1985.

29. REINDEL Et al., 2017, 2018; REINDEL y FETCHER, 2019, 38-41; FECHER Et al.,2020; Documental Honduras vestigios de una civilización olvidada ARTE.tv. Documentales https://www.youtube.com/watch?v=YWdfECAhE78

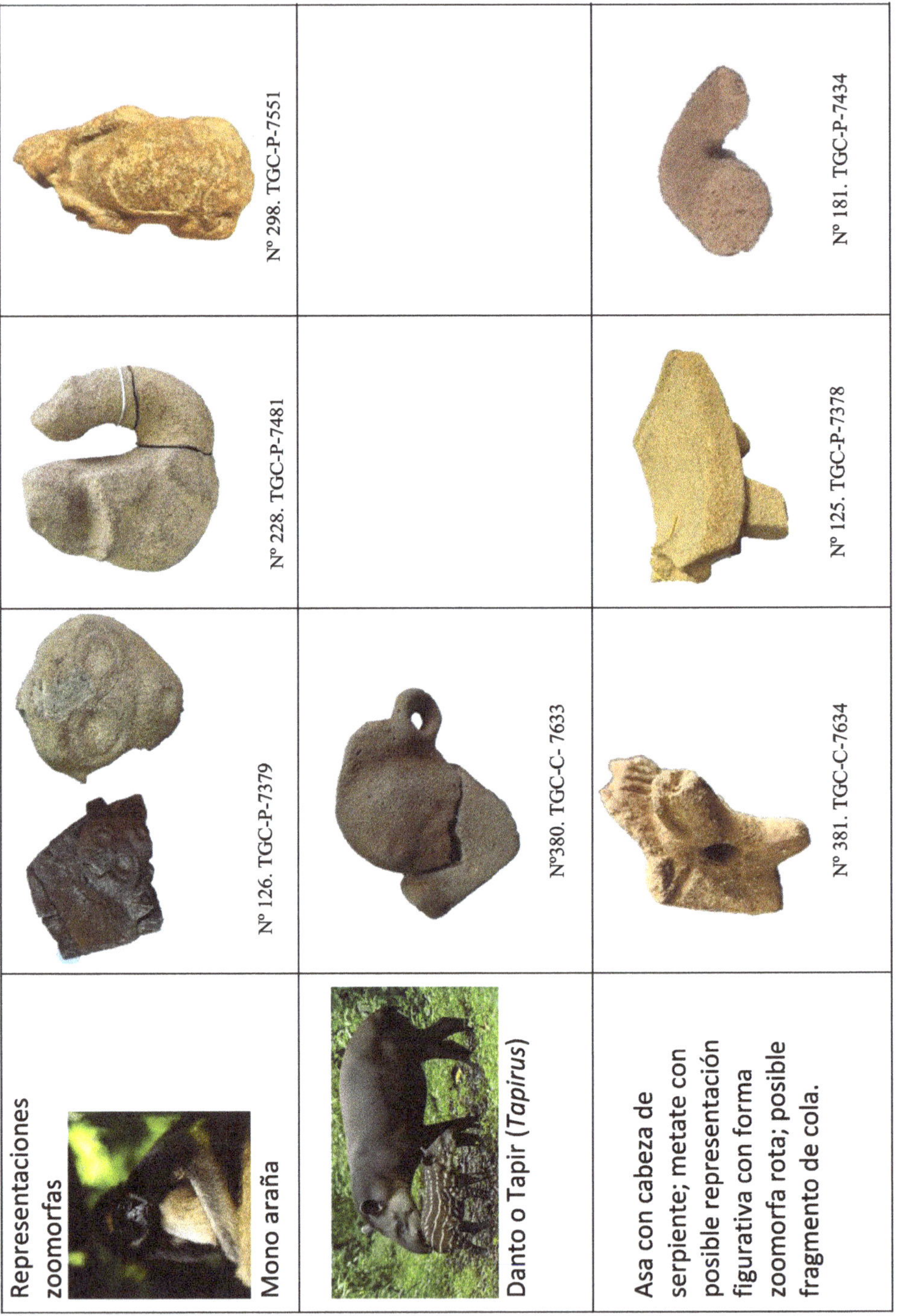

Representaciones zoomorfas Mono araña	Nº 126. TGC-P-7379	Nº 228. TGC-P-7481	Nº 298. TGC-P-7551
Danto o Tapir (*Tapirus*)	Nº380. TGC-C- 7633		
Asa con cabeza de serpiente; metate con posible representación figurativa con forma zoomorfa rota; posible fragmento de cola.	Nº 381. TGC-C-7634	Nº 125. TGC-P-7378	Nº 181. TGC-P-7434

Cuadro 4. Identificación de representaciones figurativas zoomorfas del sitio arqueológico Ciudad del Jaguar, Centro de Investigación Ciudad Blanca. Cuadro e imágenes realizado por la investigadora, Geydy Rodríguez Wood. Imágenes propiedad del IHAH.

Representaciones Fitomorfas 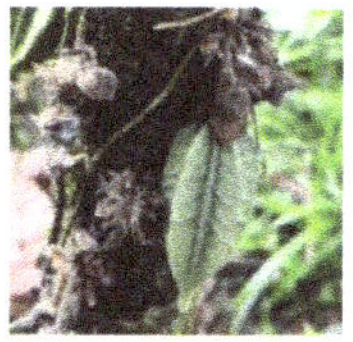 Posible fruto propuesta cacao silvestre	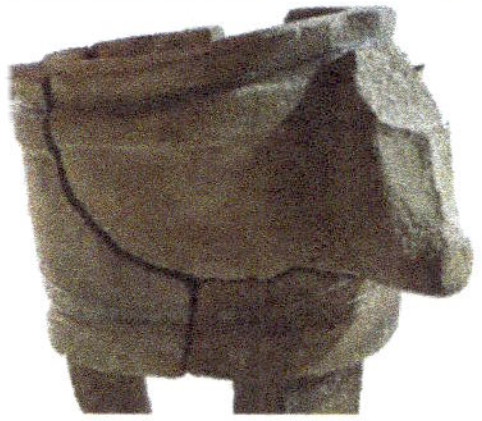 Nº286. TGC-P-7539			
Posible representación de plantas: propuestas de palmera (*Reinhardtia gracilis*. Ahtak en mískitu); Hoja de palma, *Bactris gasipaes Kunth*. Pejibaye, (Supa en mískitu); ó estera, petate de junco.	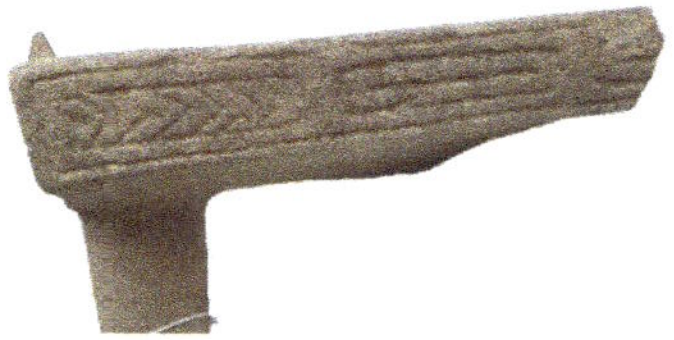 Nº 484. TGC-P-7737			
Representaciones con formas geométricas (pequeña muestra de 4 de las 30 piezas con decoraciones geométricas)	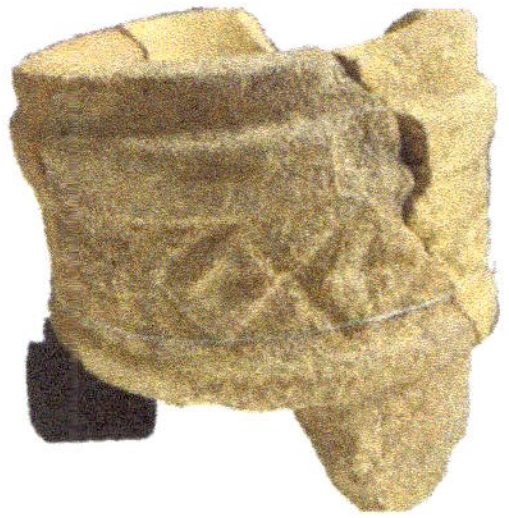 Nº 37. TGC-P-7290	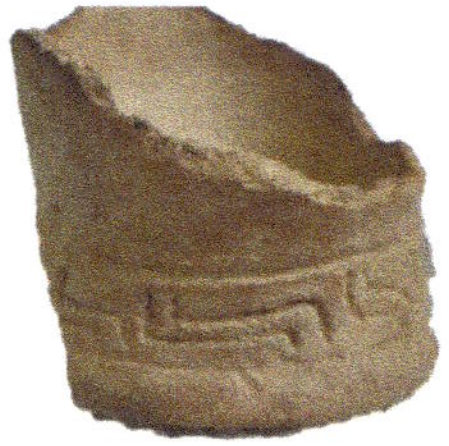 Nº 185. TGC-P-7438	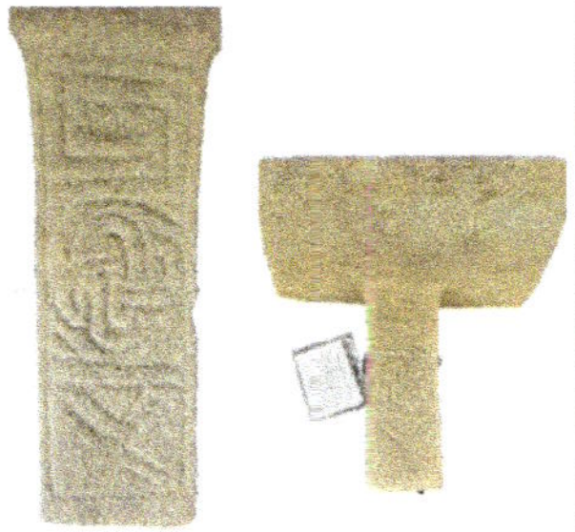 Nº 6. TGC-P-7259	Nº 21. TGC-P-7274

Cuadro 5. Identificación de representaciones figurativas fitomorfas y formas geométricas del sitio arqueológico Ciudad del Jaguar, Centro de Investigación Ciudad Blanca. Cuadro e imágenes realizado por la investigadora, Geydy Rodríguez Wood. Imágenes propiedad del IHAH.

fue un espacio de interacción que conectaba Mesoamérica con la Zona Andina. La producción de objetos y la creación artística nos habla de una sociedad política y socialmente desarrollada. Facilitaría este trabajo el uso de medios tecnológicos como el LiDAR en el territorio para corroborarlo.

Acompaña y refuerza la propuesta de la existencia de sistemas de comunicación, las investigaciones sobre las redes de comercio terrestres, marítimas y fluviales que realizaron los antiguos habitantes de América, que se crearon para transportar diferentes materiales, que iban desde México hasta las costas de Ecuador y Perú, utilizando las corrientes marítimas del océano Pacífico, de la misma manera en el mar Caribe, los ríos y rutas terrestres. En vista de ello, es muy poco probable que los habitantes de la costa Atlántica del noroeste de Honduras no hayan establecido contacto con sus vecinos. Como ejemplo y referentes proporciono algunos estudios sobre las rutas de comercio del oro, del jade, el maíz, la turquesa, las plumas, el espondylus y otros materiales, que recorrieron durante siglos diferentes grupos. Como ejemplo de una de las rutas más antiguas tenemos al camino de Peabirú, que va de este a oeste de América del Sur, que comunica el océano Atlántico con el Pacífico. Conocido con el nombre de "camino del sol", considerada una ruta espiritual desde época precolombina, que conecta diferentes países que van desde Brasil, Paraguay, Bolivia, lago Titicaca, hasta Cusco capital del imperio Inca, y hacia la costa peruana y norte de Chile[30]; (Nota) otro ejemplo son las rutas marítimas entre los pueblos caribeños y el comercio de materiales entre Mesoamérica, área Intermedia y Suramérica[31] (Nota) que son una muestra de la organización y conocimiento del continente por sus habitantes. De esta manera creo y propongo que cuando se realice una investigación y se obtengan los datos sobre las redes de comunicación y comercio en época prehispánica en el oriente de Honduras, los sitios arqueológicos que se encuentran en La Moskitia, mostrarán la importancia de las culturas que se desarrollaron en el área y enriquecerán el conocimiento sobre la historia y identidad del país.

Bibliografía

AA.VV. (2019): *La Talasopolítica mexicana I*. Facultad de ciencias políticas y sociales Universidad Nacional Autónoma de México, CDMX. 19-99.

ATTOLINI LECÓN, Amalia, (julio-agosto 2013): *Los placeres del paladar. Los caminos de las mercaderías entre los mayas prehispánicos*. Arqueología Mexicana núm. 122, 48-53.

BARBA DE PIÑA CHÁN, Beatriz (2000): *Iconografía mexicana II. El cielo, la tierra y el inframundo: águila, serpiente y jaguar*. Instituto Nacional de Antropología e Historia. Colección científica. México D.F. pp. 21-50, 61-93, 133-195.

DE LA GARZA, Mercedes (1995): *Aves Sagradas de los Mayas*. Facultad de Filosofía y Letras y Centro de Estudios Mayas del Instituto de Investigaciones Filológicas de la UNAM, México D.F.

DE SAHAGÚN, Fray Bernardino (1829): *Historia General de las Cosas de Nueva España*. Volumen I. México.

GONZÁLES TORRES, Yolotl (2001): *Animales y plantas en la cosmovisión mesoamericana*. CONACULTA-INAH. México.

HASEMANN, George, LARA PINTO, Gloria y CRUZ SANDOVAL, Fernando (2017): *Los indios de Centroamérica*. Sistema editorial universitario UPNFM. Tegucigalpa, Honduras.

KUBLER, George (1986): *Arte y arquitectura en la América precolonial*. Ediciones Cátedra S.A., Madrid.

30. NAVARRO, 1995; CHAVES SISMANOGLU, 2022; The Peabiru Trail, 14.04.2023.

31. AA.VV., 2019, 19-99; ALVARADO y GARCÍA-CASCO, 2019; ATTOLINI LECÓN, 2013, 48-53; HOSLER, 1997; RODRIGUEZ NICHOLLS, 2019; FERNANDEZ SÁNCHEZ, 2010.

JÚAREZ, Ranferi (2021) Informe del Proyecto arqueológico Ciudad Blanca. Unidad de Arqueología, IHAH. Tegucigalpa, Honduras.

LÓPEZ AUSTIN, Alfredo, (1999): *Breve historia de la tradición religiosa mesoamericana.* UNAM. México, D.F.

LÓPEZ AUSTIN, Alfredo Y LÓPEZ LUJÁN, Leonardo (1996): *El pasado indígena.* El colegio de México. Fideicomiso Historia de las Américas. Fondo de Cultura Económica. Ciudad de México.

LLAMAZARES, Ana María (2022): *Símbolos de lo sagrado. El poder visionario de las imágenes chamánicas.* Editorial Kairós, S.S. Barcelona.

NAVARIJO ORNELAS, María De Lourdes (2001): Las aves en el mundo maya prehispánico. En: De la Fuente, B. (Dir), Staines, L.(Coord.) La Pintura Mural Prehispánica en México: Vol. II Tomo III Área Maya, Estudios (pp. 221-253). Instituto de Investigaciones Estéticas, UNAM, México, D.F.

PRESTON, Douglas, *La Ciudad Perdida del Dios Mono.* Penguin Random House, México, 2018.

REICHEL DOLMATOFF, Gerardo (1978): *El chamán y el jaguar. Estudio de las drogas narcóticos entre los indios de Colombia.* Siglo XXI Editores. México.

REINDEL, Markus, FUX, Peter, FECHER, Franziska (2018): Archäologisches Projekt Guadalupe: Bericht über die Feldkampagne. SLSA Jahresbericht - Rapport annuel - Annual report 2018.

REINDEL, M., FUX, P., FECHER, F. (2017): Archäologisches Projekt Guadalupe: Bericht über die Feldkampagne 2016. In SLSA: Jahresbericht 2016, 31–46. 2018: Archäologisches Projekt Guadalupe: Bericht über die Feldkampagne 2017. In SLSA: Jahresbericht 2017, 31–47.

SELER, Eduard (2008): *Las imágenes de animales en los manuscritos mexicanos y mayas.* Ed. en español. Casa Juan Pablos. México.

STONE, Doris (1941): *Archaeology of the north coast of Honduras.* Cambridge.

VALVERDE VALDÉS, María del Carmen (2004): *Balam. El jaguar a través de los tiempos y los espacios del universo maya.* Universidad Nacional Autónoma de México. México D.F.

VALVERDE VALDÉS, María Del Carmen (2023): *El jaguar entre los mayas. Entidad oscura y ambivalente.* Arqueología Mexicana núm. 72, 47-51.

Web grafía

ALVARADO, Guillermo E. y GARCÍA-CASCO, Antonio (enero-junio 2019): *Jade Social precolombino en Costa Rica: una revisión de la diversidad petrogràfica, Fuentes de materia prima y possibles rutas Comerciales.* Cuadernos de Antropología. Universidad de Costa Rica. https://revistas.ucr.ac.cr/index.php/antropologia/article/view/35538/36783

BAUDEZ, Claude y BECQUELIN, Pierre (1973): *Archeologie de Los Naranjos, Honduras. Mission Archeologique et Ethnologique Francaise au Méxique.* Collection Etudes Mesoamericaines, Vol.2. México.

BEGLEY, Christopher. "*El Clásico Tardío y el Postclásico Temprano en el Oriente de Honduras*". Comunicación presentada en el XV Simposio de Investigaciones Arqueológicas en Guatemala 2001. Museo Nacional de Arqueología y Etnología (2002): 36-47. http://www.asociaciontikal.com/wp-content/uploads/2017/01/04-01-Begley-en-PDF.pdf

BUENO, Isabel (14.06.2023): *El jaguar, felino sagrado de Mesoamérica.* Historia National Geographic. https://historia.nationalgeographic.com.es/a/jaguar-felino-sagrado-mesoamerica_19716

BOVISIO, María Alba (2023): *Hombres, pumas y jaguares: imágenes del poder chamánico en los vasos líticos del Noroeste argentino*. Publicado en Segundo congreso internacional de iconografía precolombina, 2023. Actas. Victòria Solanilla Demestre, editora. Lincoln, Nebraska: Zea Books, 2024. https://digitalcommons.unl.edu/actas2023/20/

CHAVES SISMANOGLU, Anny Rafaela (2022): Pelos caminhos de Peabiru: (re)interpretação e mapeamento como uma reflexão do ambiente construído. Universidad do Minho, repositori UM https://repositorium.sdum.uminho.pt/handle/1822/83048

CHEVALIER, Jean y GHEERBRANT, Alain, (1986): *Diccionario de los símbolos*. Edt. Herder. Barcelona. 155-157. https://archive.org/stream/documents.mx_e-book-jean-chevalier-diccionario-de-los-simbolospdf/documents.mx_e-book-jean-chevalier-diccionario-de-los-simbolospdf_djvu.txt

Documental: *Honduras, vestigios de una civilización olvidada*. ARTE.tv Documentales. https://www.youtube.com/watch?v=YWdfECAhE78

FECHER, Franziska, REINDEL, Markus, FUX, Peter, GUBLER, Brigitte, MARA, Hubert, BAYER, Paul, LYONS, Mike (2020): *The ceramic finds from Guadalupe, Honduras: Optimizing archaeological documentation with a combination of digital and analog techniques*. ELEKTRONISCHE PUBLIKATIONEN DES DEUTSCHEN ARCHÄOLOGISCHEN INSTITUTS. Journal of Global Archaeology. DOI: https://doi.org/10.34780/joga.v2020i0.1009 URN: https://nbn-resolving.org/urn:nbn:de:0048-joga.v2020i0.1009.4

FERNÁNDEZ SÁNCHEZ, Pablo (2010): *Introducción al estudio de la producción de jade en el mundo olmeca*. Revista electrónica del màster de Arqueología. Universidad de Granada, Departamento de historia y Arqueologia.Sumario num. 7. ISSN:1698-5664 https://www.ugr.es/~arqueologyterritorio/Artics7/Artic7_7.htm

FISHER, Christopher T. (2016): "Transformative conservation in three dimensions: the LIDAR recordin of the Mosquitia Tropical Wilderness, Honduras". *Tropical Forest Conservation. Long-term processes of Human Evolution, Cultural Adaptations, and Consumption Patterns. UNESCO*, México D.F: 88-106. https://unesdoc.unesco.org/ark:/48223/pf0000259594/PDF/259594mul.pdf.multi

FISHER, C.T, FERNÁNDEZ-DÍAZ, J.C, COHEN, A.S, CRUZ, O.N., GONZÁLES, A.M, LEISZ, S.J, PEZZUTTI, F, SHRESTHA, R, CARTER, W. (25.08.2016): "Identifying Ancient Settlement Patterns through LiDAR in the Mosquitia Region of Honduras". PLOS ONE journal. https://doi.org/10.1371/journal.pone.0159890

FISHER, C.T, COHEN, A.S, FERNÁNDEZ DÍAZ, J.C, LIESZ, S.J. (12 enero de 2017): "The application of airborne mapping LiDAR for the documentation of ancient cities and regions in tropical regions". *Quaternary International Journal*, 448. 129-138. https://www.sciencedirect.com/science/article/abs/pii/S1040618216303871?via%3Dihub

HIRTH, Keneth G. (1985): Comercio prehispánico e intercambio interregional en la región de El Cajón: primeros resultados de los análisis técnicos. *Revista Yaxkin, IHAH*. https://cdihh.ihah.hn/revistayaxkin/1985_01_02/Comercioprehispanicoeintercambioregional.pdf

HOSLER, Dorothy: Los orígenes andinos de la metalurgia del occidente de México. Boletín del Museo del Oro, Nº 42 de 1997 Edición original. https://publicaciones.banrepcultural.org/index.php/bmo/article/view/6905/7150

JUÁREZ, Ranferi (16.09.2022): *Kaha Kamasa: resultados del estudio arqueológico*. Presentación de ponencia en el canal de difusión Rutas Históricas de Honduras, de la Universidad Autónoma de Honduras-UNAH. Tegucigalpa, Honduras. https://www.facebook.com/unahoficial/videos/5083332025105090

LARA PINTO, Gloria. "La investigación arqueológica en Honduras: lecciones aprendidas para una futura proyección". Revista *Pueblos y Fronteras Digital Historia y Antropología del Deporte*, Nº 2. Universidad Pedagógica Nacional, (2006):1-41. https://doi.org/10.22201/cimsur.18704115e.2006.2.250

NAVARRO, E. A. (1995). Terra sem mal, o paraiso tupi-guarani. Cultura Vozes, 89(mai./ju 1995), 61-71. https://biblio.fflch.usp.br/Navarro_EA_5_890838_TerraSemMalOParaisoTupi-Guarani.pdf https://repositorio.usp.br/item/000890838

NAVARIJO ORNELAS, María de Lourdes (enero-marzo 1997): Las aves en el imaginario mesoamericano. CIENCIAS revistas de cultura científica. Nº 45. Facultad de Ciencias, Universidad Nacional Autónoma de México. pp.48-53. https://www.revistacienciasunam.com/images/stories/Articles/45/CNS04507.pdf

NAVARIJO ORNELAS, María de Lourdes, (marzo 2011): Guacamaya símbolo de temporalidad y fertilidad en dos ejemplos de pintura mural. Instituto de Biología. UNAM. Estudios de cultura maya XXXIX. México. pp.175-193. https://revistas-filologicas.unam.mx/estudios-cultura-maya/index.php/ecm/article/view/62/62

NAVARIJO ORNELAS, María de Lourdes (07-08-2012): Arte y Ciencia a través de las imágenes de aves en la pintura mural prehispánica. Anales del Instituto de Investigaciones Estéticas 22(77). 5-32. https://doi.org/10.22201/iic.18703062c.2000.77.1945

NAVARIJO ORNELAS, María de Lourdes, (05-03-2013): La naturaleza alada en el lenguaje pictórico. Estudios de cultura maya 28. Pp. 83-100. https://doi.org/10.19130/iifl.ecm.2006.28.613

RAE, Jaguar https://dle.rae.es/jaguar

REINDEL, Markus y FECHER, Franziska (2019): *Guadalupe: Interacción cultural e historia de la ocupación prehispánica en el Noreste de Honduras*. 38-41. Editado por: Deutsches Archäologisches Institut, KAAK Bonn www.dainst.org/fileadmin/Media/Publikationen__PDFs_/DAI_KAAK_Mundos_Excavados.pdf

RODRIGUEZ WOOD, Geydy, 2023: Iconografía y simbolismo de las aves en piezas del sitio arqueológico Ciudad del Jaguar-T1 (Honduras). Publicado en *Segundo congreso internacional de iconografía precolombina*, 2023. Actas. Victòria Solanilla Demestre, editora. Lincoln, Nebraska: Zea Books, 2024. doi: 10.32873/unl.dc.zea.1725 https://digitalcommons.unl.edu/actas2023/22/

RODRÍGUEZ NICHOLLS, Mariángela (2019): *Proceso de globalización en germen: modo de producción americano: rutas de comercio del oro el maíz, la turquesa y otros artefactos culturales*. bol.redipe [Internet]. 2019 Feb. 21 [cited 2025 Jun. 16];8(2):82-97 https://revista.redipe.org/index.php/1/article/view/689

SAUNDERS Nicholas J., "*El icono felino en México, fauces, garres y uñas". El jaguar entre los Olmecas*. Arqueología Mexicana Núm. 72. Marzo-Abril 2005. pp. 20-27. https://arqueologiamexicana.mx/mexico-antiguo/el-jaguar-entre-los-olmecas

SCHORTMAN Edward, URBAN Patricia, SHUGAR Aaron (2014): *Investigaciones en el sitio el Coyote, Departamento de Santa Bárbara, Honduras*. Revista Yaxkin, año 36. Vol. XXVII, Nº 1, 2014. 45-74. https://cdihh.ihah.hn/yaxkin-digital/

The Peabiru Trail (14.04.2023): The Fascinating Indigenous Route that Connects the Atlantic and Pacific Oceans. CE Noticias Financieras, English ed.; Miami. https://www.proquest.com/docview/2801513787?_oafollow=false&pq-origsite=primo&sourcetype=Wire%20Feeds

World Wildlife Fund, "Jaguar." https://www.wwf.es/nuestro_trabajo/especies_y_habitats/jaguar/

6

Las representaciones florales en los bordados de la indumentaria cuzqueña[1]

Nathalie Santisteban-Delgado

Universidad Nacional de Arte Diego Quispe Tito de Cuzco
Grupo dc Estudios Precolombinos (SHEC-IEC)
Grupo de Estudios Textiles y Patrimoniales

Resumen

Los vestidos indígenas cuzqueños contemporáneos se caracterizan por tener decoraciones iconográficas variadas. Es la representación floral decorativa que destaca por el color, el diseño y la forma. El motivo floral aparece adornando tanto los vestidos de las imágenes santas de la pintura cuzqueña (siglos XVII y XVIII) como la ropa de los incas nobles retratados durante la colonia. Este estudio tiene como objetivo mostrar que existe una continuidad estética andina, a partir de la identificación de las especies florales utilizadas en las expresiones artísticas virreinales y de la comparación con las especies florales empleadas en la decoración del vestido tradicional contemporáneo. La continuidad del uso decorativo de motivos florales se entiende como una expresión de la memoria estética andina, de resistencia y de identidad cultural.

Palabras clave: Flores, vestido, decorado, Cuzco, arte

Abstract

The Floral Representations in the Embroidery of Cusco clothing. Cuzco indigenous dresses are characterized by having varied iconographic decorations. It is the decorative floral representation that stands out for its color, design and shape. The floral motif appears adorning both the dresses of the holy images of Cuzco colonial painting (17th and 18th centuries) and the clothing of the noble Incas portrayed during the colony. This study aims to show that there is an Andean aesthetic continuity, based on the identification of the floral species used in viceregal artistic expressions and the comparison with the floral species used in the decoration of contemporary traditional clothing. The continuity of the decorative use of floral motifs is understood as an expression of Andean aesthetic memory, resistance and cultural identity.

Keywords: Flowers, dress, decoration, Cuzco, art

doi: 10.32873/unl.dc.zea.1606

---

1. Este trabajo fue presentado en el Coloquio Internacional en Honor a Verónica Cereceda en Sucre (Bolivia, marzo 2025), organizado por Ann Peters y María Elena del Solar, y aparece en el libro compilatorio.

Publicado en *Actas seleccionadas del SIMPOSIO ARTE 4.2: Migraciones en la imagen prehispánica: transitando territorios del pasado al presente. 58º Congreso Internacional de Americanistas, Novi Sad, Serbia, 2025*. Victória Solanilla Demestre y Annabel Villalonga Gordaliza, editoras. Zea Books, Lincoln, Nebraska. 2026. https://doi.org/10.32873/unl.dc.zea.1600

Introducción

Las representaciones florales como elementos decorativos aparecen y son impuesto en el periodo virreinal. Es así que el arte inca se caracterizaba por estar adornado principalmente con motivos geométricos, entre los que destacan las líneas zigzags, rombos, triángulos, etc. Los incas no utilizaban las flores para los decorados de las artes, pero si lo empleaban en los rituales del Inti Raymi, Capac Raymi, en las ceremonias de iniciación de los jóvenes y como símbolo de respeto y veneración al Inca, lo que le confería un rol ritual y simbólico importante (Mulvany 2005). Es con la llegada de los españoles al Perú, en el siglo XVI, que los motivos florales de Flandes, de Italia y de España (Mujica Pinilla 2003, Cruz de Amenábar 2018) serán impuestos ya sea en marcos, guirnaldas, lluvia y corona de flores. Los artistas locales van a utilizar especies florales foráneas y nativas para decorar las expresiones artísticas. A partir de su imposición, las representaciones florales van a ser utilizadas de forma recurrente en el arte virreinal, aparecen cinceladas en los vasos-*qero* del siglo XVI en adelante, tejidas en las túnicas y tapices virreinales, pintadas en las prendas incas que lucen los incas nobles en los retratos coloniales y en las pinturas de temática religiosa de la Escuela Cuzqueña.

Esta temática decorativa, en un primer momento fue impuesta, posteriormente aceptada y finalmente apropiada por los artistas andinos (Mujica Pinilla 2003), hasta convertirlo en un elemento de expresión estética decorativa andina. Los ornamentos florales son elementos decorativos importantes que la población altoandina de los pueblos cuzqueños los utiliza para adornar vestidos y tejidos. En las localidades de San Pablo, de Tinta y de Marangani de la provincia de Canchis del departamento de Cuzco del sur de los Andes peruanos, el decorado floral aporta color y vistosidad al vestido tradicional, haciéndolo más atractivo. Las formas de las flores tejidas y bordadas en algunos casos se asemejan a las representaciones florales que aparecen en las expresiones artísticas coloniales. Lo que nos lleva a cuestionarnos ¿los motivos florales del vestido tradicional de estas localidades son parte de una memoria estética andina? Por lo que se ha decido estudiar la aparición y el desarrollo del decorado floral en la historia del arte cuzqueño, principalmente en el periodo colonial y en el contemporáneo. Lo que nos lleva a conocer las especies florales en las que posiblemente se inspiraron los artistas andinos de la época y se inspiran los bordadores contemporáneos para crear los decorados florales, y determinar si hubo coincidencias o no entre las inspiraciones.

La ornamentación floral

En la historia del arte, la ornamentación floral aparece desde la prehistoria, hay pequeñas representaciones ramiformes en las pinturas rupestres. Las culturas antiguas van a representar su flora local en el decorado, por ejemplo, los egipcios van a representar el loto y la palma, los grecorromanos el canto, el olivo y el laurel, en Japón el almendro. En Europa en el Renacimiento las representaciones de flores van hacer hechas con gran detalle pictórico como las flores (lirio y rosa) que aparecen en la pintura flamenca de los hermanos Van Eyck o en las pinturas italianas de Botticelli cuya decoración floral es detallada. En el Barroco y el Rococó la ornamentación floral va alcanzar grandes dimensiones (De la Plaza Escudero 2022).

El virreinato del Perú no es ajeno a la decoración floral que predominaba en Europa, llegaría a estas tierras a través de las estampas y los grabados de los grandes pintores como de Pedro Pablo Rubens. Este material pictográfico servirá de modelo a los artistas indígenas, quienes realizaran copias fieles. Las especies florales que vinieron de Europa fueron: la rosa, el lirio, la hortensia, el follaje, la guirnalda, el rosetón, la piña, el clavel, la azucena, entre otras. Las pinturas de temática religiosa producidas por los artistas indígenas van a reproducir el decorado floral de las estampas en sus obras.

En cuanto a las prácticas artísticas locales, como el tejido y la producción del vaso ceremonial *qero*, si bien se introduce la ornamentación floral, ésta se hace casi exclusivamente de especies florales nativas (Flores Ochoa et al.1998). Se utilizan las flores de su localidad y aquellas de mayor valor simbólico, consideradas como sagradas por los incas (Mulvany 2005). La introducción de especies nativas en la decoración floral se realiza de forma paulatina, es así que en las pinturas del siglo XVIII de la Escuela Cuzqueña recién se pueden distinguir en el decorado floral algunas especies nativas junto a especies foráneas. Isabel Cruz de Amenábar menciona que en las pinturas de la Escuela Cuzqueña ya van aparecer especies florales nativas como "la cantuta (*Cantuta buxiflora*), el lirio rojo (*Hippeastrum*) de los Andes del sur e incluso la astromeria (*Alstroemeria*) roja, conocida como 'lirio del Perú'" (2028: 28). En las iglesias de los pueblos cuzqueños, como las de Tinta y de San Pablo, el decorado floral es importante no sólo están en los lienzos que servía para evangelizar a la población, sino también está en el decorado del interior, en los dinteles y en los arcos hay pequeños rosetones (Santisteban-D. 2023).

En el caso de la ornamentación floral de la indumentaria tradicional de estas localidades, no sabemos exactamente desde cuando las ropas son decorados con flores. Es muy probable que haya surgido en la segunda mitad del siglo XX. Tan poco se sabe sobre las influencias y las motivaciones que tuvieron los primeros bordadores para emplear el decorado floral en el vestido tradicional. Es muy probable que estos bordadores, a quienes vamos a considerar como artistas por decorar las ropas con bordados, se hayan inspirado justamente en los decorados florales de los lienzos, y/o en el decorado de sus iglesias o en la ropa bordada de las imágenes santas. Entonces ¿por qué elegir decorar con flores?, Verónica Cereceda en su artículo *Aproximaciones a una estética andina: de la belleza al tinku* (1987) refiere que la flor "se sitúa ya del lado de los objetos bellos, dotada además del resplandor que le entregan sus propiedades mágicas" (1987: 142). Esta concepción está basada en el análisis que hace sobre un relato de comienzos del siglo XVII recogido por fray Martín de Murua. También, en este artículo, indica que "Muchos cronistas son escritores delicados que describen con placer las flores, los pájaros, los paisajes e incluso las historias de amor legendarias que les son contadas" (1987: 133). Esta concepción de la flor se ve reforzado por la idea que plantea Eleonora Mulvany en su artículo *La flor en el ciclo ritual incaico* de que los colores de las flores "constituían una metáfora para atraer ventura y protección sobrenatural y otorgan, a su vez, virtudes excepcionales a quienes los usan" (2005: 384). Es en este sentido que vamos a entender a la flor como un objeto bello con propiedades mágicas y que provocan emociones en los artistas. El propósito de este estudio es identificar cuáles son las especies florales, es decir los objetos bellos, que han sido representados en las expresiones artistas coloniales y en el vestido tradicional de los pueblos de la provincia de Canchis.

Este es un estudio que combina etnografía e historia del arte. Se intenta hacer una "historia regresiva" de la ornamentación floral, siguiendo la propuesta metodológica de Nathan Wachtel[2], de estudiar las expresiones artísticas del presente, retrocediendo hasta el pasado colonial y, a veces hasta el pasado inca, para volver al presente. Este trabajo está basado en mis investigaciones de campo en las localidades de San Pablo, de Tinta y de Marangani, en la identificación del decorado floral de las expresiones artísticas virreinales y en el reconocimiento de las especies flores de la zona natural quechua.

El vestido indígena tradicional de Canchis

Para entender el origen del vestido tradicional en la región de Cuzco, es necesario remontarnos hasta inicios del periodo colonial. En el siglo XVI, el virrey Francisco de Toledo promulgó

2. N. Wachtel, *Le retour des ancêtres. Les indiens Urus de Bolivie. XXe-XVIe siècle. Essai d'histoire régressive*. Paris: Gallimard, 1990. Marco Curatola Petrocchi et al. en la Introducción indica que el esquema del libro está orientado hacia "'la historia regresiva', es decir procediendo hacia atrás en el tiempo, desde las manifestaciones artísticas y de fases históricas más recientes y, por lo tanto, más conocidas, hasta las más antiguas." (2020, p. 29).

leyes que prohibían el uso del vestido inca. Esta prohibición estuvo dirigida principalmente a los incas nobles quienes fueron asimilando paulatinamente los vestidos de origen europeo. Después de doscientos años, nuevamente, la ropa de estilo inca fue prohibida en 1780, a causa del levantamiento del curaca José Gabriel Tupac Amaru, en contra de la administración española. El visitador José Antonio de Areche en la sentencia contra este curaca "prohíbe el uso de los trajes antiguos y de la *maskapaycha* o corona inca; ordena se recojan los retratos de los emperadores incas" (Rowe 2003: 357). Fue a partir de estas prohibiciones que se ordenó a la población indígena de los pueblos cuzqueños y con mayor severidad a los pueblos de la actual provincia de Canchis, a adoptar los vestidos de la serranía española de ese tiempo. Así, cada poblado adoptó una indumentaria distinta, permitiendo que entre ellos se distingan. De manera que la ropa actuaba como un documento de identificación y de pertenencia étnica.

Este nuevo sistema vestimentario indígena estuvo y está conformado hasta la actualidad por piezas vestimentarias españolas e incas. El sistema vestimentario femenino está constituido por cinco piezas españolas -almilla, corsé, jubón, pollera y montera- y tres piezas vestimentarias incas -*lliclla*[3], *chumpi*[4] y *unkuña*-[5], así como por un complemento vestimentario, el *tupu* o alfiler de origen inca que sirve para sujetar la *lliclla* a los hombros, en el caso de Tinta y de San Pablo para sujetarla a la cabeza, además de adornar las polleras. El vestido de estas localidades junto a la de Marangani se van a distinguir por la forma, el tamaño y la manera de llevar la *lliclla* sobre el cuerpo y por la forma de la montera.

La aparición del bordado a máquina (maquinasqa[6]*)*

A lo largo del siglo XIX este sistema vestimentario no va sufrir cambios en la forma y posiblemente tan poco en el decorado de las ropas, no se ha encontrado información visual ni bibliográfica al respecto. Es recién en el siglo XX, muy posiblemente en los primeros años de la segunda mitad de este siglo que haya aparecido el bordado a máquina de coser, conocido como *maquinasqa* que va cambiar la ornamentación del traje de las localidades de Canchis. La historia local de San Pablo[7] considera a Julián Choquevilca, natural de la comunidad de Inkaparte, como el creador del *maquisnaqa*. Al respecto, Isabel Mamani[8] —primera Belleza indígena elegida en 1958— menciona que el único que bordaba las polleras era Julián Choquevilca. Acompañada de su madre fueron a San Pablo a fin de que el costurero-bordador confeccione el traje adornado con bordados a máquina (*maquinasqa*) para que ella lo luzca en el Concurso de Belleza Indígena en la ciudad de Cuzco (Figura 1a).

Desde ese momento[9], el bordado a máquina se convirtió en una de las características distintivas más importantes de la indumentaria, primero del pueblo de San Pablo, después de los vestidos de las localidades de Tinta y de Marangani, y posteriormente de los trajes tradicionales de toda la provincia de Canchis.

Tipos de bordados a máquina

Dentro de la historia de este vestido tradicional, el bordado fue un elemento decorativo que cambió la apariencia del vestido y su significado. La práctica del bordado ha ido cambiando desde su aparición hasta la actualidad.

3. *Lliclla*: manta femenina.
4. *Chumpi*: cinturón utilizado tanto por varones y mujeres. La diferencia está en el ancho de la prenda, de los varones es más ancho que el de las mujeres.
5. *Unkuña*: es una manta que sirve para cargar objetos.
6. Este término es una quechuización del término español "máquina", seguido del sufijo quechua *-sqa*.
7. En un estudio anterior, Santisteban-D (2021) ya se trató la historia del bordado en San Pablo.
8. La entrevista fue realiza en agosto de 2019 en su vivienda, localizada en el distrito de Tinta. Agradezco a su hijo por ayudarme con la entrevista.
9. En mi tesis doctoral he abordado el vestido tradicional como un fenómeno de moda.

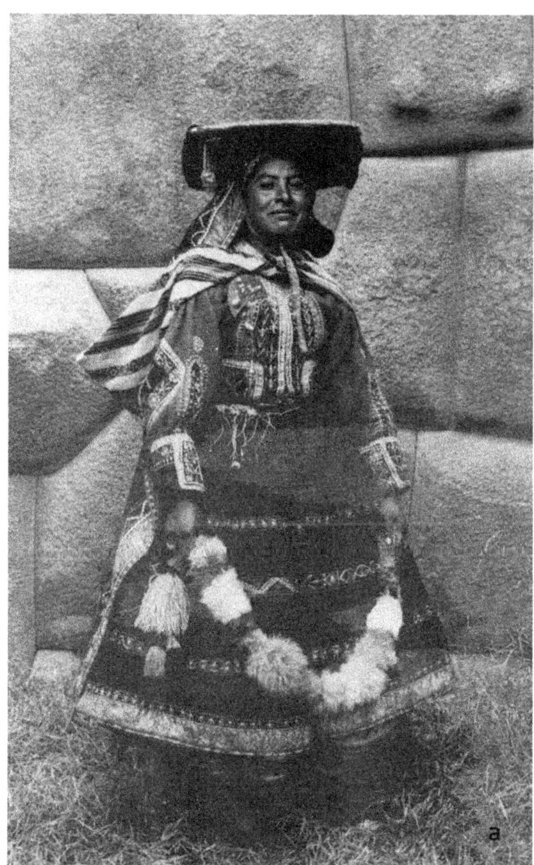

Figura 1a. Isabel Mamani, campesina de Tinta, Cusco 1958 (Foto de Martín Chambi en el libro de Porras Barrenechea).

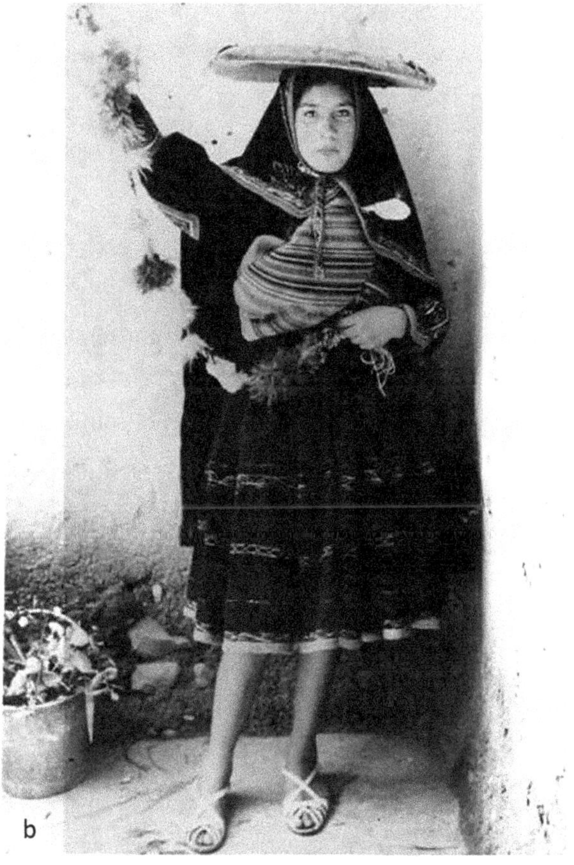

Figura 1b. Posiblemente el primer traje que bordó Jualian Choquevilca. Hija de la señor Aragón, San Pablo, 1950-53. (Archivo familiar de A. Aragón)

En un trabajo anterior (Santisteban-D. 2024) se ha identificado dos tipos de bordados, antiguo y "moderno", siguiendo la clasificación de las bordadoras y la población local. Los tipos de bordados están asociados con los motivos, los elementos estéticos, la complejidad de la ejecución, el cromatismo y la variedad de materiales empleados.

Bordado antiguo

En sus inicios el bordado fue solamente con hilo blanco de algodón que resaltaba sobre la tela negra de la pollera y la *lliclla*, también destacaba sobre los colores azul, fucsia o verde del jubón y la *lliclla*. Los motivos decorativos fueron sobre todo geométricos, florales y astronómicos (Figuras 1b y 2a).

Bordado "moderno"

Es el bordado que se hace con hilos de colores y se emplea variedad de materiales. Este tipo de bordado va hacer su aparición aproximadamente en la década de 1980. Según la información de la bordadora Antolina Cáceres de Tinta se empleaban muy pocos colores para los bordados como el azul, amarillo, celeste, verde, rozado y rojo que adornan la pollera (Figura 2b), el color blanco seguía siendo importante en el decorado vestimentario. En la década de 1990, la paleta de colores dc los bordados se amplía, los motivos comienzan a destacar sobre la superficie de las piezas vestimentarias. El uso del hilo blanco disminuye, haciéndose menos perceptible. A inicios del siglo XXI, el bordado se hace con hilo blanco, hilos mercerizados de colores de la marca "Tren" e hilos metálicos de plástico (dorado y plateado), se

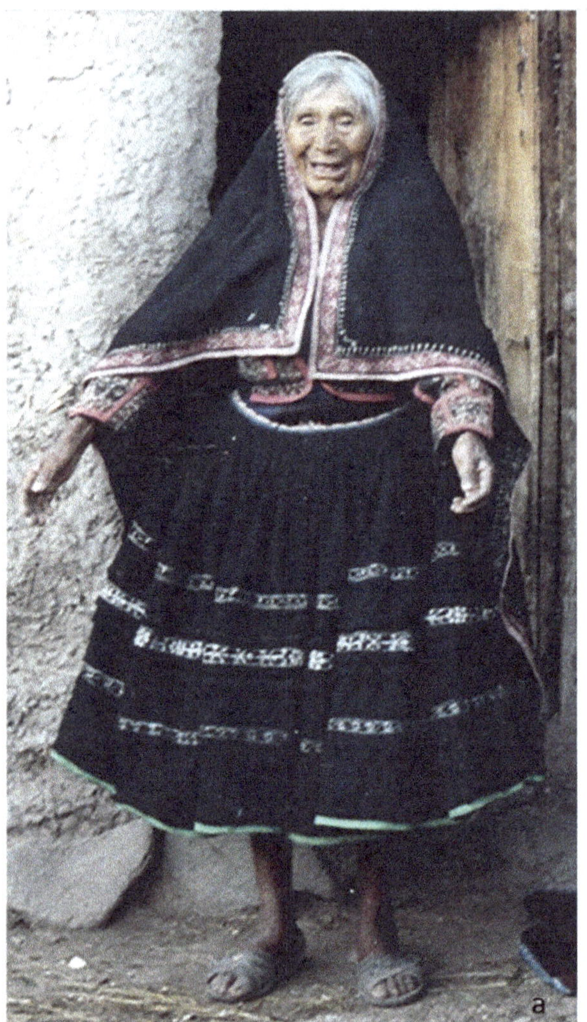

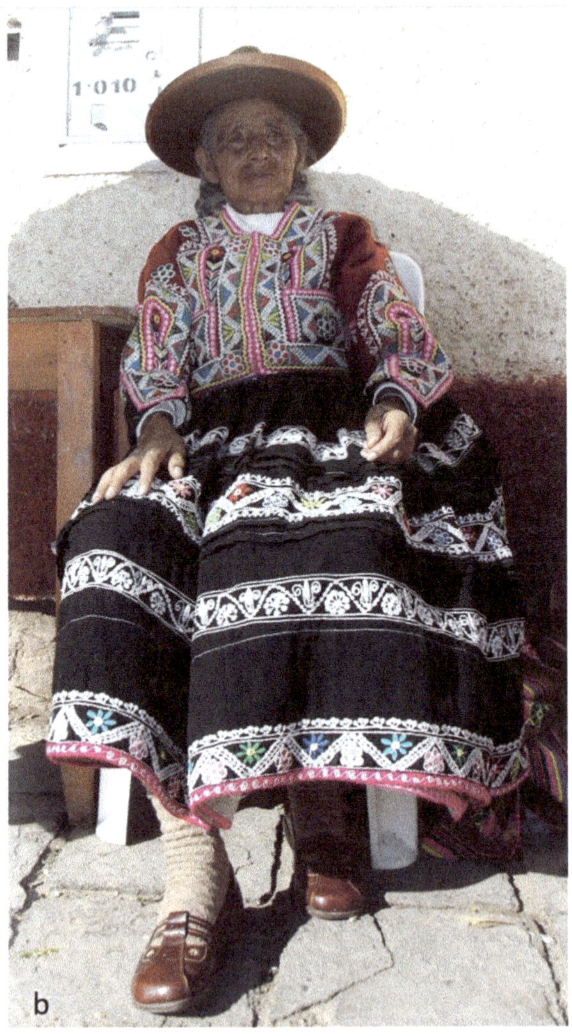

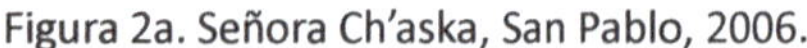

Figura 2a. Señora Ch'aska, San Pablo, 2006.

Figura 2b. Isabel Mamani con pollera con bordado "antiguo", Tinta, 2022.

añaden grecas (dorados o plateadas), cintas, mostacillas y lentejuelas. Los bordadores, Hildred Calle Barrientos de Marangani, Antolina Cáceres y Samuel Ccolque Cáceres, indican que los adornos y los bordados van a depender del gusto y presupuesto de la clienta.

Motivos bordados

Diseño geométrico

Este diseño está siempre presente en las polleras y *lliclla*s, ya sea adornadas con el bordado antiguo o "moderno" como aparecen en las Figuras 4a y 4b. El diseño geométrico predominante es la línea de zigzag que está en el contorno de la *lliclla*, en el ruedo de la pollera y sobre la cinta fucsia (*golón*), así como en las franjas horizontales que adornan esta prenda. En estas franjas hay una línea ondulante, en cada uno de los ángulos hay motivos florales o astronómicos.

Los rombos, llamados también diamantes o cocos forman franjas bordadas que adornan los contornos de la *lliclla*, también en la pollera forman franjas horizontales, siguiendo el corte de la pollera. Dentro de cada rombo hay motivos florales o astronómicos bordados, al formar

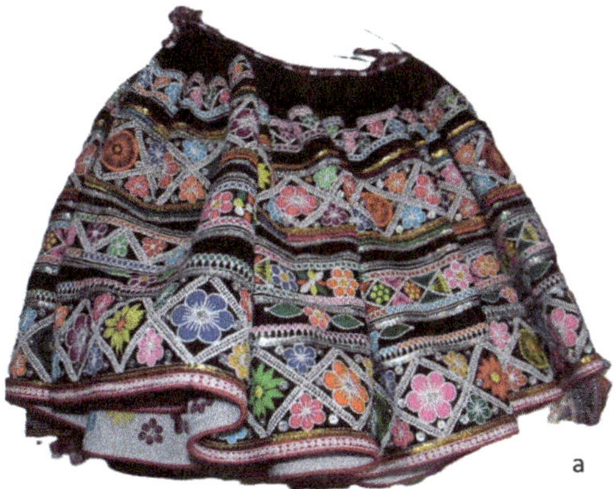
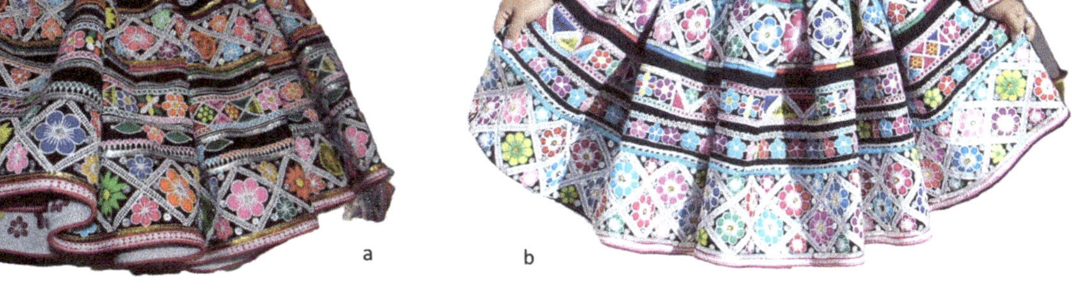

Figura 3a. Pollera moderna. Taller de Antolina Cáceres, Tinta, 2022

Figura 3b. Pollera con coqueados en el ruedo, Tinta, 2022

filas de rombos, se asemejan mucho a la presentación de los *tocapus*[10] de los vestidos (*acsus*) femeninos coloniales y a las túnicas masculinas incas. En Tinta al conjunto de rombos se llama coqueados (Figuras 3a y 3b).

Diseño floral

En las fotografías más antiguas que se ha encontrado (Figura 4a), la *lliclla* de la mujer tiene motivos florales que adornan las esquinas superiores de la prenda. Estas representaciones pueden ser del maíz por las hojas o del diseño astronómico. Actualmente, los diseños florales contemporáneos de las *llicllas* son más visibles, están adornadas con una flor, tallo y hojas.

En las piezas vestimentarias ya sea *lliclla*, pollera y jubón hemos identificado una variedad de representaciones florales, en algunas ocasiones los bordadores identifican la variedad de la flor mientras que en la mayoría de casos no logran identificar con una especie en particular. Así, en un estudio que realice en el 2006 la señora Ch'asqa[11] identificó unos círculos pequeños bordados sobre el *golón* como flores *phallcha (Gentianella gilgiana)*, por su parte

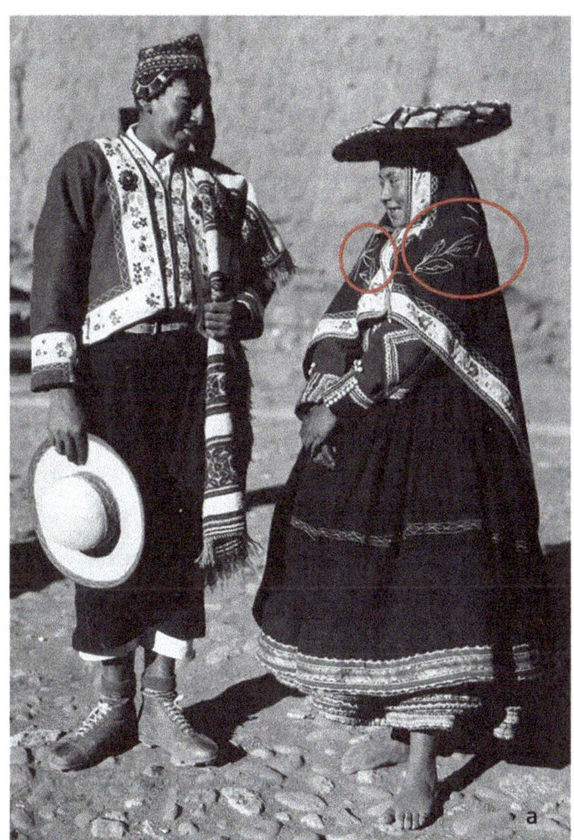

Figura 4a. Pareja de Canchis, s/f. Foto: Martin Chambi

10. *Tocapus* son "patrones geométricos variables están inscritos en unidades rectangulares o cuadradas que forman filas o 'betas', dispuestas en una secuencia que a menudo parece seguir un orden aleatorio; el término mismo puede referirse a una sola unidad, a un grupo de ellas." (Phipps 200xx, p. 84).

11. La señora Ch'asqa en el 2006 era la mujer de mayor edad de San Pablo.

la bordadora Antolina indica que las flores con pétalos largos son margaritas al igual que la bordadora Hildred. Las demás representaciones florales no son identificadas por los bordadores. Este hecho representaba un inconveniente, pero la respuesta de Hildred de que "ella se inspira en su tierra"[12], me condujo a conocer las flores que crecen en el piso ecológico quechua, con el objetivo de compararlas con los motivos florales bordados.

Las flores del piso ecológico quechua[13]

Las localidades de San Pablo, de Tinta y de Marangani se encuentran localizadas en el piso ecológico quechua que presenta una flora particular. Siguiendo un estudio[14] de la flora de los distritos de la provincia de Canchis se ha podido identificar especies comunes en estos pueblos que son útiles para nuestro estudio. También se ha tomado como referencia la flora que crece en el contexto geográfico del sitio arqueológico de Moray[15] (Urubamba) porque comparte altitud semejante con nuestras localidades de estudio, en el Jardín botánico de flora nativa de la Plaza San Francisco y en el jardín del Coricancha de la ciudad de Cuzco. Presentamos las especies florales[16] en un cuadro resumido.

Tabla Nº 1
Especies florales representadas

Especies florales bordadas

- Flor *phallcha* (*Gentianella gilgiana*) es una variedad de genciana que está representada en la trencilla por un círculo pequeño (Tabla Nº 2).

- Flor de varios pétalos alargados que es una representación floral de la familia de las Asteráceas que podría ser la flor *kiku* (*Bidens andicola*), *sunch'u* (*Viguiera procumbens*) o *ch'iri ch'iri* (*Grindelia boliviana* Rusby). A veces, esta flor suele estar representada con tallo y hojas, aparece sobre todo adornando las cuatro esquinas de la lliclla de Tinta. En la lliclla de Marangani están las margaritas como indica Hildred.

- Flor de pétalos pequeños redondeados que podría ser la representación de la flor *p'irqa* (*Bidens pilosa*) que es una flor pequeña con un flósculo del disco que sobresale de los pétalos. También podría ser la representación de la flor de *Chiqchipa* (*Tagetes pusilla*), de la *piska sisaq* (*cerastium mollisimun)* o de la flor *mullak'a* o *kusi kusi (Monnina salicifolia ¿?)*.

- Flor de ocho pétalos redondeados grandes que los bordadores llaman "flores de relleno". Esta flor podría ser la representación de las mismas especies florales de la flor de pétalos pequeños redondeados.

- Flor de *k'antu* (*Cantu buxifolia Juss. ex Lam.*) que era la flor sagrada de los Incas, actualmente es una flor decorativa. Esta representación es una innovación reciente de la bordadora Hildred.

- La rosa que aparece tejida en la *unkuña* femenina y en el poncho masculino de Tinta, es una representación abstracta. La representación textil de esta flor tiene seis pétalos en la prenda femenina y veinte pétalos en la masculina, este motivo está tejido en dos colores contrastantes. A esta representación textil se llama *t'ika pallay* (motivo de flor).

12. Comunicación personal con Hildred Calle Barrientos (Marangani, 2022).

13. Según la clasificación del geógrafo peruano Javier Pulgar Vidal, el piso ecológico quechua se encuentra entre los 2300 y 3500 msnm. En este piso ecológico están localizadas los distritos de Marangani, San Pablo, Tinta, la ciudad de Cuzco y el sitio arqueológico de Moray en Urubamba.

14. Este estudio abarca los distritos de Checacupe, Combapata, Marangani, Pitumarca, San Pablo, San Pedro y Sicuani de la provincia de Canchis. Información proporcionada por el biólogo Juan Sulpicio Flores.

15. El centro arqueológico se ubica en el distrito de Maras de la provincia de Urubamba y está situado a 3500 metro de altitud.

16. La identificación de las flores fue gracias al biólogo Juan Sulpicio Flores, a Eusebia Mescco Huallpayunca, Carlos Quispe Tito e Hildred Calle.

Tabla Nº 1
Especies florales representadas

Especies	Nombre común
Bidens andicola	*Kiku kiku o quico*
Gentianella scarlatiflora *Gentianella gilgiana*	*Phallcha roja o puqa phallcha* *Phallcha blanca o azul o yuraq phallcha*
Tagetes pusilla	*Mula huacatay* *Huacatay* *Chicchipa*
Taraxacum officinale F.H. Wigg	*Pilli pilli*
Bomarea ovata	*Sullu sullu*
Viguiera procumbens	*Sunch'u*
Baccharis latifolia (Ruiz & Pav.) Pers.	*Khasñu o ch'illka*
Bidens pilosa	*P'irka*
Tagetes pusilla	*Mula huacatay* *Huacatay* *Chicchipa*
Monnina salicifolia ¿? *Muehlenbeckia Volcánica ¿?*	*Mullaq'a o kusi kusi*
Caryophyllaceae cerastium mollisimun	*Pisca sisaq*
Cantua buxifolia	*Flor de K'antu*
Fuchsia boliviana Carriére	*Chimpu chimpu*

Tabla Nº 2
Especies florales bordadas

Diseño astronómico

Entre los motivos bordados hay uno que tiene un círculo y de ahí salen varias líneas rectas, pueden ser doce o cuarenta y uno líneas que a veces terminan en un círculo pequeño. Esta representación fue identificada como una estrella por la bordadora Antolina. Tal vez sea la representación de la *Chillca* o *khasñu* (*Baccharis latifolia* (Ruiz & Pav.) Pers.) o del *pilli pilli* (*Taraxacum officinale* F.H. Wigg) cuando la flor ya está marchita. Esta representación aparece ya en una fotografía de 1939-45 (Figura 4b), adornando el contorno de la *lliclla*, cuya representación es un círculo del cual salen ocho líneas rectas y terminan en un círculo.

Los motivos decorativos florales de las expresiones artísticas coloniales

Antes de la llegada de los españoles al Perú en 1532, el diseño predominante fue el geométrico, sobre todo en el arte inca. Los decorados florales llegan junto con los peninsulares. En el Nuevo Mundo el arte se difundió a través del comercio de cientos de estampas y grabados venidos del Viejo Mundo. Ramón Mujica Pinilla, en su estudio sobre *Arte e Identidad: las raíces culturales del barroco peruano*, refiere que estos soportes visuales difundían "las ideas artísticas y los preceptos estéticos y formales de las composiciones flamencas, alemanas, italianas o españolas", señala también que los artistas locales "prefirieron interpretarlas sin reglas, normas o estilos artísticos fijos" y que "los conflictos entre los diversos grupos étnicos

Tabla Nº 2
Especies florales bordadas

Diseños florales	Especies florales	Nombre
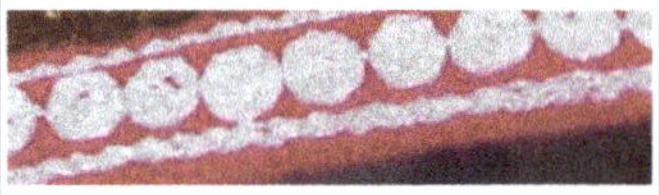	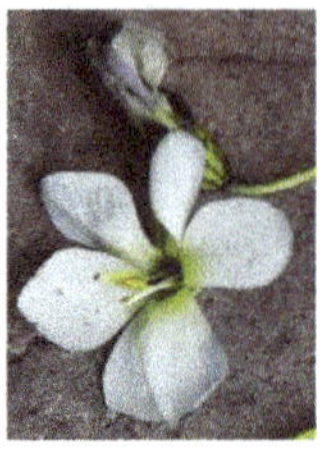	Flor *phallcha (Gentianella gilgiana)*
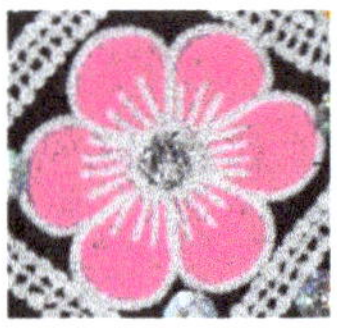	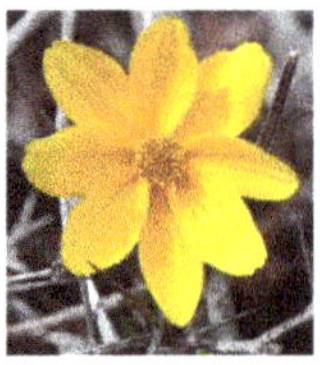	*Kiku* o *quico* (*Bidens andicola*)
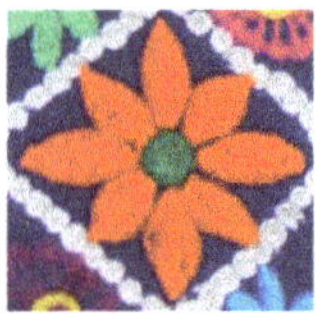	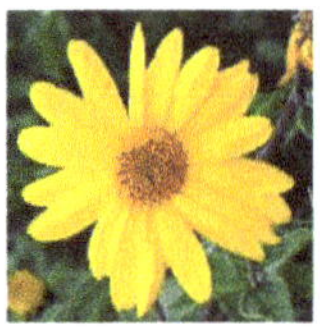	*Sunch'u* (*Viguiera procumbens*)
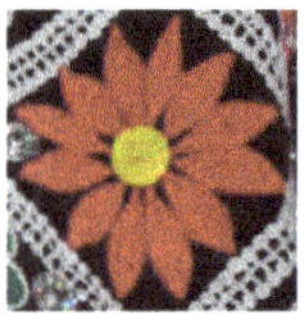	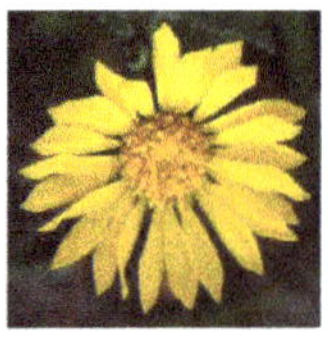	*Ch'iri ch'iri (Grindelia boliviana Rusby).*
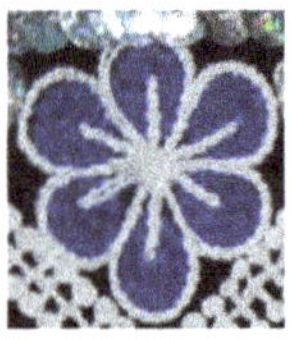	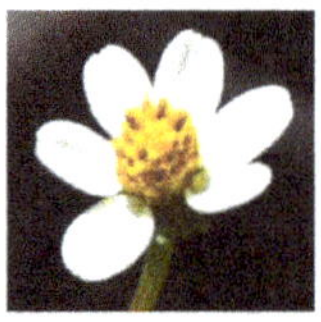	*P'irqa (Bidens pilosa)*
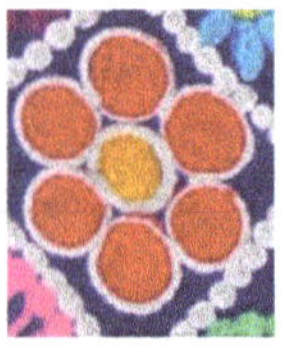	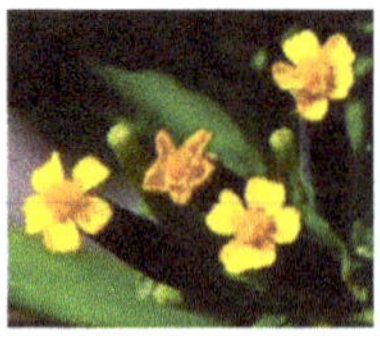	*Chiqchipa* (*Tagetes pusilla*)
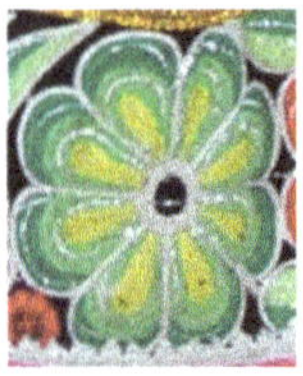	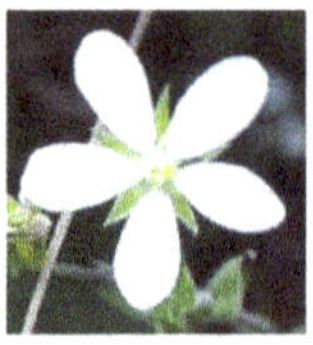	*Piska sisaq* (*cerastium mollisimun)*

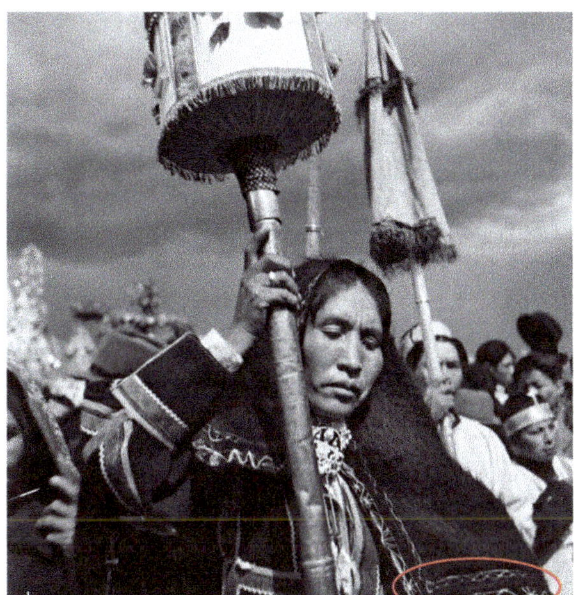

Figura 4b. Sin título. Procesión con la esposa del Carguyoc portando la maza de plata, Fiesta de los Reyes, San Pablo, Cusco, Perú, 1939-45. Foto: Pierre Verger. Registro digital del negativo original. Cortesía de la Fundaçao Pierre Verger, PVF38602.

permitieron la emergencia de nuevos modelos de pensamiento y de representación discursiva" (2003: 8). Es así que los artistas locales van a tener una interpretación libre de los soportes visuales, lo que les va permitir expresar su mundo simbólico, su contexto social y geográfico a través del arte. Mujica Pinilla indica que los artistas entran en un proceso de apropiación y de reinterpretación cultural de los aspectos formales artísticos, pero al mismo tiempo van apropiarse de estos aspectos hasta hacerlos suyos y reinterpretarlos desde su visión, su pensamiento simbólico, su contexto social y geográfico. Dándoles, así, un nuevo significado a las expresiones artísticas.

Los elementos decorativos que aparecen en el arte virreinal son algunos de influencia del renacimiento europeo como el follaje entrecruzado, el grutesco, jarrones, rosas, escudos de armas, águilas bicéfalas, uvas y granadas entre otros (Phipps 2005, Pillsbury 2020). Es en el siglo XVII y XVIII que los artistas indígenas irán incorporando "especies botánicas y animales y objetos no pertenecientes el mundo europeo, desafiando los 'regímenes de visibilidad' establecidos en el contexto colonial." (Cross 2025: 145). Los artistas locales irán incorporando las especies florales más representativas de su localidad y aquellas de mayor valor simbólico, asociadas con las propiedades mágicas y con la generación de emociones. De suerte que los artistas irán entrecruzando motivos decorativos europeos y andinos, experimentando tal vez una cierta libertad creadora, entendida en el sentido de que se va originar nuevos modelos de pensamiento y de representaciones discursivas. De manera que la iconografía virreinal va constituirse de elementos andinos y europeos como diseños de plumas, insectos, flor *ñucchu*, flor de *k'antu*, felinos, *tocapus*, águila bicéfala, escudos, cascos, entre otros (Phipps 2005). Con la inclusión de nuevos temas y elementos ornamentales importantes en el pensamiento simbólico local se va formar un lenguaje discursivo estético contextual que motive a los artistas a querer representar y transmitir estos elementos.

En las expresiones artísticas se identifican representaciones florales tanto europeas como andinas, muy raras veces están al mismo tiempo representadas, se ha encontrado que la representación floral europea va estar asociada con la pintura de iconografía religiosa y el decorado de flores nativas con los objetos artísticos de tradición inca como los *qeros* y los textiles inca-coloniales, el vestido de los incas nobles y los tapices coloniales. Es posible que las diferencias en la ornamentación floral de estas expresiones artísticas estén relacionadas "con el patrocinio de la clientela que las comisionaba... en el virreinato lo eran las órdenes religiosas, los virreyes, los mineros, los hacendados, la nobleza regional e incluso el campesino o nativo." (Mujica Pinilla, 2003: 45). Este hecho podría explicar porque las expresiones artísticas solicitadas por la nobleza inca tenían ornamentación floral de especies nativas como la flor de *k'antu*[17] que era la flor sagrada para los incas y porque las pinturas pedidas por las órdenes religiosas

17. Rowe considera que la flor de *k'antu* fue utilizada en el siglo XVIII como "símbolo de la nacionalidad inca" (2003, p. 350).

tenían flores europeas como la rosa[18] o el lirio[19]. En Occidente la flor está asociada con la pasividad, "San Juan de la Cruz ve en la flor la imagen de las virtudes del alma, y en el ramillete que las une la perfección espiritual." (Chevalier y Gheerbrant 1986: 504). Simbolismo que está asociado con la función evangelizadora que tenía las pinturas en ese tiempo.

Vaso de madera[20] *(qero*[21]*)*

Los *qeros* han sido utilizados desde tiempos pre-incas y han continuado siendo elaborados durante la colonial. En muchos pueblos altoandinos siguen siendo utilizados en contextos rituales. Antes de la colonia, el diseño decorativo predominante fue el geométrico y es en el periodo colonial que las representaciones florales se van a introducir como elementos decorativos y simbólicos. Los *qeros* coloniales están hechos de madera[22]. John Rowe considera al *qero* como "la obra maestra del arte inca en todos los siglos de su existencia" y lo valora como "el único campo para la imaginación pictórica del artista, y es el principal depositario del simbolismo nacional y de la resistencia orgullosa de la raza" (2003: 350). Esta afirmación tiene que ser entendida dentro del contexto del siglo XVIII y del Movimiento Nacional Inca,[23] que se produjo en ese tiempo.

Los *qeros* coloniales se caracterizan por tener registros o franjas. En la franja superior, cerca al borde, es la más ancha y lleva la representación principal que suele ser una escena. En la franja central, se encuentra el *tocapu* y la franja inferior tiene un dibujo continuo de flores "representadas en forma convencional, a veces con figuras de pájaros o animales agregados." (Rowe 2003: 318). Las representaciones florales son sobre todo de especies nativas, de tipo rectilíneas. Jorge A. Flores Ochoa, Elizabeth Kuon y Roberto Samanez en su estudio sobre los *qeros* han identificado cinco variedades de flores representadas en estos:

Table Nº 3

Especies florales en los *qeros*

Se ha tomado como ejemplo cuatro *qeros* donde están representadas las flores nativas. En el *qero* de la figura 5a están representadas dos tipos de flores. En la franja superior está el *sullu sullu* y en la franja inferior se encuentra la flor de *k'antu*. El *qero* de la figura 5b tiene la representación de la flor *chiwanway* y de la flor *ñucchu* en la franja inferior. El *qero* de la figura 5c tiene representación floral de *chimpu chimpu* en la franja superior e inferior.

---

18. Rosa: "Notable por su belleza, su forma y su perfume, la rosa es la flor simbólica más empleada en Occidente", en la 1era acepción del *Diccionario de los símbolos*, "La rosa es, en la iconografía cristiana, bien la copa que recoge la sangre de Cristo, bien la transfiguración de las gotas de sangre, o bien el símbolo de las llagas de Cristo." (Chevalier y Gheerbrant, 1986, p. 892)

19. Liro: "El lirio (griego *leirion*, latín *lilium*), o la azucena, (arábico *as-susana*), es sinónimo de blancura y, en consecuencia, de pureza, inocencia y virginidad." (Chevalier y Gheerbrant, 1986, p. 651)

20. Sobre el origen del vaso de madera-*qero* ver el Libro *Qeros* de Jorge A. Flores Ochoa, Elizabeth Kuon Arce y Roberto Samanez, es un trabajo completo sobre este arte inca.

21. El término quechua *qero*, en el Vocabulario de la lengua quechua de Diego González Holguín se indica, "*Quero*. Vaso de madera". Incluye otras acepciones:

Tintinchascca qquero, o titihuan morochascca: Vaso tachonado con plomo.
Quero cuscusca o llimpisca o quero quscascca: Pintado de colores.
Chumpi quero: Pintado a cintas, o a vetas travesadas.
Llimpiscca quero: Vaso teñido todo de colores.

22. Los *qeros* podían estar hechos de oro, plata y de cerámica.

23. Rowe "Señala la existencia, dentro de la comunidad de indios, de un movimiento intelectual nacionalista, basado en la tradición inca, que sirvió de estímulo para las rebeliones indígenas y que tuvo efectos que se sintieron todavía en la época de las guerras de la independencia... en su origen y en sus intereses, el movimiento nacionalista se identificó con el indígena y con su destino." (2003, p. 345).

Tabla Nº 3
Especies florales en los *qeros*

Diseños florales	Especies florales	Nombre
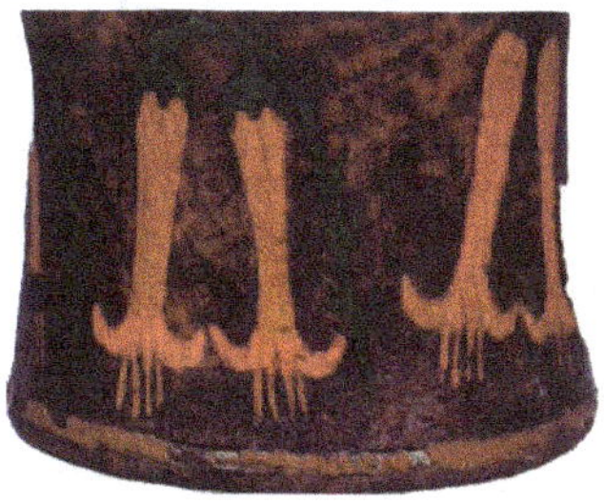	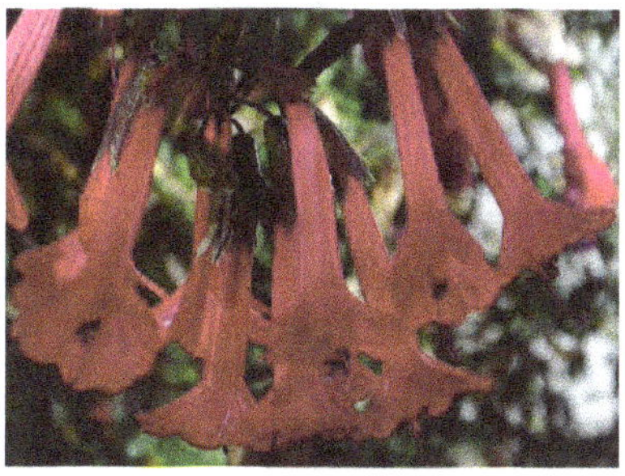	*K'antu* (*Cantuta buxifolia*)
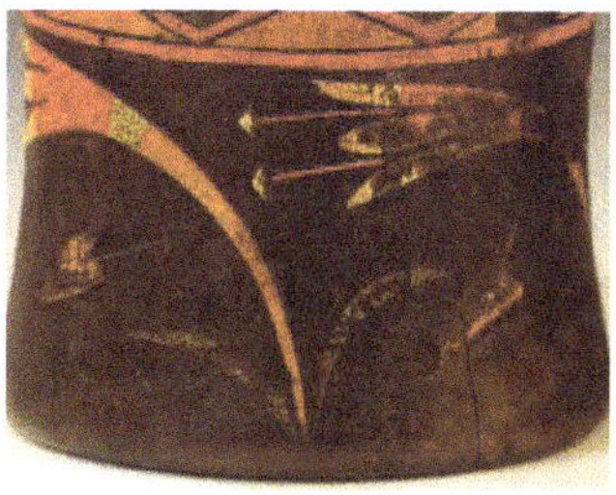	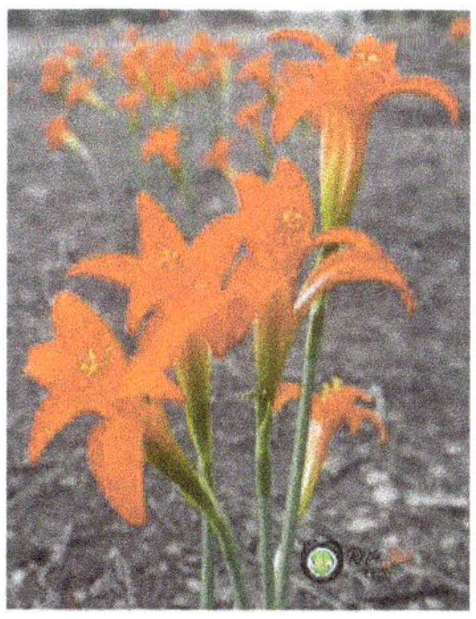	*Chiwanway* (*Zephirantes tubiflora*) Fuente: https://www.facebook.com/AllinQariCantautorQuechua/posts/mundo-chiwanwaysumaq-niñachay-solo-estoy-mirándote-soñandote-para-llevarte-a-mi-/1093636251959977/
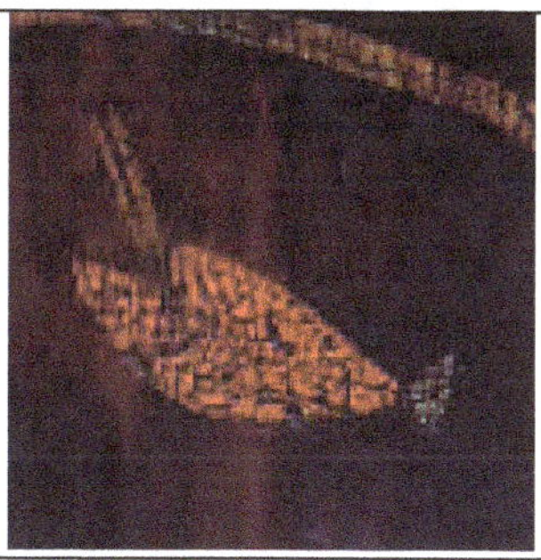	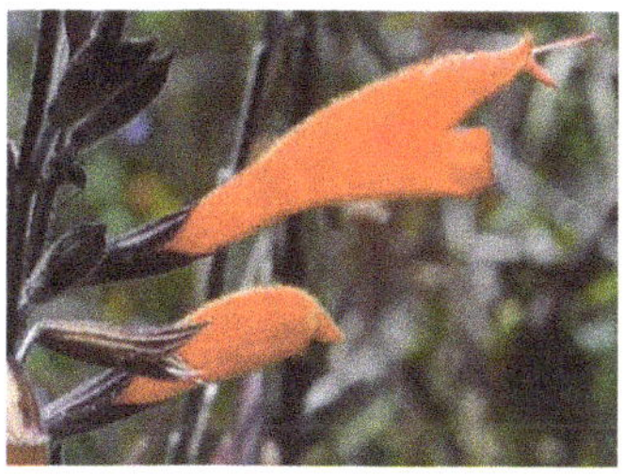	*Ñucchu* (*Salvia oppositiflora*)
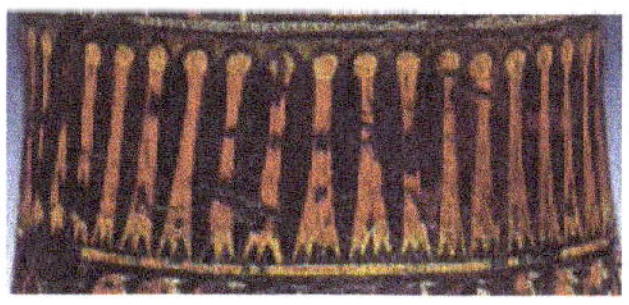	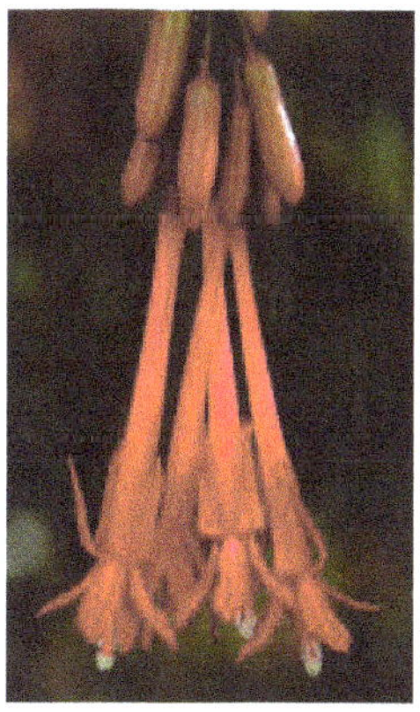	*Chimpu chimpu* (*Fuhsia boliviana*)

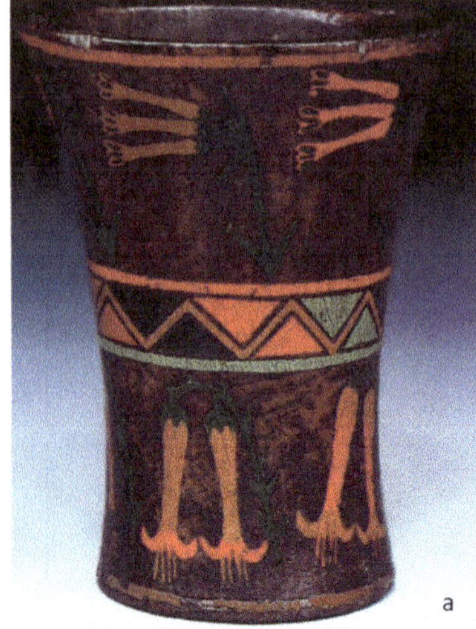

Figura 5a. Representación de las flores sullu sullu y k'antu. Fines del siglo XVIII. Museo de Arqueología, Universidad Nacional de Arequipa (Tomado del libro de Flores Ochoa et al. 1998).

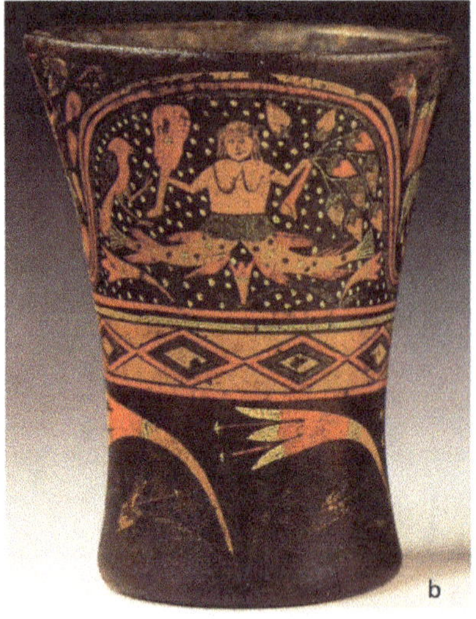

Figura 5b. Representación de las flores chiwanwa y ñucchu en la franja inferior. Siglo XVIII. Museo Municipal, La Paz, Bolivia (Tomado del libro de Flores Ochoa 1998).

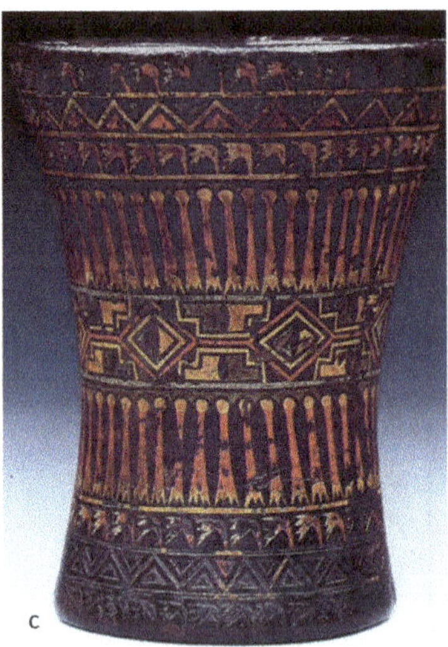

Figura 5c. Composición floral de flor chimpuchimpu en cinco franjas, alternándose con dibujos geométricos que recuerdan tokapus. Siglo XVIII. Museo de Arqueología, Universidad Nacional de Arequipa (Tomado del libro de Flores Ochoa et a. 1998)

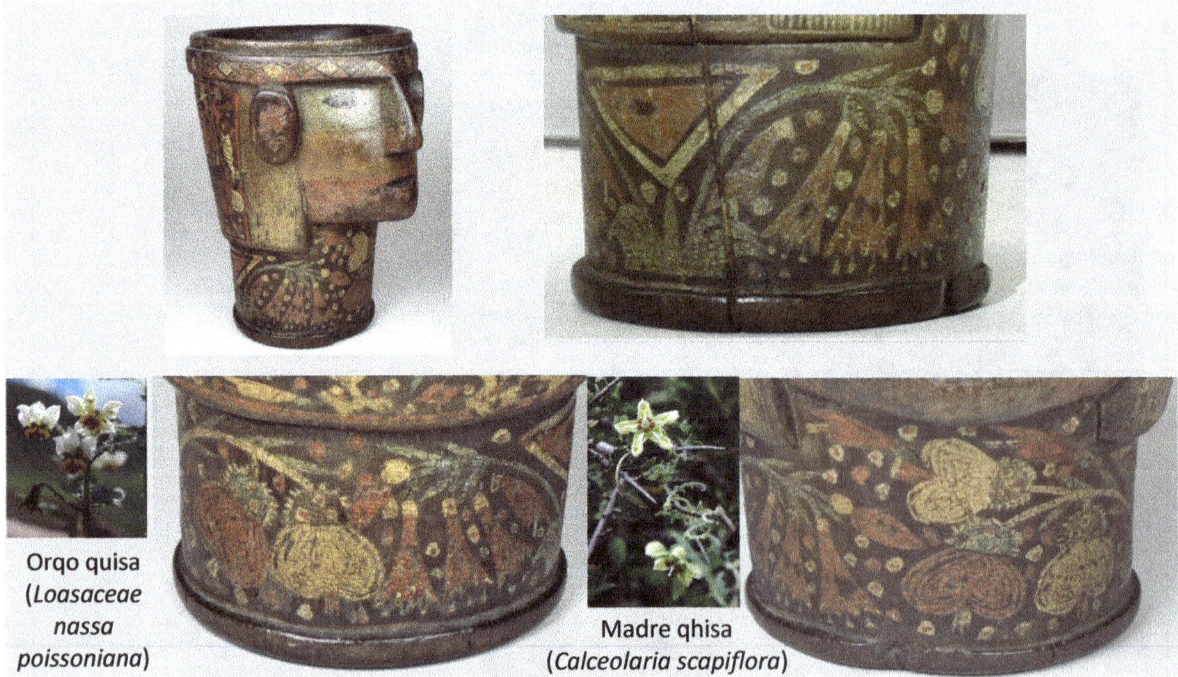

Figura 6. Kero, finales del siglo XVII, madera, 21,9cm. The Met Museum.

En un vaso del siglo XVII (Figura 6), en la franja inferior hay la representación floral que se asemeja a la flor *orqo qhisa* (*Loasaceae nassa poissoniana*) o *madre qhisa* (*Calceolaria scapiflora*) que son una variedad de flores espinosas.

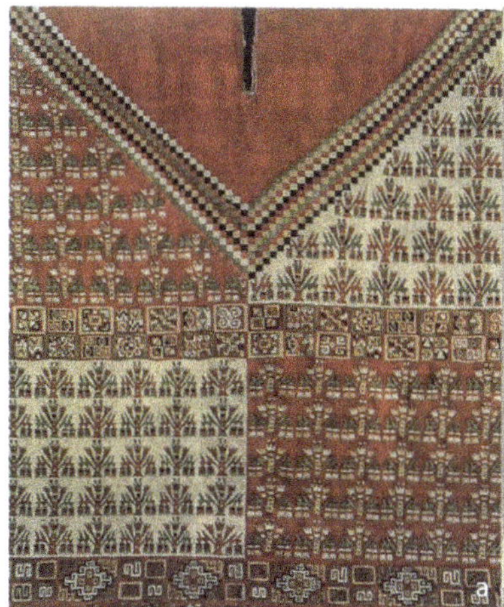

Figura 7a. Camisa inca (Inca colonial, 1501-1600), Pachacamac, Costa central, Perú, fibra de camélido y algodón (91 x 50cm). The Met Museum.

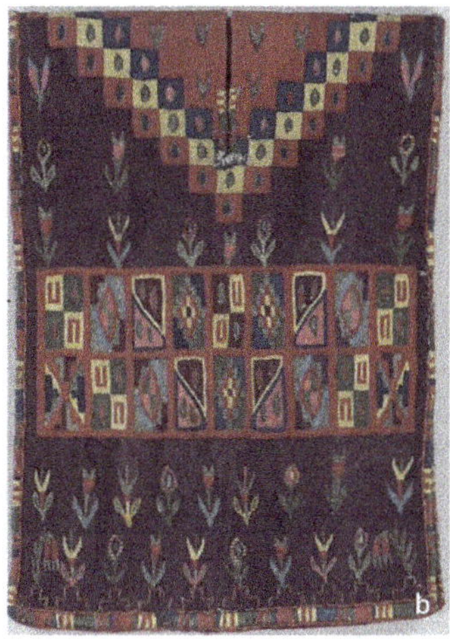

Figura 7b. Tabardo miniatura (36.8 x 27.9cm), 1600-1700, Bolivia y Perú, Inca y español, algodón, pelo de camélido, seda y metal The Met Museum.

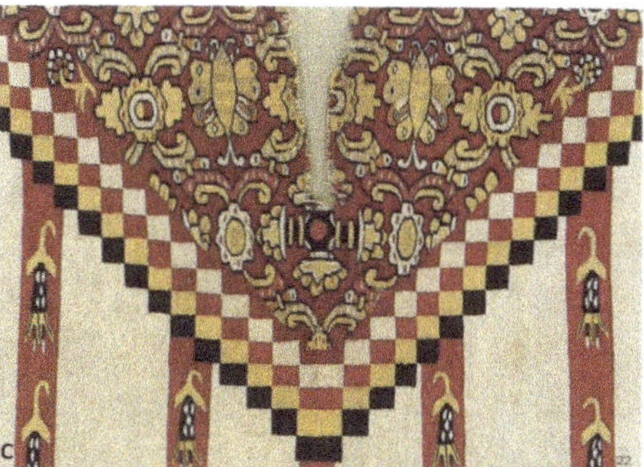

Figura 7c. Túnica (detalle del canesú). 1550-1650. Inca y española. Fibra de camélido, algodón (99 x 85cm). Museo Americano de Historia Natural (Tomada del libro Arte Imperial Inca).

Túnica

El tejido es una de las artes que se ha mantenido en la colonia. La túnica masculina (*unku*) no va sufrir cambios en cuanto a su forma sino en cuanto a su ornamentación. Las túnicas en la colonia van seguir siendo tejidas en tapiz, característica distintiva del arte textil inca. Elena Phipps (2005) indica que las túnicas en la colonia conservaron algunas características incas como el decorado geométrico, el bordado plano a lo largo de las costuras, el diseño escalonado en el canesú y la división del diseño en secciones: superior, medio e inferior. En cuanto a los elementos decorativos se adoptaron rápidamente los diseños de leones con corona, águilas bicéfalas y el puma, también se adoptaron nuevos colores como el lila. Se mantuvo el uso de los *tocapus* como "un indicador especial de un status elevado y de afiliación con el pasado" (Phipps 2005: 85). Es así que esta prenda de vestir va estar asociada con la nobleza inca durante la colonia.

De la misma manera que los vasos de madera prehispánicos, los textiles incas tuvieron diseños geométricos. Es recién en la colonia que se van a introducir los diseños florales de especies locales junto a los diseños geométricos ya característicos del arte inca. Una de esas incorporaciones decorativas son las representaciones florales, a las que Isabel Iriarte (1993) considera como una "innovación colonial" en los textiles incas. En las túnicas inca-coloniales se entremezclan los ornamentos europeos e incas. Hemos tomado como ejemplo tres túnicas para identificar a las especies florales representadas. La túnica inca colonial del siglo XVI del Museo de América de Madrid (Figura 7a) está adornada con el diseño de la flor de *k'antu* o también podrías ser la representación del floripondio (*Brugmasia vulcanicola*), está agrupada en dos parejas, del medio salen tres flores hacia arriba, sólo de la flor del medio salen pistilos. Este diseño floral se repite en toda la superficie de la prenda. El *unku* tabardo (miniatura, 1600-1700) de estilo inca colonial del MetMuseum de Nueva York (Figura 7b), tiene la representación de cuatro tipos de flores, repartidas en toda la superficie de la tela, en el canesú también hay diseño floral. Se ha podido identificar la flor de *k'antu* y el *ñuccho*, las otras dos no pudieron serlas. En la túnica inca colonial (1500-1700) del The Field Museum (Figura 7c), la representación floral es del floripondio (*Brugmasia vulcanicola*) que es una flor de propiedades alucinógenas (Pillsbury, 2020). Este diseño floral está dentro de franjas verticales. En el canesú tiene motivos decorativos zoomorfos y florales europeos.

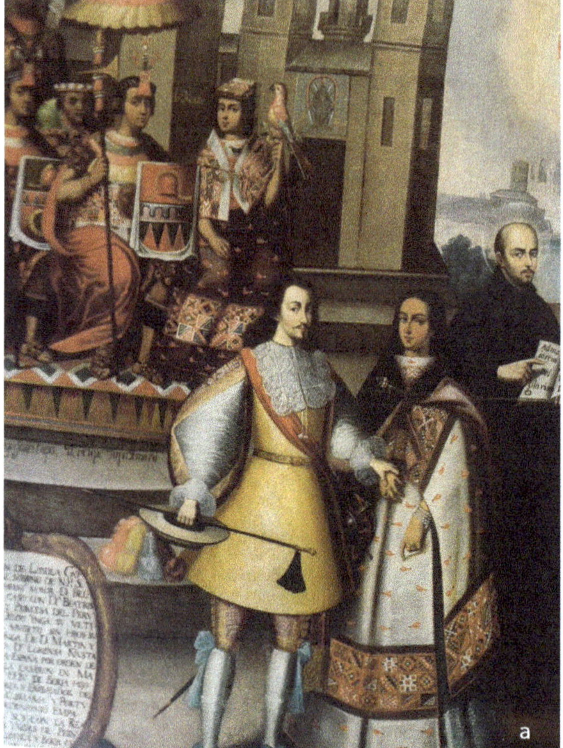

Figura 8a. Matrimonio de Martín de Loyola con Beatriz Ñusta y de Juan de Borja con Lorenza Ñusta de Loyola (Detalle). Templo de la Compañía de Jesús Cusco (ca. 1680), óleo sobre lienzo.

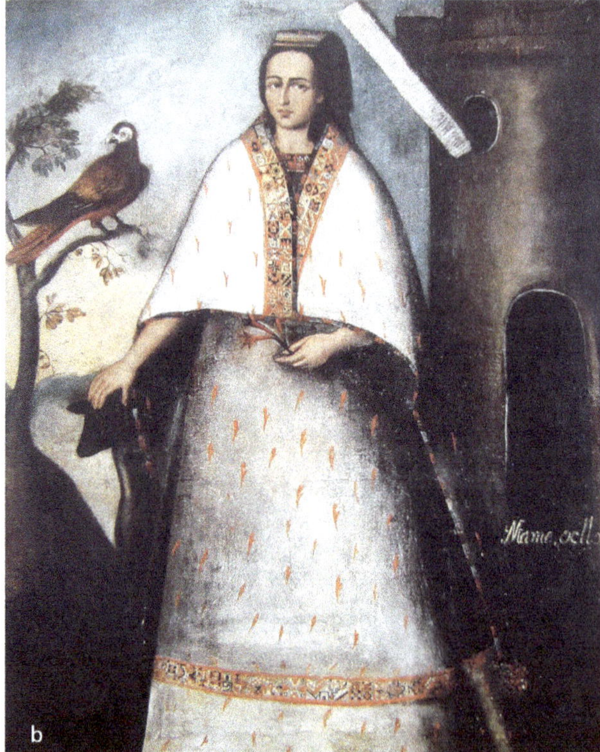

Figura 8b. Mama Ocllo. Óleo sobre lienzo. Colección particular.

La indumentaria de los incas nobles en los retratos

Rowe indica que estos cuadros sirvieron para "aclarar la posición de la nobleza inca en el período colonial" (2003: 287), era para dejar saber quiénes eran dentro de la estratificación social, cuya posición y prestigio social estaba determinado por su grado de filiación con la nobleza Inca. Los personajes retratados en estas pinturas fueron personas de "considerable riqueza que vivían con lujo y boato" (Rowe 2003: 289). Tenían que manifestar esta posición social privilegiada en sus retratos, por lo que ellos salían vistiendo trajes fastuosos, llevando ropas hispanas que sólo estaban reservadas para ellos por su condición de nobles incas como los pantalones, las sedas y los encajes. Los retratados aparecen acompañados por los símbolos de la nobleza Inca como la corona real (*maskapaycha*) que denotaba su pertenencia a la nobleza, de la cual se sentían orgullos y lo demostraban.

En estos retratos se aprecia la persistencia del vestido inca hasta el siglo XVIII, son soportes visuales importantes para conocer como era la indumentaria en ese tiempo. Estas pinturas son importantes porque tienen un "papel en la preservación de las tradiciones artísticas y culturales de los incas" (Rowe 2003: 287). En este estudio voy a referirme a dos retratos de incas nobles que han sido ya estudiados. En el detalle de la pintura del Matrimonio de la Ñusta Beatriz Clara Coya del siglo XVII (Figura 8a), ella viste *lliclla* y *anacu* de estilo inca, debajo del *anacu* lleva una pollera. Las prendas vestimentarias incas están adornadas con *tocapus* y flores *ñucchu*. Dependiendo de la versión de la pintura, en algunas aparece llevando un pañuelo y en la versión del Museo Pedro de Osma, la Ñusta aparece señalando con su dedo a una flor *ñucchu* que adorna su vestido[24]. En el lienzo de Mama Ocllo (Figura 8b), ella parece también vistiendo *lliclla* y *anacu*, adornadas con la flor *ñucchu* y con *tocapus*. Además, lleva un tocado (*ñañaca*) y sujeta la rama de una flor que puede ser la flor *chimpu chimpu* o la flor *chiwanway*, esto por la forma de los pétalos.

La pintura virreinal

Los primeros pintores llegaron al Perú en el siglo XVI. Estos artistas seguían los cánones de la pintura Europa, es así que en sus obras aparecen las representaciones florales europeas, como el lirio y la rosa cuyo simbolismo está asociado con el cristianismo. Cuando se introduce la ornamentación floral en el Perú, Cruz de Amenábar indica que las "guirnaldas florales en la pintura virreinal sur andina, [...], se introducen a través del ejemplo de obras manieristas italianas, cuadros españoles, grabados flamencos y herbarios botánicos y medicales" (2018: 24). Las especies representadas en esta ornamentación fueron sobre todo flores extranjeras ya sean europeas o asiáticas, siendo la más destacada la rosa (*Rosa spp*). Las flores nativas se fueron introduciendo paulatinamente sobre todo van estar representadas en las pinturas de la Escuela Cuzqueña. La rosa fue considerada como un "elemento identitario del virreinato" (Cruz de Amenábar 2018: 25), es muy probable que su importancia se deba a su simbolismo asociada al cristianismo porque ella es "la copa que recoge la sangre de Cristo, bien la transfiguración de las gotas de sangre, o bien el símbolo de las llagas de Cristo" (Chevalier y Gheerbrant 1986: 892).

En las pinturas de la Escuela Cuzqueña que se ha observado para este estudio, se ha encontrado la representación floral del lirio, la rosa, el clavel, las cuadrifolias y trifolias entre otras, también hemos podido identificar algunas especies florales nativas como: el *ñucchu*, *pantay ñucchu*, *chiwanway* o la flor *k'antu*. En la representación mariana de la Virgen de los Desamparados del círculo de Basilio de Santa Cruz Pumacallao (s.XVIII) del Museo Pedro Osma (Figura 9a), la virgen lleva en una de sus manos un ramo de lirio. En la pintura de la Virgen del Rosario de Pomata de autor anónimo (ca. 1730-1760) del mismo museo (Figura 9b), la virgen lleva también un ramo de lirio en una de sus manos, en la guirnalda de flores que la rodea hay rosas y algunos lirios. Su vestido esta ricamente adornado con cuatrifolias, el encaje del vestido del Niño tiene decorado floral, los pétalos delgados podrían ser la representación de una margarita europea o de una margarita andina. En la pintura del arcángel de fines del siglo XVIII (Figura 10) de autor anónimo, el marco que lo rodea está conformado principalmente por rozas, lirios y otras especies florales de cuatro pétalos que no se logra identificar. El encaje del cuello y de la manga de su camisa tienen representaciones florales. En la pintura de Jesús Inca o el Inca Mesiánico del siglo XVIII de colección particular (Figura 11a), la imagen está flanqueado por floreros de cristal con sus ramos de flores compuestas por rosas, margaritas, lirios y posibles claveles. Mientras que la pintura del Niño Inca Rey (Figura 11b) está flanqueada por floreros de cristal con sus ramos de flores compuestas por rosas, azucenas, *chiwanway* y *chimpu chimpu* posiblemente. Esta imagen viste una túnica inca adornada con flores, posiblemente *ñucchu* y *tocapus*, la túnica tiene mangas de encaje. Este Niño viste como los incas nobles de la Serie del Corpus Cristi. En el pecho lleva dos trifolios amanera de prendedores, cada uno de ellos está en la esquina de la media luna. Es interesante que el Niño Inca Rey lleve representaciones de flores nativas y no el Jesús Inca. En la pintura Niño Dios de Huanca del siglo XVIII de autor y paradero desconocido (Figura 12), el Niño está flanqueado por flores que contienen rosas, posiblemente lirios y *pantay ñucchu* (*Bartsia camporum*). Esta imagen viste como el Niño Inca Rey de la Figura 11b, además de llevar mascaroncillos sobre las rodillas y las sandalias. Es muy probable que los diseños de los encajes y de las ropas de la Virgen, del Arcángel y de

24. Ver Bat-ami Artzi (2025).

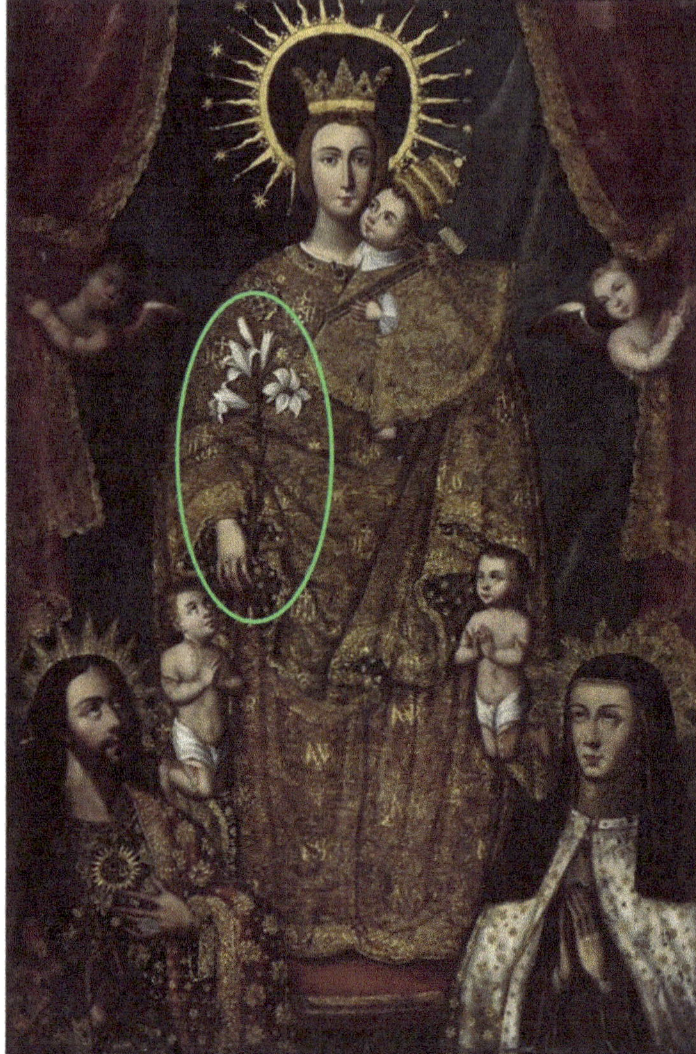

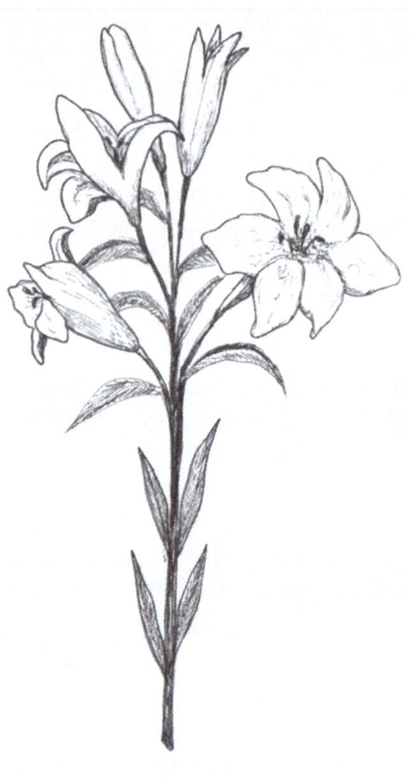

Figura 9a. Virgen de los Desamparados. Autor círculo de Basilio santa Cruz Pumacallao, s. XVII, finales del s. XVIII, 1680-1720, Cuzco, óleo sobre lienzo. Museo Pedro de Osma.

los Niños Jesús sigan los modelos de diseño de las estampas que aparecen en libro *Diseño de encaje festoneado*[25] de la grabadora y talladora de madera Isabella Parasole Catanea (Roma, 1616) que muy probablemente circularon por el virreinato peruano por ese tiempo.

Las especies florales decorativas en el vestido tradicional y en las producciones artísticas virreinales

Después de haber identificado las especies florales que son utilizadas como elementos decorativos en el traje tradicional de los pueblos de Tinta, de San Pablo y de Maranganí, no se ha

25. Uno de estos libros fue dedicado a Isabel de Borbón, espesa del rey Felipe IV, quien era amante de los encajes (Colección de la Real Academia de Bellas Artes de San Fernando, Madrid-España). Existe la posibilidad de que este libro haya circulado en el virreinato del Perú y de que haya servido como una fuente adicional de inspiración para los artistas de la colonia. Siendo así que se encuentren similitudes entre los diseños del encaje festoneado y los diseños de los vestidos, tejidos y decorado de interiores de las iglesias y casonas del periodo colonial.

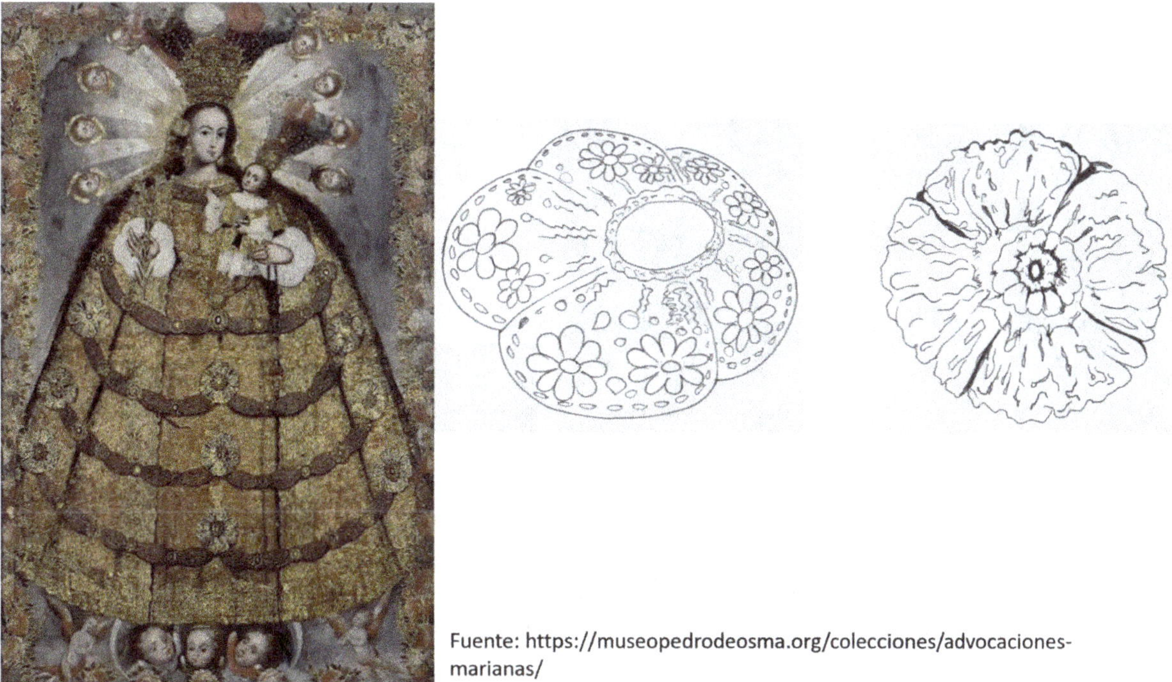

Fuente: https://museopedrodeosma.org/colecciones/advocaciones-marianas/

Figura 9b. Virgen de Rosario de Pomata. Autor anónimo, s. XVIII, Cuzco, óleo sobre tela. Museo Pedro de Osma.

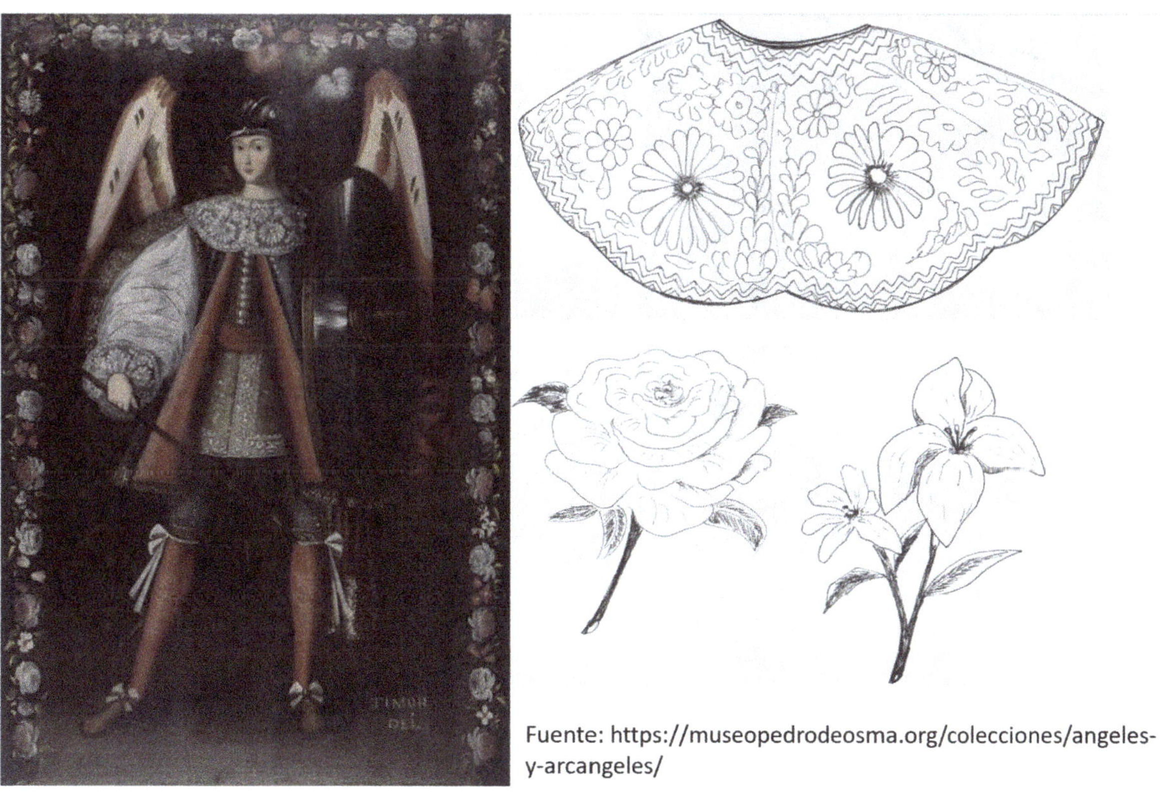

Fuente: https://museopedrodeosma.org/colecciones/angeles-y-arcangeles/

Figura 10. Arcángel Miguel. Anónimo, s. XVII, fines, Cuzco, óleo sobre tela. Museo Pedro de Osma.

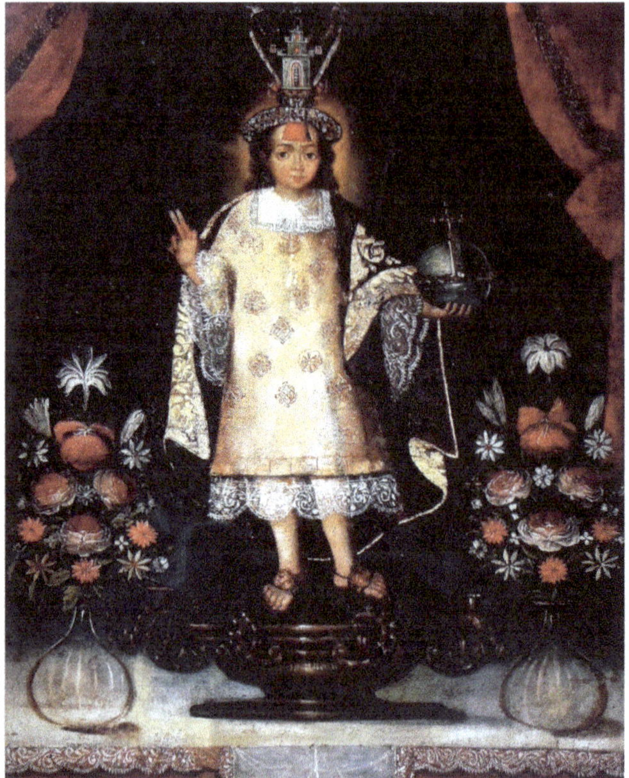

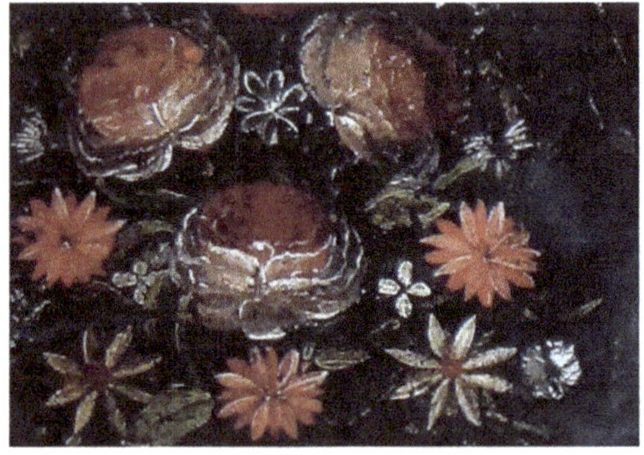

Fuente: https://arca.uniandes.edu.co/obras/679

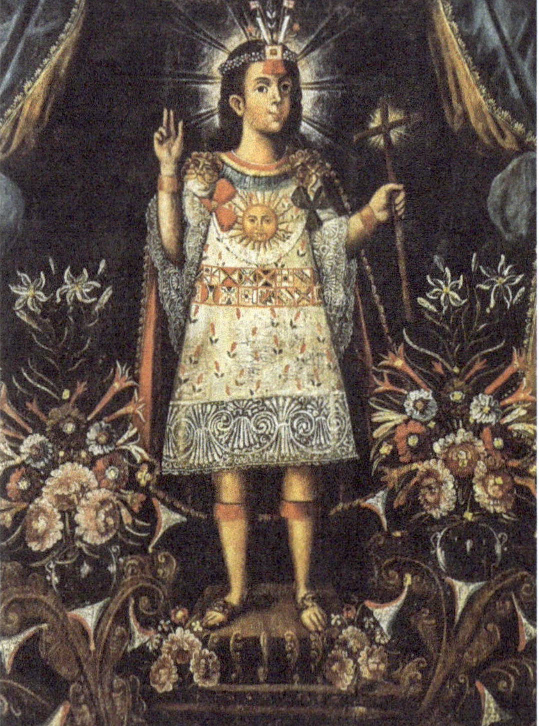

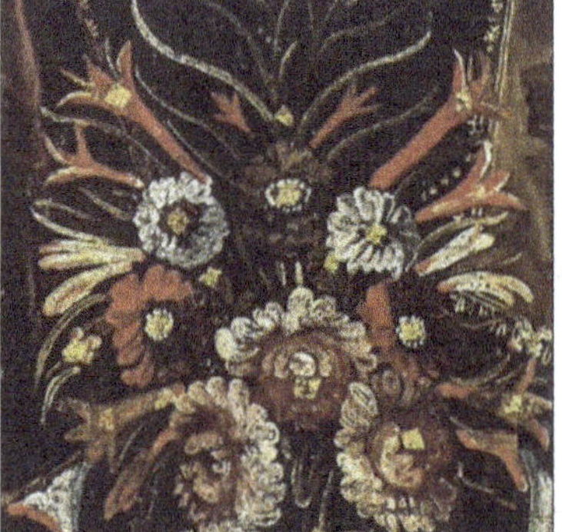

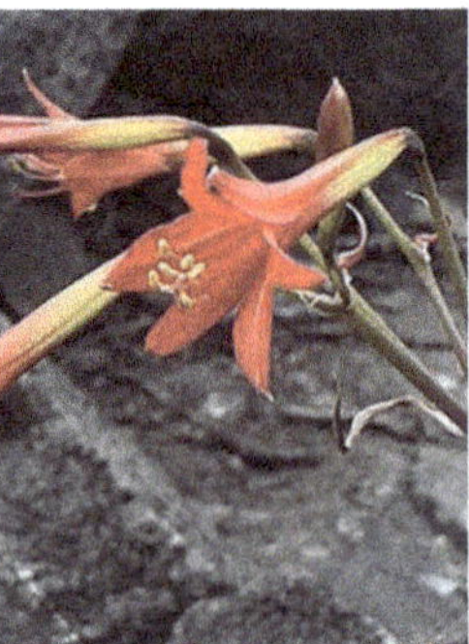

Figura 11a y 11b. El Niño Jesús ataviado como Inca Rey venerado en la Iglesia de la Compañía de Jesús, en el Cusco. Por la similitud de las peanas en ambos lienzos, se trataría de dos versiones distintas de la misma escultura de vestir. Siglo XVIII Colección privada (Tomada del libro Arte Imperial Inca).

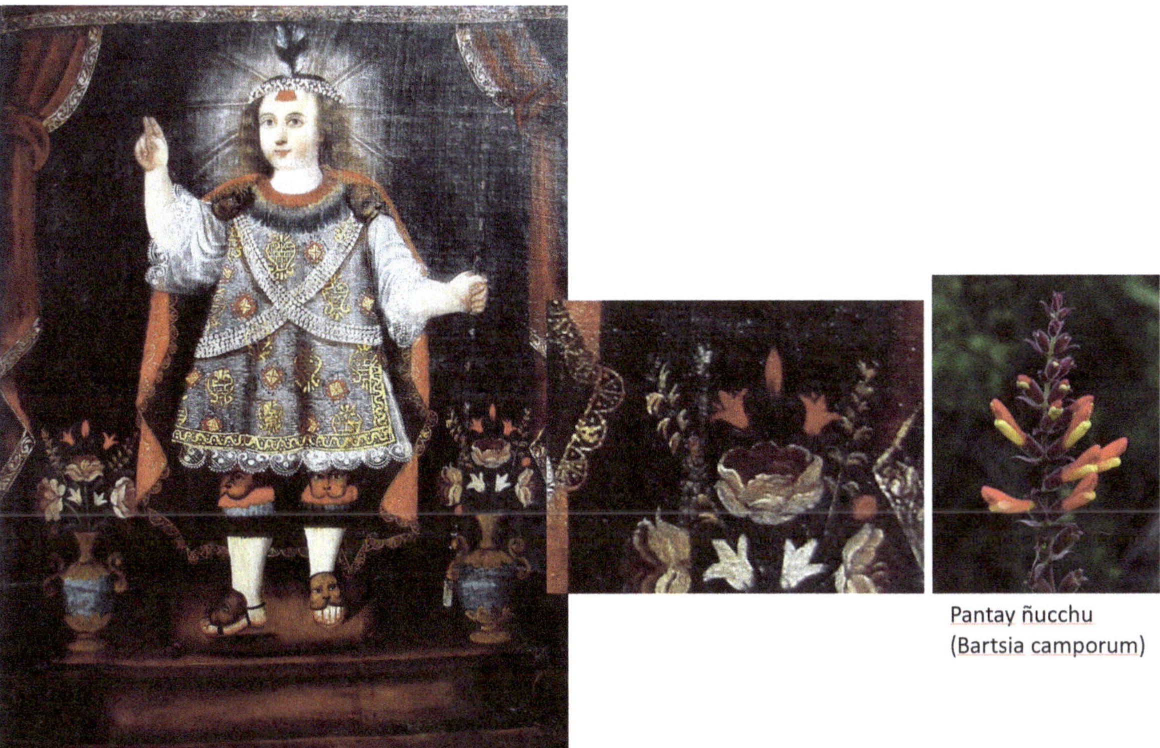

Figura 12. El Niño Dios de Huanca, 1700-1799. Anónimo, paradero desconocido. (Tomado de RISHEL, Joseph J. y Suzanne Stratton-Pruitt. Revelaciones. Las artes en América Latina, 1492-1820. México: Fondo de Cultura Económica, 2007).

encontrado similitudes con las especies florales representadas en las producciones artísticas virreinales. Las especies florales que predominan en la ornamentación del traje tradicional son sobre todo especies locales, esto en función a las flores que se ha identificado en la región quechua. Los bordadores se han inspirado en su "contexto de la sociedad mundo" (Bruce 1999) para crear estos diseños florales. Mientras que los artistas indígenas del virreinato siguieron modelos europeos impuestos, pero a estos modelos les fueron añadiendo las flores que en ese momento tenían importancia simbólica para la población indígena de ese entonces, como la flor de *k'antu* como ya se mencionó anteriormente, no sólo era la flor sagrada de los incas, también era un "símbolo de la nacionalidad inca" en el siglo XVIII (Rowe 2003: 350), el *chiwanway*, el *ñucchu,* el *chimpu chimpu* que eran consideradas como flores sagradas para los incas (Mulvany 2005).

Se ha encontrado que la flor más representada en las producciones artísticas virreinales analizadas es el *ñucchu*[26] y no la flor de *k'antu* como se esperaría que fuera por su importancia simbólica. El *ñucchu* aparece en las *lliclias* y acsus de las mujeres nobles incas de la colonia, es posible que aparezca también en la túnica tabardo inca-colonial, está en la túnica del Niño Inca Rey y en los *qeros*, ¿qué significaba el *ñucchu* para los andinos de ese tiempo?. En el *Vocabulario* de Diego González de Holguín se registra el término *ñupchu* como "Una flor larguilla colorada plumaje" (1608: 181). En la *Enciclopedia Ilustrada del Perú* de Alberto Tauro se indica que la flor *ñucchu*[27] "simbolizaba veneración y

26. Mulvany también lo nota en su estudio.

27. *Ñucchu*: "Antiguamente se la consideraba como un símbolo de dolor y destrucción, y en tal sentido se la menciona en el drama *Olláantay* para expresar la cólera del Inca ante la rebelión de los andícolas... y piedad, cuando se las arrojaba sobre los condenados a muerte ... y piedad, cuando se las arrojaba sobre los condenados a muerte". (1988, p. 1434).

respeto, cuando al paso del Inca se derramaba una lluvia de flores de *ñucchu*." (1988: 1434). Si seguimos esta significación del *ñuccho* se podría entender el porqué del uso tan frecuente y generalizado de esta flor en el arte virreinal. Ésta podría ser entendida como la representación del Inca, o si se quiere, es una representación de la presencia del Inca, entendida en el sentido de transfiguración del Inca en esta flor, porque ésta significaba veneración y respeto al soberano. Actualmente, las flores de *ñucchu* son utilizadas en la celebración del lunes santo en Cuzco. En la cruz de la imagen del Señor de los Temblores se cuelgan guirnaldas de flores *ñucchu*, cuando sale en procesión a la imagen se le arroja estás flores porque la gente considera que son las flores del Señor, lo que nos recuerda que al "paso del Inca se derramaba una lluvia de flores *ñucchu*" como símbolo de veneración y respeto de la misma forma que se tiene hacia la imagen del Señor de los Temblores.

Cuando se hizo referencia a la posible asociación entre ornamentos florales de especies nativas y Occidentales con las expresiones artísticas coloniales, Mujica Pinilla sugiere que esta asociación va estar relacionada con quienes eran los clientes patrocinadores, es decir con aquellos que encargan las obras. Éstos eran quienes solicitaban a los artistas las características que debía presentar el encargo, consideramos que los Incas nobles habrían solicitado a los artistas que decoren sus vestidos con flores nativas, ya sean en las pinturas o en las túnicas tejidas, porque sabían del significado que ciertas flores tenían para los Incas, además de ser un recuerdo de su pasado glorioso, razón por la cual aparecen las especies nativas en las artes de tradición inca, poniendo de moda ciertos decorados entre los Incas nobles. En la actualidad, las personas de las localidades de San Pablo, de Tinta y de Marangani indican los diseños y materiales de su preferencia, a veces son diseños florales tradicionales y en ocasiones traen sus propios diseños como novedad. Las bordadoras indican que los diseños demandados son más por vanidad femenina que por mantener la tradición, para las mujeres es más importante que sus vestidos llamen la atención y sobre salgan de entre los demás, ya sea por los diseños, el color o el uso de aplicaciones como cintas, grecas y mostacillas. De manera que el vestido ha dejado de ser símbolo de resistencia del pasado inca y se ha convertido en un vestido de ostentación y de lujo, símbolo de su poder adquisitivo entre las mujeres de estas localidades.

Los adornos florales de los trajes tradicionales de San Pablo, de Tinta y de Marangani están más relacionados con las flores de la región quechua y con las flores consideradas como "sagradas o simbólicas" por los incas (Mulvany 2005), en comparación con las especies florales representadas en el arte virreinal. También se ha encontrado que el significado que se atribuía a las flores entre los incas de "juventud", "flor de la edad", "a un ideal de la juventud, representado por las flores, como metáfora de la eternidad" (Mulvany 2005: 383, 384), es en cierta medida parecida al significado que se le da al decorado del vestido tradicional de estas localidades. La indumentaria tradicional de los jóvenes es sobre todo el más bordado, el más colorido, el que lleva materiales y diseños innovadores, es un traje colorido como un jardín floral festivo. Los jóvenes visten con estas ropas para el carnaval, fiesta que es considera como el del reencuentro de los jóvenes.

Cuando se analiza las especies florales del decorado virreinal con las especies florales bordadas no se encuentra similitud entre las especies, sin embargo se encuentra semejanza en el plano de las formas de las representaciones florales, a pesar que algunas no son representaciones tan realistas, como las flores de pétalos largos delgados que actualmente son la representación de especies como el *kiku* o las flores de pétalos redondos que pueden ser la representación de la flor *kusi kusi* o *mullak'a*. Actualmente, es sobre todo esta última representación floral que se sigue siendo reproducida no solamente en el bordado del vestido sino también en la decoración de ambientes que quieren recrear una decoración colonial. Entonces, es la forma la que se ha forjado en la colonia que forma la memoria de la estética que ha llegado hasta los bordados. Es la resistencia cultural que está presente en la forma de la estética colonial y en el simbolismo inca de las flores nativas. La flor seguirá siendo el objeto bello que seduce a los artistas que lo emplean para ornamentar expresiones artísticas cargado de simbolismo contextual.

Agradecimientos

Agradezco a Ann Peters por los comentarios y la motivación, así como a la Profesora Victória Sonalilla Demestre. También agradezco a los bordadores Hildred Ccalle Barrientos, Antolina Cáceres y Samuel Colque Cáceres, a Eusebia Mescco y Daniel Quispe Tito. Mi agradecimiento también a Sophia de los Ángeles Nordt, Juan Sulpicio Flores, Bat-ami Artzi, Rosa Delgado y al artista visual Ismael Campos H. por los dibujos.

Referencias

Artzi, Bat-ami
2025 *Dos mujeres se miran: el inicio y el de la dinastía inka en los cuadros de Mama Ocllo y Beatriz Ñusta*. Museo Chileno de Arte Precolombino. Link: https://museo.precolombino.cl/dos-mujeres-se-miran-el-inicio-y-el-fin-de-la-dinastia-inka-en-los-cuadros-de-mama-ocllo-y-beatriz-nusta

Cereceda, Verónica
1987 Aproximaciones a una estética andina de la belleza. En *Tres reflexiones sobre el pensamiento andino,* editado por T. Saignes, V. Cereceda y T. Platt, pp. 133-230. HISBOL, La Paz.

Cross, D.
2025 El jardín en los tapices coloniales de los siglos XVII y XVIII. En *Contactos. Textiles coloniales de los Andes*, pp. 144-153. Museo Chileno de Arte Precolombino, Santiago.

Cruz de Amenábar, Isabel
2018 Flores y sacralidad en la pintura virreinal surandina. Transferencias simbólicas y naturales europeo-americanas en Flores Sagradas en la pintura. En *Colección Joaquín Gandarillas Infante*, pp. 4-31. Pontificia Universidad Católica de Chile, Santiago.

Cummins, Tom
2002 *Brindis con el Inca. La abstracción andina y las imágenes de los queros*. Fondo Editorial Universidad Nacional Mayor de San Marcos, Lima.

Curatola Petrocchi, Marco, Michaud, Cécile, Pillsbury, Joanne y Trever, Lisa (eds.)
2020 *El arte antes de la historia. Para una historia del arte andino antiguo*. Fondo Editorial PUCP y University of California Humanities Research Institute, Lima.

Chevalier, J. y Gheerbrant, A.
1986 *Diccionario de los símbolos*. Editorial Herber.

De la Plaza Escudero, L.
2022 *Diccionario visual de Términos de Arte*. Grandes Temas Cátedra.

Dueñas-Huanca, G. et al.
2022 Estudio etnobotánico de plantas útiles en la comunidad campesina de Acopia, Acomayo, Cusco. *GENTRYANA*, 1(1): 1-21.

Flores Ochoa, Jorge A, Kuon, Elisabeth y Samanez Argumedo, Roberto
1998 *Qeros. Arte inka en vasos ceremoniales*. Editorial del Banco de Crédito del Perú, Lima.

González Holguín, Diego
1608[2007] *Vocabulario de la lengua general de todo el Perú llamada lengua qquichua o del Inca (presentación Amos Becker Batto, prólogo de R. Porras Barrenechea)* (2ª ed.). Edición digital Universidad Nacional Mayor de San Marcos.

Iriarte, Isabela
1993 Las túnicas incas en la pintura colonial. En *Mito y simbolismo en los Andes. La figura y la palabra*, compilado por H. Urbano. pp. 53-85. CBC, Cuzco.

Mannheim, Bruce
1999 Hacia una mitografía andina. En *Tradición oral andina y amazónica: métodos de análisis e interpretaciones de textos*, editado por Juan Carlos Godenzzi, pp. 57-96. CBC-PROEIB-ANDES.

Mujica Pinilla, Ramón
2003. Arte e identidad: las raíces culturales del barroco peruano. En *El Barroco peruano*, tomo 1, pp.1- 58. Banco de Crédito del Perú.

Mulvany, Eleonora
2005 La flor en el ciclo ritual incaico. *Boletín de Arqueología PUCP*, Nº, 9: 373-386.

Mulvany, Eleonora
2004 Motivos de flores en keros coloniales: imagen y significado. *Chungara. Revista de Antropología chilena*, 36(2): 407-419.

Otárola Alvarado, C. A.
1995 *Qeros decorados del Qosqo*. Municipalidad del Qosqo.

Parasole Catanea, Isabella
1616 *Diseño de encaje festoneado*. Colección de la Real Academia de Bellas Artes de San Fernando (Madrid, España).
Link:https://www.academiacolecciones.com/buscador.php?q=+parasole%20+catanea&cat=estampas

Pillsbury, Joanne
2020 El uncu inca: tradición y transformación. En *Arte Imperial Inca. Sus orígenes y transformaciones desde la conquista a la independencia*, pp. 101-131. Banco de Crédito del Perú.

Phipps, Elena
2025 Un manto de mujer de la era colonial: el Mundo y sus redes globales. En *Contactos. Textiles coloniales de los Andes*, pp.130-140. Museo Chileno de Arte Precolombino.

Phipps, Elena
2005 Rasgos de nobleza: los uncus virreinales y sus modelos incaicos en el Barroco peruano. En *Los incas, reyes del Perú*, pp. 67-91. Banco de Crédito del Perú, Lima.

Porras Barrenechea, Raúl
1992 *Antología del Cuzco con fotografías de Martín Chambi*. Fundación M.J Bustamante de la Fuente.

Rowe, John H.
2003 *Los Incas del Cuzco siglos XVI-XVII-XVIII*. Instituto Nacional de Cultura-Región Cusco, Cusco.

Santisteban-Delgado, Nathalie
2024 El diseño textil y vestimentario tradicional de las localidades de Canchis (Cuzco, Perú). En *IX Jornadas Internacionales de Textiles Precolombinos Amerindiano,* pp. 463-478. University of Nebraska-Lincoln Libraries, Nebraska.

Santisteban-Delgado, Nathalie
2023 Los bordados de la indumentaria indígena andina tradicional de Canchis. En *Tejiendo imágenes. Homenaje a Victòria Solanilla Demestre*, compilado por Catalina Simmonds y Marina Vals, pp. 346-358. University of Nebraska-Lincoln Libraries, Nebraska.

Santisteban-D., Nathalie
2021 El bordado *maquinasqa* de Cuzco. En *Libro de Actas III Coloquio de Investigadores en Textil y Moda. Enseñar y aprender la transmisión del*

conocimiento en la moda y el textil, pp. 69-76). Fundación Historia del Diseño - Centre de Documentació i Museu Textil, Terrassa.

Tauro, Alberto
1988 *Enciclopedia Ilustrada del Perú, tomo 4*. Peisa, Lima.

Sociedad Protectora de la Naturaleza Cusco
2017 *Guía Jardín Botánico de Flora Nativa - Cusco Plaza San Francisco*. Gobierno Municipal del Cusco - Gerencia de Medio Ambiente.

Tupayachi Herrera, A.
1992 *Catálogo de nombres comunes y científicos por familias y órdenes. Cuadernillo Nº 01*. Facultad de Ciencias Biológicas y Geografía. Universidad Nacional de San Antonio Abad del Cusco.

https://publications.menil.org/enchanted/to-know-the-andes/pierre-verger-in-the-andes/index_locale=es.html

https://www.cultura.gob.es/museodeamerica/coleccion/america-prehispanica/uncu-inca.html

https://www.metmuseum.org/art/collection/search/320054

https://museopedrodeosma.org/colecciones

https://publications.menil.org/enchanted/to-know-the-andes/pierre-verger-in-the-andes/index_locale=es.html

https://arcav1.uniandes.edu.co/artworks/4199

https://arca.uniandes.edu.co/obras/541

7

Ideas y materialidades que viajan. Las cabezas como contenedoras de poder en las sociedades Malagana, Nazca y Huari

Catalina Simmonds

Investigación temática Malagana
Grup d´Estudis Precolombins-GEP
simmonnetta@yahoo.fr

Sonia Blanco

Investigación temática Malagana
Instituto para la Investigación y la Preservación del Patrimonio Cultural y Natural del Valle del Cauca- INCIVA.
Grup d´Estudis Precolombins-GEP
arqueologiacali@inciva.gov.co

Marisa Sánchez

Investigación temática Nazca, Huari
Grup d´Estudis Precolombins-GEP
msanchezdavid@yahoo.es

Resumen

Un cuenco en cerámica perteneciente a la sociedad Malagana (800 a. C. - 600 d. C.), - Suroccidente de Colombia - y cuya descripción es el de ser un contenedor con cabezas antropomorfas circundantes, adheridas a su contorno, quizá esté vinculado a los aspectos conceptuales e ideológicos que encarna en las sociedades Nazca (s. I - VII d. C.) y Nazca-Huari (500 - 700 d. C.) el culto a las cabezas-trofeo; de ser así, se puede presuponer en estas sociedades distintas, un

Publicado en *Actas seleccionadas del SIMPOSIO ARTE 4.2: Migraciones en la imagen prehispánica: transitando territorios del pasado al presente. 58º Congreso Internacional de Americanistas, Novi Sad, Serbia, 2025*. Victória Solanilla Demestre y Annabel Villalonga Gordaliza, editoras. Zea Books, Lincoln, Nebraska. 2026. https://doi.org/10.32873/unl.dc.zea.1600

uso ritual asociado al concepto de la cabeza como materialización de formas de poder. Respecto a esta noción compartida, presente en el sustrato prehispánico, la existencia de expresiones culturales presupone que el "uso" de la cabeza como elemento iconográfico, desde su aspecto orgánico, sería al mismo tiempo un elemento "transmisor" de creencias, que viajarían junto al peregrinaje de ideas. Este peregrinaje de "conceptos" va intrínsecamente ligado a un intercambio de bienes, práctica fundamental en la construcción de una base social. De estos conceptos elaborados en paisajes y cronologías distintas, dialoga esta propuesta analítica y comparativa.

Palabras clave: Cabezas, poder, Contexto arqueológico, soportes, simbología y significado

Abstract

A ceramic bowl, belonging to the Malagana society (800 B.C.–600 A.D.) from southwestern Colombia, is described as a container with anthropomorphic heads surrounding and attached to its contour. It may be linked to the conceptual and ideological aspects embodied in the Nazca (1st–7th centuries A.D.) and Nazca-Huari (500–700 A.D.) societies through the cult of trophy heads. If so, one could assume that in these different societies there was a ritual use associated with the concept of the head as the materialization of forms of power, which in turn had an impact on identity. Regarding this shared notion present in the pre-Hispanic substratum, the existence of cultural expressions suggests that the "use" of the head as an iconographic element, from its organic aspect, would also function as a "transmitter" of beliefs, traveling alongside the pilgrimage of ideas. This pilgrimage of "concepts" is intrinsically tied to the exchange of goods, a fundamental practice in the construction of a social foundation. This analytical and comparative proposal engages with these concepts, elaborated within different landscapes, materialities, and chronologies.

Keywords: Heads, power, archaeological context, supports, symbolism and meaning

doi: 10.32873/unl.dc.zea.1607

Consideraciones preliminares

El propósito de esta investigación se enmarca en el Simposio "Migraciones en la imagen prehispánica: transitando territorios del pasado al presente", organizado por el Grup d´Estudis Precolombins-GEP para el 58 ICA y por tanto es, ante todo, un análisis comparativo-iconográfico en el que se yuxtaponen dos realidades arqueológicas lejanas y distintas: la sociedad Malagana (para el caso de la arqueología de Colombia) y las sociedades Nazca y la transición Nazca – Huari, conocida como el periodo cultural Huarpa (para la arqueología del Perú), en las que sin embargo, encontramos conceptos comunes. Este hecho permite reafirmar la capacidad de migrar de la imagen precolombina, y de cómo materializada en el concepto de *la cabeza como contenedora de poder,* se encuentra en: los cráneos deformados, máscaras, cerámicas y orfebrería en lo Malagana, o como: cabezas trofeo, textiles y ceramios en lo Nazca y Huari. Por tanto, nuestra intención por medio de este artículo no es el adentrarnos en estas culturas y sus particularidades y pertenencias que las definen, sino en encontrar en ellas analogías.

Malagana: rostros-máscaras y cabezas imbuidos de chamanismo

La denominación del período Malagana o "Temprano", se agenció a inicios de la década de los 90 del siglo XX, cuando de manera fortuita ocurrió el descubrimiento en el del sitio arqueológico de Malagana, localizado en el corregimiento de El Bolo San Isidro-Palmira, Valle del Cauca, en el Suroccidente de Colombia. Este hallazgo transformó significativamente el panorama cronológico y cultural prehispánico de la región, en virtud de la gran cantidad de piezas arqueológicas elaboradas en cerámica y rocas con motivos zoomorfos, antropomorfos y fitomorfos y de objetos de oro de alta calidad, provenientes generalmente de contextos funerarios excavados de forma clandestina, cuya filiación cultural inicialmente se vinculó con los períodos Ilama y Yotoco característicos de la región circunvecina Calima, los cuales se ubicaban cronológicamente entre el 300 a.C. y el 300 d.C.

Una vez controladas las intervenciones ilegítimas del sitio Malagana, algunos investigadores lograron la excavación arqueológica de sectores poco alterados que fundamentalmente, correspondieron a recintos fúnebres, sitios rituales, viviendas y adecuaciones agrícolas prehispánicas, las cuales arrojaron información relevante para los primeros grupos agro-alfareros y orfebres, que habitaron el sur del valle geográfico del río Cauca (Herrera, et al, 1994; Herrera, et al, 2002); Giraldo, 2016, Rodríguez et al, 1993; Archila, 1996; Bray et al, 1998; Cardale, et al, 1999; Bray, et al 2005).

Posteriormente, fue posible la excavación sistemática de varias necrópolis asentadas en una antigua terraza de Palmira, con cronologías similares a Malagana: Coronado Blanco et al., 1999; Cabal, 2006; Rodríguez et al, 2007; Herrera et al., 2007), Santa Bárbara Blanco, 2001; Blanco y González, 2002; Blanco et al., 2007), Estadio Deportivo Cali (Blanco, et al, 2003; Blanco, et al, 2004; Blanco, et al, 2007; Rodríguez, et al, 2007), El Sembrador (Blanco, et al, 2005; Blanco, et al, 2007: 73-74) y Altamira en Palmira (Blanco, 2009; López, 2009) y La Cristalina en El Cerrito ((Rodríguez et al, 2005; 2007). Estos trabajos han permitido la ampliación del rango cronológico del período "Temprano" (800 a.C. al 600 d.C.), establecer nuevos postulados en torno a condiciones de vida y prácticas funerarias (Rodríguez, et al, 2020), así como el replanteamiento de procesos de poblamiento y dispersión geográfica de las evidencias, la generación de modelos explicativos del cambio social y de redes de intercambio, entre otros (Blanco, 2012; Giraldo 2016; Rodríguez, et al, 2015 y Rodríguez, et al, 2020).

Nazca y Nazca-Huari: Evidencias y supuestos acerca de las cabezas trofeo en Perú

El término "cabezas trofeo" fue utilizado por primera vez por Max Uhle en 1901, quien consideraba la representación de cabezas cortadas en el arte del antiguo Perú como correspondiente a trofeos de guerra. Uhle vio una similitud con las cabezas reducidas de los Jívaro de las tierras bajas del Ecuador, en su modo de preparación, aunque las cabezas en el antiguo Perú nunca fueron reducidas. La semejanza está en el uso de espinas para cerrar los ojos y la boca y el cordón transportador que emerge de un pequeño orificio horadado en la frente.

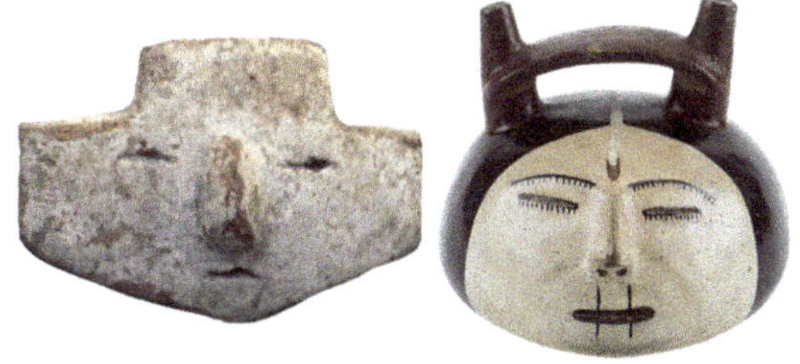

Fig. 1. A la izquierda cabeza cerámica que hace parte de una serie de estas representaciones, que circunden un cuenco Malagana perteneciente a la Colección Museo del Oro-Banco de la Republica. A la derecha: botella de asa-puente Nazca, con representación de una cabeza-trofeo cercenada. Esta pieza cerámica presenta la boca del personaje sellada con espinas de huarango – género Prosopis pallida – o algarrobo, una leguminosa arbórea de la familia Fabaceae. Museo de las Culturas del Mundo, Barcelona. Foto de Jordi Puig.

La cerámica Nazca incluye representaciones de cabezas trofeo, que son cabezas humanas reducidas, tratadas y utilizadas como objetos rituales o como símbolos de estatus. Las cabezas eran elaboradas extrayendo el cerebro y cosiendo la boca con espinas de cactus. Generalmente se perforaba la frente a la altura del foramen magno con el fin de pasar una cuerda y poder colgarlas, bien de la cintura del guerrero o en algún lugar ceremonia. Estas representaciones se han encontrado en contextos arqueológicos y en gran cantidad de botellas cerámicas Nazca, como la que aquí mostramos, cuya iconografía revela su gran importancia.

La primera constancia de estos descubrimientos fue efectuada por Julio C. Tello en 1915 mientras realizaba un "tour arqueológico" por el sur del Perú. Tello encontró un cráneo con perforaciones en el centro y en su frente, en un cementerio localizado en Chaviña, en el valle de Acarí, y otra en la Hacienda Majoro. En enero de 1916 encontró, en el cementerio de Las Salinas de Coyungo, en el valle de Nazca, una cabeza-trofeo completa momificada, sostenida mediante una soga y con los ojos rellenos de algodón.

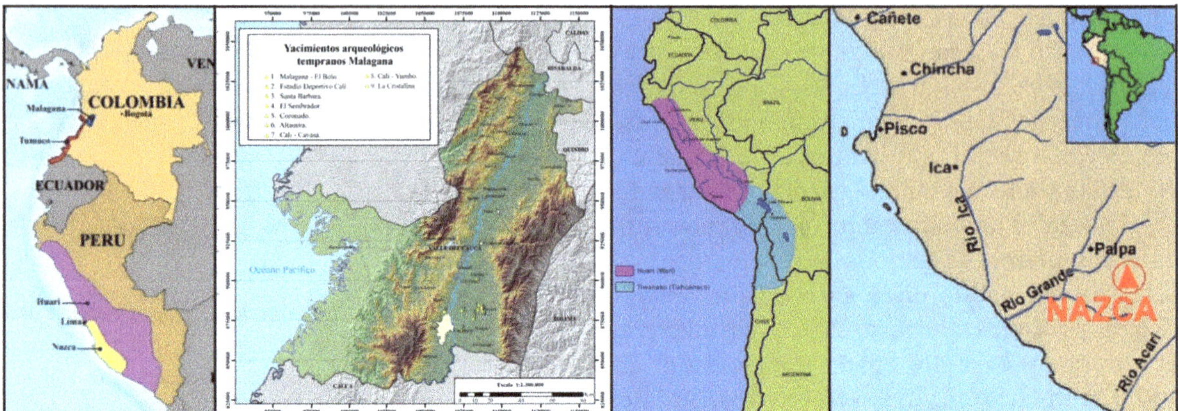

Fig. 2. Mapas geográficos: izquierda regiones arqueológicas de Malagana, Nazca y Huari, seguido por el departamento colombiano del Valle del Cauca. En la imagen central, la zona costeña peruana, con los principales ríos y a la derecha las zonas de influencia Huari en la costa sur peruana.

Más tarde, dos ejemplares momificados fueron hallados en un cementerio de la Hacienda Jumana. En 1918, Julio César Tello popularizó la interpretación de estas cabezas en su trabajo "El uso de cabezas humanas artificialmente momificadas y su representación en el arte peruano antiguo". Desde la monografía de Tello, las cabezas trofeo Nazca continúan siendo interpretadas como trofeos de guerra que proporcionan "poder espiritual" y también como elementos de un culto cíclico de regeneración de la vida. En 1972, Vera Coehlo Penteado analizó diversos aspectos de estas cabezas y comentó que fueran llamadas "cabezas rituales", argumentando una función ritual y ceremonial en la sociedad Nazca.

Podemos conducir diferentes puntos de vista sobre el tema. Proulx (1989, 2001) cree que las cabezas-trofeo Nazca fueron obtenidas durante tiempos de guerra como resultado de una expansión territorial, y como mucho, son las cabezas de enemigos combatientes. Las cabezas no fueron tomadas en batallas rituales entre el pueblo Nazca (semejante al asesinato ritual de los Jívaros o a la "batalla de flores" de los Aztecas). Las cabezas pueden haber tenido una función menor como trofeos como consecuencia de una batalla exitosa, pero existe el mismo propósito para obtener estas cabezas de las víctimas de guerra como parte de un ritual natural.

Surgen dos posibilidades como explicación a esta conducta ritual:

a) Estas cabezas pueden haber sido cuidadosamente preparadas y cosidos sus labios para prevenir que el espíritu del muerto dañara al que provocó su muerte.
b) O tal vez el propósito habría tenido lugar como ofrenda a los dioses, colocándolas en escondites rituales, con ceremonias que tendrían lugar en tiempos del entierro.

Malagana, Nazca y Huari. Ecosistemas diferentes e ideas comunes

La Sociedad jerarquizada Malagana habitó desde el 800 a.C. hasta el 600 d.C. en el sur del valle geográfico del río Cauca, el cual corresponde a una planicie aluvial confinada entre las cordilleras andinas Central y Occidental, en el Suroccidente de la actual Colombia, en el departamento del Valle del Cauca. Correspondiendo con los municipios de Palmira y El Cerrito, con un relieve constituido por formas planas y semiplanas con alturas entre 900 y 1.000 msnm, esta geografía se caracterizó por cambios climáticos que propiciaron un ambiente lacustre y por zonas pantanosas poco drenadas (Botero, et al, 2007: 27-44). Probablemente sus viviendas se correspondieron con este tipo de representación cerámica como la indicada en la imagen (ver: Fig. 3)

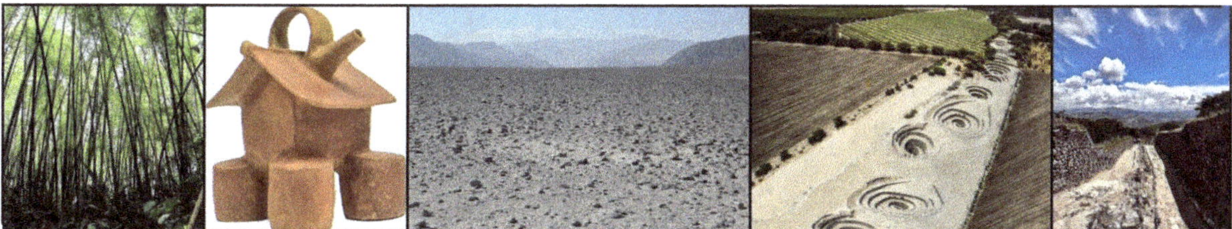

Fig. 3. Imagen izquierda: paisaje característico del Bosque Seco Tropical (BST) representado por humedales, en el que habitó la sociedad Malagana, supeditándola a construir viviendas sobre palafitos[1]. En contraste los Nazca se enfrentaron a ecosistemas áridos, como se observa en la imagen de la derecha correspondiente a un paisaje desértico costeño[2]. A continuación, sistema de canalización por acueductos subterráneos provenientes de Cerro Blanco (Cantalloc), y a su derecha una vista del paisaje que circunda la ciudad de Huari, Ayacucho, Perú[3].

1. Alcarraza en cerámica representando probablemente un sitio de habitación o construcción sobre palafitos. Colección INCIVA, expuesta en el Museo Arqueológico de Palmira MAP-INCIVA.
2. Paisaje del valle de Nazca, transformado en zona agrícola, en donde los Nazca construyeron un gran proyecto hidráulico que recogía el agua proveniente de Cerro Blanco, en la montaña, mediante un sistema de canalización por acueductos subterráneos. Estos acueductos todavía son utilizados por los campesinos para regar sus campos de cultivo.
3. Imagen de Instagram (Foto 2) https://www.instagram.com/p/CrH7UP5sC7N/?img_index=2

En cuanto a Nazca, es una cultura arqueológica del Antiguo Perú que se desarrolló en la costa sur, en la actual Región Ica, que comprende los valles de Chincha, Pisco, Ica, Río Grande y sus tributarios (Nazca, Palpa, El Ingenio), hasta el valle de Acarí, en la Región Arequipa; estos valles atraviesan una zona costera desértica. Su territorio llegó a abarcar desde Chincha por el norte, hasta Arequipa por el sur. La cultura Nazca se desarrolló alrededor del siglo I y entró en decadencia en el siglo VII de nuestra era. Su centro político-administrativo estaba ubicado en Cahuachi, en el margen izquierdo del río Grande, en la actual provincia de Nazca. A partir del siglo VI d. C., su influencia llegó hasta las zonas altas de Ayacucho, contacto que fue especialmente importante en la formación de la cultura Huari. A este período transicional se le denomina Huarpa. La geografía de Nazca se caracteriza por un terreno desértico con valles y ríos, destacando la Pampa de San José, donde se encuentran las famosas Líneas de Nazca. La ciudad de Nazca se encuentra en la margen derecha del río Aja, un afluente del río Grande, a una altitud de 520 msnm sobre el nivel del mar.

Ahora bien, se considera que las sociedades Malagana y Nazca, se caracterizaban por formas sociales complejas con la existencia de especialistas, lo cual se refleja para el caso de los Malagana, en el acondicionamiento de terrenos anegadizos a través de rellenos y la construcción de plataformas y diques, con el probable uso de viviendas palafito (ver: Fig. 3) alcarraza Fundación Cultura Malagana y a los Nazca, a transformar el valle epónimo en zona agrícola, en donde construyeron un gran proyecto hidráulico que recogía el agua proveniente de Cerro Blanco, en la montaña, mediante un sistema de canalización por acueductos subterráneos (ver: Fig. 3). Estos acueductos todavía son utilizados por los campesinos en la actualidad para regar sus campos de cultivo.

Malagana, Nazca y Huari. Ideas y materialidades que viajan. Conceptos iconográficos

Los objetos prehispánicos aquí presentados a través del análisis de siete temas que tienen como hilo conductor la noción de “cabeza antropomorfa”, conllevan a presuponer que esta morfología hizo parte de una noción primigenia común. De ser así, representada en ideas y materialidades que traspasaron los límites de sus orígenes, la cabeza se vinculó con sus propias formas sociales, incidiendo en lo

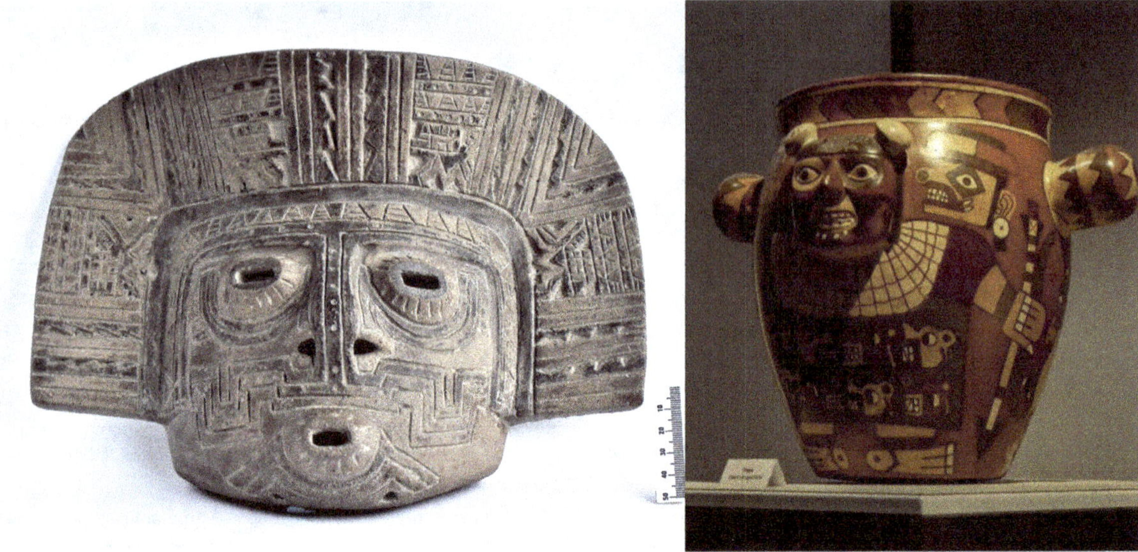

Fig. 4. A la izquierda: máscara en cerámica antropomorfa probablemente de uso chamánico por los Malagana, que hacía parte del ajuar funerario de la Tumba 47 del cementerio de Coronado. Colección INCIVA[4]. En cuanto a la fotografía de la derecha, una cerámica de la cultura Huari, que corresponde a una urna de filiación estilística Huari, con representación de un personaje portando un arma. Nótese la presencia de una cabeza-trofeo y un ser sobrenatural. Museo Regional de Ica, Perú.

4. Exhibida en el Museo Arqueológico Calima MAC- INCIVA

identitario. En cuyo caso, conceptualmente imbricada en la propia materialidad del objeto óseo, cerámico, orfebre, textil entre otros, su función como contenedor o recipiente, se encuentra presente en el sustrato de las sociedades analizadas en este trabajo. En cuanto a su "uso" iconográfico y su carácter mágico-religioso o espiritual, habría fundamentado la elaboración de ideologías propias de cada una de estas culturas, que, a manera de nexos, se constituyeron en elementos "transmisores" de creencias que viajarían junto al peregrinaje de ideas.

Análisis temático

Tema 1: las cabezas como objetos con uso de poder.

En una máscara Malagana en cerámica y detalle del alero, en el que se puede observar dos módulos que contienen formas zoomorfas coincidentes con un eje central, su probable narrativa mítica inscrita de manera física y conceptual, concede significado al objeto y por ende a su portador, quien encarnaría en trances chamánicos dichas iconografías posicionándolas sobre su cabeza. Gestualidad vinculada a formas sociales determinadas como las que encarna el chamanismo, el ser líder o los ancestros. Entendido el poder como una forma fundamental en y para el orden social, el uso específico de este objeto, conlleva necesariamente a tener en cuenta, el trascendental simbolismo que tuvo para la sociedad Malagana, la cabeza imbuida en su representación, permitiendo quizá a un individuo asumir unas determinadas características y funciones como la práctica del chamanismo. Este uso del poder concretado en este caso en cerámica -o en orfebrería y o en roca-, habría trascendido en el contexto de la muerte, como ajuar funerario. En referencia a los Nazcas y Huari si bien sus ritualidades fueron expresadas de manera muy distinta a los Malagana, la cabeza como objetos con uso de poder, se materializa de la misma manera, es decir, a través de la propia representación que es objetual y soporte de la identidad del mito, la creencia y la cosmovisión.

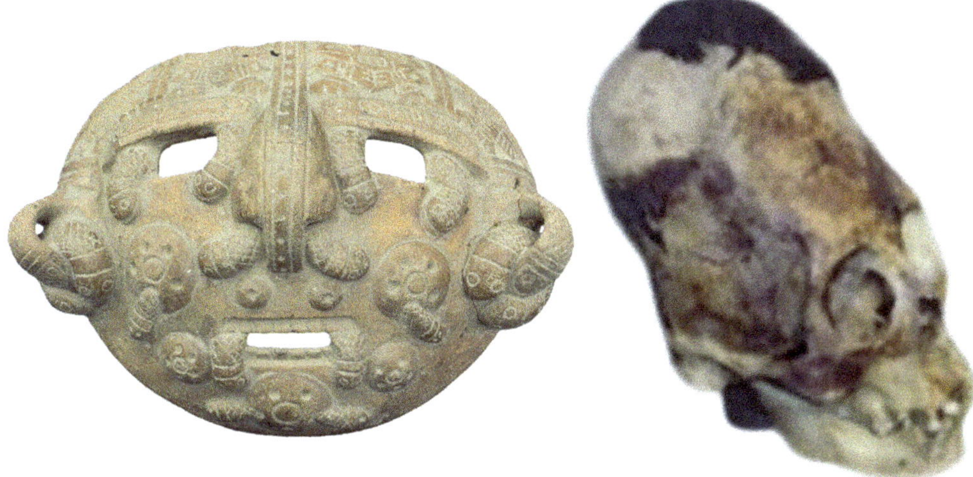

Fig. 5. A la izquierda máscara antropomorfa Malagana elaborada en cerámica. Colección Fundación Cultura Malagana. A la derecha cráneo perteneciente a la cultura Nazca, en la que se puede apreciar deformación craneal tabular o tabuliforme. Museo Antonini, Nazca, Perú.

> "La decoración de las máscaras de Coronado (Palmira, Valle del Cauca) (Rodríguez et ál., 2007) parece reflejar el estado de trance de los chamanes después de ingerir sustancias alucinógenas, con la boca y los ojos pequeños y arrugados por las "pintas" que observan [...]. Una corona que expresa el aura y el poder del chamán remata la parte superior del rostro [...]".
>
> Rodríguez, J.V. 2011, 173

Tema 2: Ideas y materialidades que viajan. las cabezas como contenedoras de poder en las sociedades Malagana y Nazca

Teniendo presente el concepto de encarnar una actividad, jerarquía o estado por medio del porte de una máscara, esta pieza Malagana que hizo parte de un ajuar funerario (ver: Fig. 5), está provista de una expresiva iconografía, que, de tratarse de la muerte, este objeto a pesar de representar solo el rostro, en realidad se correspondería con el estado de transformación que habría acontecido a la cabeza de un individuo en el estado natural de su fallecimiento. De tal manera que se puede presuponer que, en su figuración, esta máscara asume no solo los procesos físicos como la putrefacción, sino todos aquellos que vehicula el mundo funerario como son las creencias. Contenedora por lo tanto de esta ritualidad materializada en su epidermis cerámica y en sus motivos, la cabeza simbólica implícita en esta forma cerámica, es en realidad una materialización de poder. En cuanto a sus significantes, los motivos interpretados como serpientes por el biólogo Raúl Ríos, necesariamente pertenecen a las ideas y conceptos que comparten muchas de las distintas cosmogonías prehispánicas como la Nazca. Respecto a estas nociones comunes expresadas en las materialidades Malagana, Nazca y Huari, probablemente se correspondieron con la percepción del poder que emana de la acción de intervenir la cabeza humana, haciendo de esta un contenedor de nuevas informaciones, identidades y creencias; es el caso de la acción de presionar el cráneo del infante con deformadores, como en la Fig. 8, en la que la protuberancia cerámica del deformador encaja en el occipital con el fin de crear la elongación del cráneo en la gente Malagana o de sellar los labios por medio de espinas, en los Nazca (ver: Fig. 1),

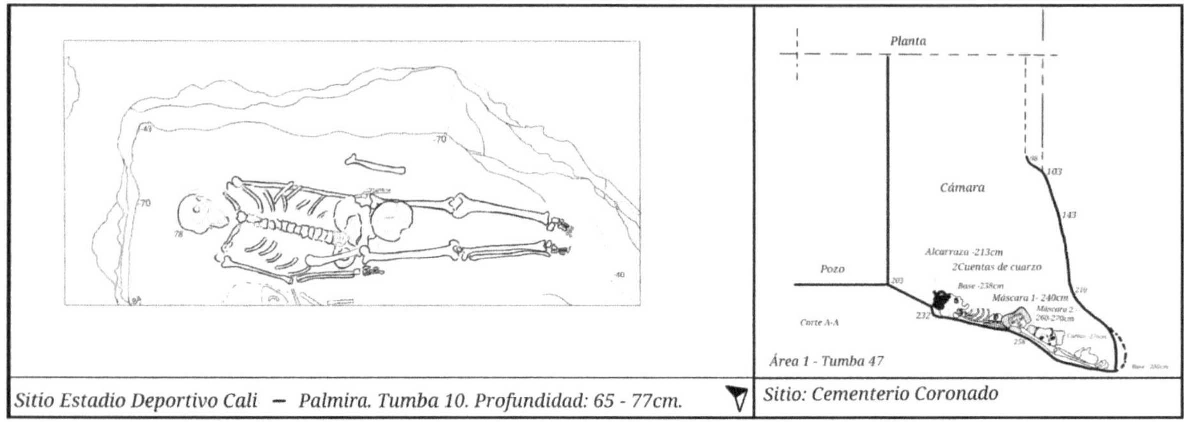

Fig. 6. Planta y corte de dos contextos fúnebres Malagana excavados en el Cementerio de Coronado[5], que dan testimonio de la intención ritual de esta sociedad, así como de su identidad física, en tanto la mayoría de la población inhumada en este cementerio, presenta deformación craneal.

5. El cual se encuentra en un antiguo aterrazamiento.

Tema 3: La cabeza elemento básico conceptual en el transcurso de expansión de una ideología.

Como un elemento integrador que da como resultado la pertenencia a un determinado grupo social, así como producto simbólico de sentido identitario, la cabeza representa tanto en las costumbres funerarias, como en el ser intervenida, una expresión del pensamiento amerindio

3.1: Los cuerpos y su disposición

El estudio de las osamentas y cultura material de los Malagana, constructores de estructuras de tierra y de cementerios (ver: Fig. 6), ha permitido concluir que esta gente como muchos de otros pueblos prehispánicos, proporcionaron una intención especial a sus inhumaciones, entierros primarios y secundarios. En este contexto de lo funerario, un entierro dual excavado en el sitio del actual Estadio del Deportivo Cali, (Tumba No. 10)[1] en el que, uno de los esqueletos perteneciente a un hombre entre 40-45 años, de acompañado por una joven cuyo cuerpo estaba desarticulado, yacía en posición de decúbito dorsal extendido, orientado hacia el SW, con el cráneo entre sus piernas, permite reflexionar sobre el concepto de pertenencia y por tanto de identidad que otorgaría en la muerte, una disposición particular de la cabeza; la cual además presentaba como otras inhumaciones Malagana, deformación cefálica muy acentuada. A pesar de ser uno de los únicos ejemplos contextualizados, no se descarta en el sitio de Malagana otros enterramientos de este tipo, puesto que la investigación arqueológica, intervino solo un año después del saqueo por parte de la huaquearía[2].

En cuanto a los cuerpos y su disposición en este mundo funerario Malagana, en el que se ha podido comprobar la presencia de sectores con inhumaciones, en los que están ausentes las cabezas, y en los que estos cuerpos habrían sido expuestos al fuego, designando una serie de creencias determinadas, el caso de la Tumba 47[3], del cementerio de Coronado, permite enfatizar la asignación de simbolismos vinculados al concepto de la muerte y la disposición de los

1. Fig. 6. Imagen de la izquierda.

2. Algunos relatos de los huaqueros ratifican la presencia de cráneos inhumados desarticulados del resto del esqueleto y dispuestos en algunos sectores específicos del cementerio del sitio de Malagana.

3. Ver: Fig. 6. Imagen de la derecha.

cuerpos, por parte de estos pueblos. Es así que probablemente este enterramiento se corresponde con un chamán, en el que se observa cierto grado de inclinación, del que el investigador J.V. Rodríguez (2007, p.91) refiere que: "la se colocaba unos 10-50 cm. por encima de los pies, inclusive hasta asumir una posición casi sedente [...], con la intención de colocar la cabeza hacia el astro solar para recibir su efecto fertilizador". En cuanto a esta ritualidad vinculante que conlleva necesariamente a tener en cuenta la cosmovisión andina, sugiere el que la cabeza como elemento básico conceptual, tendría una función fundamental en la construcción de ideologías y la expansión de las mismas, a lo largo del territorio americano. Cronológica y geográficamente distante de los andes peruanos, podemos pensar que la sociedad Malagana compartió con algunas sociedades andinas, pautas funerarias comunes, como esta probable noción fertilizadora del sol y la de hacer una diferenciación ritual y jerárquica en sus cementerios.

Respecto a estas costumbres funerarias podemos evidenciar como también se materializaron en los Nazcas, en cuyas inhumaciones y ajuares se denota también el rango, la jerarquía, las creencias y el espacio sagrado. Expresada de manera diferente, estas sociedades comparten sin embargo la función de una iconografía simbólica, que se manifestó en torno a la representación corpórea.

3.2. La deformación craneal intencional

> "La deformación craneal intencional fue una práctica médico- transcultural muy común entre las poblaciones aborígenes prehispánicas tanto de Mesoamérica, como de Suramérica [...] Tenía propósitos estéticos, mágico-religiosos, de status social y/o de identificación étnica. Desde el punto de vista estético, como parte de los adornos del cuerpo con propósitos sociales, era una modificación del cráneo permanente que tenía una gran significación social (Torres-Rouf 2007)."
>
> Rodríguez, C.A., Pachajoa, H., 2010, p. 25

La cabeza entendida como un elemento de pertenencia identitaria es un concepto social que implicaría una serie de costumbres y procederes; es el caso del cráneo con deformación intencional fronto-occipital (ver: Fig. 7), correspondiente a la Tumba 33 del cementerio de La Cristalina-El Cerrito (Rodríguez, J.V, Blanco, S., Botero, P. (2005, p. 84), en el que se puede apreciar una práctica cultural que fue evidente en el 70 por ciento de la población estudiada, de más o menos 300 esqueletos del periodo Malagana. Este hecho permite argumentar que el tratamiento de la cabeza conllevaría a una pertenecía étnica y por tanto sería un identificador social (Blanco 2011). En cuanto a esta intención que encontramos en el mundo Malagana, en referencia a las culturas antiguas del Perú como la Nazca, es interesante tener presente que, a pesar de sus diferenciaciones, en ambas sociedades pareciera encontrarse una analogía (ver: Fig. 7).

Tema 4: La deformación craneal como ideología, como integrador, como identitario

Referente a este tema cuatro, y como su nombre lo indica, la práctica de la deformación entendida desde su función de integrar y formar identidades, involucra en los Malagana la permanencia en sus técnicas. Es así que los deformadores -o tablillas- encontrados en sus contextos funerarios, evidencian esta intencionalidad en la que se preservaba no solo la materialidad de un cráneo, sino una ideología. Proceso que la arqueología registra entre el siglo I d.C. hasta la Colonia, en sociedades del Suroccidente de Colombia. Este proceder conlleva a una reflexión en torno al propio concepto de intervenir el cuerpo y en cómo estas prácticas se desarrollaron en la cultura Nazca, cuya cerámica incluye representaciones de cabezas trofeo, que, reducidas, tratadas y utilizadas, fueron objetos rituales o símbolos de estatus (ver: Fig. 8).

Los antiguos peruanos practicaban, así como otros pueblos de América, el culto de las "cabezas-trofeos": realizaban craneotomías póstumas para fines de momificación. Julio C. Tello

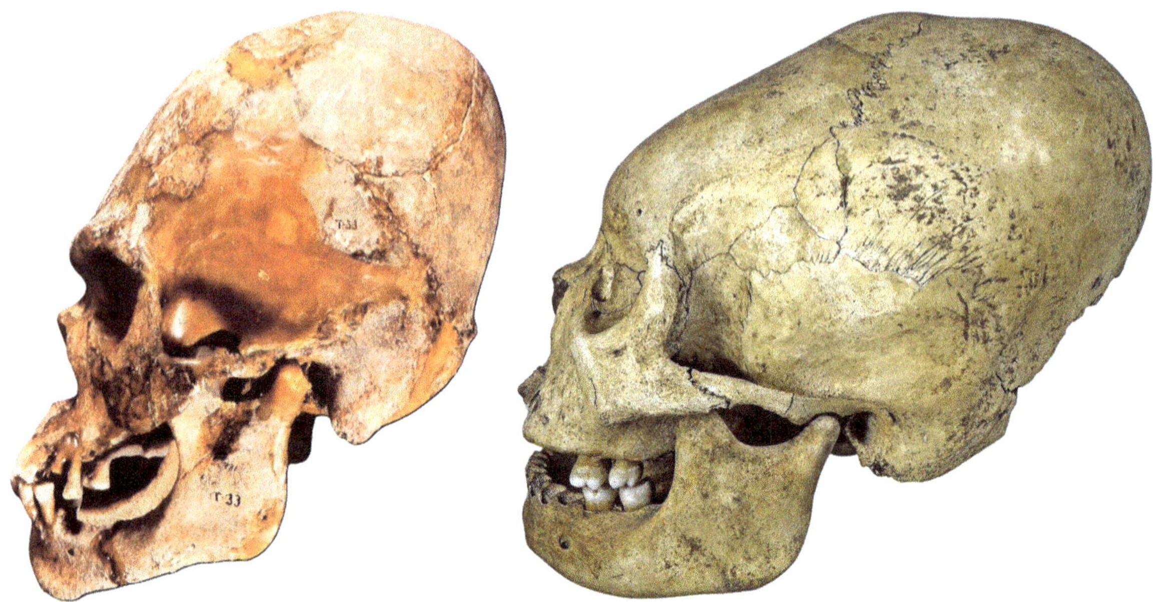

Fig. 7. A la izquierda en vista lateral, un cráneo Malagana con deformación fronto-occipital tabular erecta, proveniente de la tumba 33 del cementerio La Cristalina-El Cerrito y que posiblemente corresponde a un chamán. Colección INCIVA-UN. A la derecha, en vista lateral izquierda el cráneo de un individuo Nazca con deformación alargada, conocida como tabuliforme o tabular.

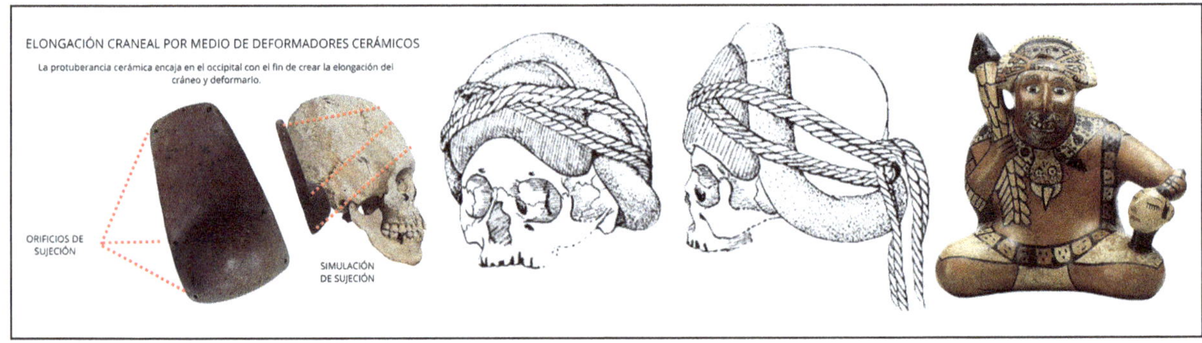

Fig. 8. A la izquierda se puede apreciar una tablilla deformadora[6] Colección Museo Arqueológico Julio Cesar Cubillos y su probable uso por parte de la sociedad Malagana, que habría dispuesto la protuberancia contra el occipital de la cabeza, provocando su elongación, determinando así un símbolo de identidad. En el centro, una imagen recrea el uso de una almohadilla frontal por parte de los Nazca (Weiss, P. 1961, 180). A la derecha, una cerámica Nazca de un guerrero agarrando con su mano derecha una cabeza trofeo, materializa la idea o el concepto de estatus antes citado.

6. Así como sus orificios de sujeción.

dejó bien estudiado el tema de las "cabezas-trofeos" en un trabajo monográfico "sobre la momificación de las cabezas humanas, y su uso actual por algunas tribus amazónicas" Las cabezas momificadas son un motivo común en el arte precolombino peruano. Estas cabezas eran elaboradas extrayendo el cerebro y cosiendo la boca con espinas de cactus. Generalmente se perforaba la frente a la altura del foramen magno con el fin de pasar una cuerda y poder colgarlas, bien de la cintura del guerrero o en algún lugar ceremonia. Estas representaciones se han encontrado en contextos arqueológicos y en gran cantidad de botellas cerámicas Nazca, como la que aquí mostramos, cuya iconografía revela su gran importancia.

La naturaleza del agrandamiento del *foramen magnun* y la presencia de heridas de sacrificio en el cuero cabelludo se representan con gran detalle en una pieza cerámica Nazca que se encuentra en la colección Amado. El estudio iconográfico de las cabezas trofeo de la colección Amado de la Universidad Nacional Federico Villarreal (UNFV) de Lima, pueden datarse como pertenecientes a la época Nazca Huari (700-800 d.C.). El estudio de estas nos ayuda a entender mejor cómo funcionó el proceso de expansión territorial Huari durante este período en territorio cultural Nazca. Hacia finales del Período Intermedio Temprano, en el área de Ayacucho comenzó a desarrollarse una tradición local de centros urbanos que mantenía relaciones con la cultura Nazca de la costa sur del Perú. Los mecanismos de intercambio entre ambas sociedades favorecieron la asimilación de patrones culturales provenientes de la sierra en la costa sur peruana, produciendo importantes elementos de sincretismo que es preciso analizar.

Los numerosos ejemplos de cabezas-trofeo existentes permiten examinar la técnica empleada en su producción. El examen físico de los especímenes revela que después que la cabeza fuera cortada del cuerpo de la víctima, una porción de la base, incluyendo el *foramen magnum*, así como una porción del hueso occipital, fue rota. La evidencia sugiere que este acto se desarrolló con violencia, con una porra. El cerebro fue removido y se perforó un agujero cerca del centro o de la frente con el fin fe de introducir una soga; finalmente los labios fueron sellados con espinas de madera de *huarango* (algarrobo) (ver: Fig.1). La cavidad entre el cráneo fue rellenada con trapos de algodón en el caso de los especímenes excavados en Chaviña, conteniendo vestigios de materiales vegetales como maíz, maní, pacae, y corteza de cactus. No está claro si estas inclusiones fueron deliberadas o accidentales.

Las órbitas oculares fueron rellenadas con algodón o vaciadas completamente por detrás. Algunas veces se insertó brea o piedras en el lugar de los ojos. Cada uno de los 11 especímenes excavados en Chaviña fueron estudiados mediante análisis de Rayos-X, proveyendo de información más detallada acerca de la preparación de las cabezas.

En relación a esta última imagen (ver: Fig. 8), las descripciones de guerreros son muy comunes, con representaciones de estos sosteniendo cabezas trofeo, o bien vestidos en la batalla con un tablero o cabeza-trofeo encima o debajo de ellos. Existen algunas evidencias que las cabezas eran percibidas como trofeos de guerra para ser tomadas después de una batalla exitosa y se solían colgar del cinturón del guerrero.

Tema 5: Contenedor o recipiente la cabeza: función material física.

La función simbólica y material de la cabeza para la gente Malagana se hace visible en estas dos piezas contenedoras (ver: Fig. 9): una alcarraza antropomorfa cuyo rostro blanquecino se distingue a manera de máscara y un cuenco circundado por cabezas que sobresalen del mismo. En ambos casos el ser contenedoras inciden en su función formal, yuxtaponiendo ambos conceptos: lo antropomorfo y lo cerámico, de tal manera que la interpretación iconográfica necesariamente es vinculante; de ser así, el significado de la cabeza -representada por un rostro diferenciado y protagonista- es concordante con el simbolismo de contener como concepto social y ritual Concebidas como contenedores, las piezas Nazca remiten a la función simbólica y material de la cabeza en su hacer vinculante con la idea de resguardar o contener, que también percibimos en lo Malagana; En cuanto a las cabezas trofeo Nazca, se podría plantear quizá una correspondencia en relación a los Malagana con la caracterización que estos hacen de los rostros-mascara, cuyo antropomorfismo diferenciado de lo corporal, podría haber tenido un significado mítico.

¿A quién corresponden las cabezas trofeo? Coehlo ha sugerido una acción guerrera interétnica, aunque la evidencia arqueológica no es concluyente al respecto. Para los períodos tempranos de Nazca es interesante y confuso, el hecho que las cabezas trofeo se encuentren en contextos estrictamente mítico-religiosos y que pocas de las verdaderas cabezas trofeo del

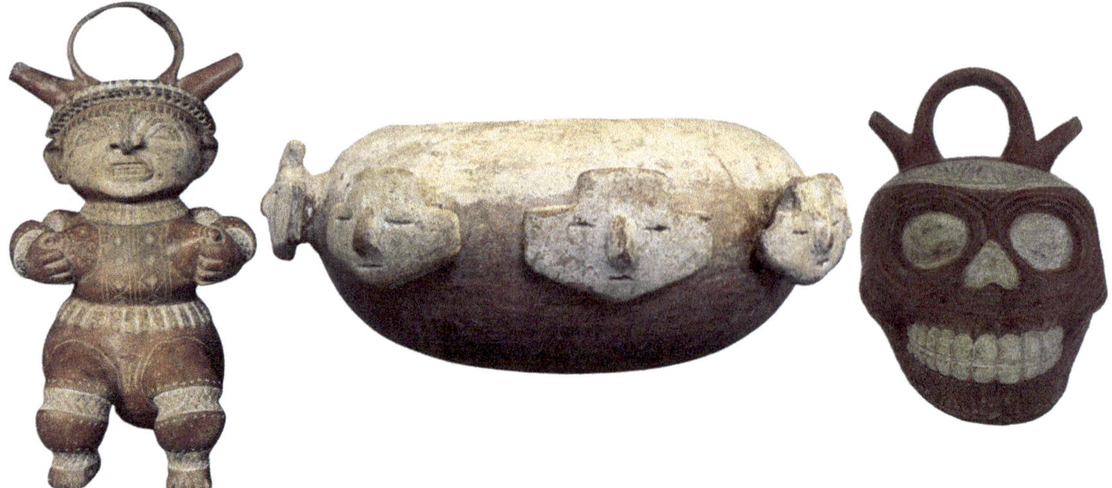

Fig. 9. Imagen de la izquierda: alcarraza antropomorfa -colección particular- en la que se observa una máscara-rostro; a continuación: imagen de un contenedor o recipiente, cuyas cabezas circundantes adquieren una función material física y probablemente simbólica, perteneciente al Museo del Oro- Banco de la República e imagen de la derecha: cráneo antropomorfo conservado en la Fundación Cultura Malagana, en el que se sintetizan las costumbres funerarias y la ritualidad de la alcarraza.

período Nazca 3, corresponden a la formación de un estado que se estableció en sitios intrusivos fortificados (tal vez administrativamente) en los valles de Acarí e Ica.

¿Indica la rareza de las cabezas trofeo Nazca Tempranas y su asociación con temas mítico-religiosos, que fue la religión en lugar de la conquista territorial y la alineación económica de tierras conquistadas el motivo de la expansión Nazca? Resulta casi imposible separar las causas ideológicas de los materiales de guerra. Según Coelho (1972) los datos evidencian un cambio en la actividad de la obtención de las cabezas trofeo entre los tiempos Nazca Temprano y Nazca tardío. En Nazca Temprano la obtención de estas cabezas fue de naturaleza ceremonial. Cabe recordar que la cabeza de los muertos ha sido relacionada con las semillas. De este modo, la muerte representa el inicio del nacimiento de algo nuevo, de un renacimiento vinculado al culto a la fertilidad en Nazca. El nuevo rostro o máscara transformaba al difunto en un ancestro generador de vida.

A partir de Nazca tardío, la actividad se convirtió cada vez más secularizada y común, y corresponde al quebrantamiento del estado territorial dirigido desde Cahuachi y a la desintegración de su hegemonía sobre los diversos valles del área organizados jerárquicamente. El centro ceremonial de Cahuachi ya no era capaz de mantener la paz entre los diferentes grupos que competían entre sí. El poder social efectivo parece haberse concentrado en manos de una pequeña élite. Cahuachi se convirtió en lugar funerario y en un sitio particularmente apropiado para dejar ofrendas. Aunque la cabeza, una vez tomada, fue tratada ritual y ceremonialmente, el derecho de capturar cabezas ya no era exclusivo de la élite sacerdotal.

Toda la actividad tribal de cabezas trofeo documentada en la literatura etnográfica parece estar relacionada con la finalidad de conseguir un status social. En consecuencia, podemos decir que existió en la cultura Nazca una dinámica social y cambios políticos, los cuales se reflejaron en su iconografía y en el tratamiento y actitudes adoptadas en la plasmación de estas cabezas trofeo. En Nazca se preservan la integridad simbólica y la continuidad cultural.

Pero ¿cuál fue el rol de las cabezas-trofeo en la sociedad Nazca? ¿Debemos tomar las cabezas como trofeos de guerra solamente, o bien detrás de estas decapitaciones se encuentra una propuesta más de orden ritual? Existen al respecto varias teorías:

a) Algunos individuos han debatido acerca de estas cuestiones durante años, argumentando una expansión militar (Métraux 1949; Pezzia 1968; Roark 1965; Rydén 1930; Tello 1918; De Tuya 1949; Uhle 1901, 1908; Weiss 1958).
b) Otros han sugerido que se trata de un sacrificio ritual (Baraybar 1987; Kauffmann-Doig 1966).
c) Se trataría de conexiones con ritos de fertilidad (Sawyer 1961, 1966),
d) Una cuarta hipótesis da referencia a la presencia de "cabezas de culto" (Bushnell 1956).

Proulx examina la evidencia de una expansión militar versus religiosa, argumentando su teoría en conclusiones basadas en la arqueología, la iconografía y la analogía etnográfica.

Tema 6: "La parte por el todo": la cabeza y su función ideológica como transmisora de concepto con connotaciones de carácter mágico-religioso o espiritual.

La tradición de objetos contenedores provistos de asa y de una o dos vertederas, se encuentra presente en el mundo prehispánico de Colombia y Perú; en cuanto a sus morfologías e iconografías propias de cada sociedad, la representación de la muerte permite dilucidar el que, junto a la noción ritual de contener, se vehicula una materialidad particular. Expresión probablemente del carácter mágico-religioso que supone encarnar, para suplantar la muerte, y de esta manera prodigar la vida en un ciclo continuo, esta alcarraza en cerámica que hizo parte de un ajuar funerario Malagana (ver: Fig. 9), es contundente en su expresión volumétrica afirmada por el contraste y oposición necesaria de tonos, que remite a un pensamiento prehispánico común. En cuanto al concepto "la parte por el todo" la presencia objetual de la cabeza, el sonido y su significado ritual que habría aportado una alcarraza como la que aquí presentamos (ver: Fig. 9) habría sido para la gente Malagana parte de una narrativa mítica o cosmovisión.

En cuanto a la identidad Nazca y Nazca-Huari, existe también un componente ritual en estas cabezas-trofeo. En el proyecto de investigación realizado por José Pablo Baraybar de la Universidad de San Marcos, Lima, ha puesto su atención en el corte provocado por las heridas halladas en el pericráneo de algunas cabezas-trofeo estudiadas en las colecciones del Museo Arqueológico de San Marcos. Baraybar (1987) argumenta que los prisioneros de guerra eran torturados ritualmente mediante incisiones paralelas efectuada en el pericráneo con la finalidad de que fuera desangrándose la víctima lentamente, durante un corto tiempo (8-10 minutos), antes de la muerte. Algunas cabezas también fueron cortadas siguiendo las líneas de los músculos. Esta tortura ritual se completaba con la decapitación, como lo sugiere el autor citado.

La hipótesis que propone Baraybar puede ser verificada con un amplio ejemplo de cabezas-trofeo, el que la decapitación sería más evidente durante el transcurso de una guerra que por una toma de cabezas de índole ritual de prisioneros de guerra, siendo éstos anteriormente torturados. Existen, además, otros aspectos rituales de las cabezas-trofeo que deben ser tomados en cuenta. Las cabezas-trofeo eran cuidadosamente preparadas, incluyendo alfileres para sellar los labios. En un documento anterior, (Proulx,1971), el autor interpreta este hecho como una conducta ritual basada en la analogía de la técnica etnográfica. Los labios de las cabezas reducidas de los Jívaros, están cosidos con soga con el fin de prevenir que se escape *el muisak,* un poder eventual que disipa después de un período de años (Harner, 1962). Parece que los alfileres de los labios de las cabezas-trofeo de Nazca tendrían una función similar, pero no existe evidencia que sugiera que la guerra tuviera solamente un propósito ritual.

La preparación de las cabezas era importante, de modo que un número de vasijas modeladas describen el interior del cráneo con un gran detalle anatómico. El entierro de las cabezas

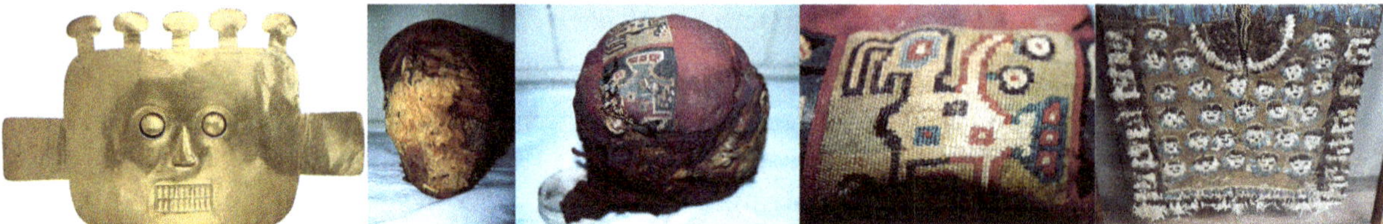

Fig. 10. Imagen de la izquierda: máscara antropomorfa Malagana orfebre conservada en la Colección Museo del Oro-Banco de la República. A continuación, podemos observar una cabeza trofeo Nazca-Huari, proveniente de la Colección Amado de la Universidad Nacional Federico Villarreal, Lima. Detalle textil del tocado correspondiente a la misma cabeza trofeo. En la imagen de la derecha se observa un detalle del mismo tocado, realizado en paño de algodón, con decoración de un ave mítica estilizada sosteniendo dos cabezas trofeo en sus alas. Los colores predominantes son el pardo oscuro, azul y rosado. Son textiles con rasgos sureños (Nazca) y serranos (Huari). Es necesario recordar que el valle de Nazca fue un enclave.

en grupo o escondidas, es también significante, pues demuestra el gran ordenamiento y la disposición de las mismas. Otra escena perteneciente a una única vasija del Museo Nacional de Lima muestra tal vez el entierro ritual de un escondite de cabezas-trofeo en una estructura que puede ser un pasaje o bien una pirámide aterrazada. Figuras humanas, una con máscara, son conducidas en algún tipo de ceremonia frente a esta estructura.

Tema 7: La cabeza como elemento de intercambio, como nexo o de cohesión entre diferentes etnias. Lo orfebre en lo Malagana. Lo textil en lo Nazca y Huari.

La orfebrería, que caracterizó sociedades prehispánicas como la Malagana y la Nazca, fue fundamental en el intercambio de bienes de prestigio. Práctica que tuvo una "crucial importancia en la reproducción del orden social" como lo afirma Gnecco, C. (2005, p.20), en tanto, "el acceso a estos bienes es "exclusivo de las élites", determinándose así una diferenciación entre quienes adquirían estos bienes y el resto de la población. La representación del rostro humano en orfebrería halladas en contextos funerarios Malagana (ver: Fig. 10), permite entonces presuponer dos hechos notables de acuerdo con esta figuración: la cohesión, puesto que es un identificador iconográfico de sociedades orfebres y el elemento nexo en cuanto a lo antropomorfo, en tanto que podría interpretarse la máscara en su vínculo con la cabeza, como un soporte de las "simbologías del poder vehiculadas a través de las alianzas" como lo sugiere Gnecco.

La orfebrería: cosmología y simbolismo

> "Tecnología y artífices cosmogónicos: Los pueblos amerindios otorgaron también significados a los materiales, herramientas y técnicas de sus tecnologías, y atribuyeron poderes especiales a los orfebres y otros transformadores de la materia. Los materiales se entendieron como principios de vida o seres en formación, que los artesanos, con su trabajo y el uso del fuego y sus instrumentos, y a la manera de los demiurgos, ayudaban a transmutar o a madurar. Los hornos y crisoles se asimilaron a úteros y a otros lugares de peligrosas transformaciones; en ellos se hacían ofrendas y rituales para asegurar los procesos."
>
> Sala Museo del Oro.
> La Enciclopedia de Banrepcultural

El valor simbólico del oro intrínseco en las materialidades prehispánicas, se expresó en diversas formas equivalentes a las intenciones rituales o de poder; algunas de los cuales podrían haberse compartido con el textil, siendo ambos soportes de mitos, jerarquías e identidades. Expresadas en sus propios rasgos iconográficos, estas especificidades aportadas por el material orfebre o textil, conformaron señas de identidad cultural tanto para el mundo Malagana, como para las sociedades Nazca y Huari. Estas diferencias marcadas que se pueden interpretar como estilos, habrían participado probablemente de un mismo sustrato prehispánico, constituido por la misma necesidad de dotar lo material de significados.

Finalmente, en este tema 7 en el que hemos hecho alusión a lo orfebre en lo Malagana, y a lo textil en lo Nazca y Huari -teniendo presente por supuesto la cerámica- queremos aludir no solo a este soporte en su correspondencia a bienes de prestigio, a costumbres y prácticas funerarias y a formas simbólica, sino además a su papel en la transmisión de rasgos, estilos, tradiciones, y rasgos comunes. Es así que para el caso de Malagana podemos hablar de otras sociedades orfebres en las que reconocemos trazos similares y en cuanto a lo Nazca, durante las últimas etapas de su desarrollo se crea una asimilación de los nuevos patrones ideológicos, provenientes de la sierra hacia la costa sur, creando nuevas variaciones iconográficas visibles en el arte, y presentes en el textil, como podemos observar en el tocado textil de una cabeza con representación de un cóndor (ver: Fig. 10), en el que se aprecian dos pequeñas cabezas- trofeo que transporta en sus alas .

Desde la antigüedad existió una importante vinculación entre la zona de Nazca y Ayacucho que se intensificó con la sociedad Huarpa, una sociedad que supo dominar y gestionar los recursos agrícolas de su medio geográfico y se enriqueció culturalmente gracias a la influencia costeña de Nazca. A partir del siglo VII, el sincretismo religioso y artístico proveniente del altiplano provocará cambios trascendentales. De este modo, de la suma de las sociedades Huarpa y Nazca surge una nueva sociedad mucho más compleja de carácter urbano que marcará el patrón social, económico e ideológico en la fase expansiva militar del Horizonte Medio.

Podemos observar una frecuente asociación de cabezas-trofeo con algunas categorías de seres míticos en la cerámica, lo cual nos ayuda a asociarlo con una marcada función ritual. ¿Son éstas las cabezas de víctimas de guerra obtenidas como ofrendas para las deidades? Algunas de estas variedades de criaturas míticas fueron pintadas en actitud de comer cabezas-trofeo. Si asumimos que la religión Nazca estaba compuesta por fuerzas espirituales de los mayores poderes elementales de la tierra, el cielo y el agua, podemos afirmar la prevalencia del jaguar, la ballena u orca[4] y el cóndor, asociados con figuras antropomórficas que pueden ser vistas desde un contexto religioso. Si estas formas animistas fueron parte importante de la religión, no es difícil percibir que las ofrendas de sacrificios humanos en la guerra, tanto como las ofrendas de cabezas-trofeo, podrían constituir una parte importante de estos rituales. Los seres míticos Nazca pueden clasificarse en dos categorías: los asociados con la guerra y toma de cabezas-trofeo, y los asociados con la vegetación y la fertilidad.

Para Proulx estos datos sugieren dos aspectos complementarios -un pavor y respecto por las principales fuerzas de la naturaleza personificados por los más fieros animales de la tierra, aire y mar, y una fijación en la abundancia de las cosechas, la fertilidad del suelo y la irrigación de las aguas -componentes de un complejo sistema ideológico. Las evidencias arqueológicas indican que Nazca era un estado expansionista que se propagó en los valles adyacentes de la costa sur debido a su fuerza. La evidencia en tumbas, la iconografía militar y la aparición repentina de rasgos Nazca en los valles conquistados, proveen una prueba de militarismo.

Usos de los tejidos

La presencia de los textiles es un factor constante en las culturas andinas. Los restos arqueológicos confirman que el tejido tuvo gran importancia en la vida de los pueblos andinos desde épocas muy tempranas. Podemos hablar de diferentes usos o funciones en cuanto a la presencia del textil en la cultura Nazca. Como uso ritual, especialmente funerario, las momias de los antepasados, objetos siempre de un culto

4. Conocida como: *Orca / Ballena Mítica Asesina*

especial, eran vestidas con finos textiles, así como con algunas imágenes sagradas, que en muchos casos eran como "estatuas hechas de tejidos". En su función ritual los tejidos no aparecen sólo como ofrendas a los dioses, sino en otras manifestaciones que evidencian las importantes funciones de los textiles en la sociedad andina. De aquí su función como envoltorio de las cabezas trofeo halladas en contextos arqueológicos (Cahuachi).

También podemos observar un posible nexo de unión. Es posible que no sólo las prendas rituales, sino también las de uso cotidiano, (tanto por su utilización diaria como por su representatividad étnica), la ropa se convertía en un atributo presente entre la persona y el mundo exterior, físico y metafísico, realzando de este modo su nexo de unión entre estos diferentes aspectos conceptuales.

Durante el Huari o Tiahuanaco expansivo, existen extraordinarios ejemplos de plumería trabajada tanto en diademas como en "uncus". La técnica de adherir plumas a la tela está descrita por Cobo, aunque a veces iban pegadas sobre madera. Cabe destacar que las plumas de los guacamayos debían colectarse ente los "antis", es decir, en las tierras bajas y calientes. Representaba un material de lujo del cual se proveían los aimaras por intercambio, utilizando sus enclaves en tierra caliente. Este intercambio de plumas de aves exóticas debió realizarse desde la selva, a través del altiplano, hasta llegar al área geográfica de Nazca en la costa sur, durante la época Nazca-Huari.

Conclusión

Los objetos prehispánicos aquí presentados a través del análisis de siete temas, que tienen como hilo conductor la noción de cabeza antropomorfa, conllevan a presuponer que la morfología y la función simbólica que dichas cabezas representaron en cada una de las sociedades descritas, hicieron parte de una noción común. De ser así, representada en ideas y materialidades que traspasaron los límites de sus orígenes, la cabeza se vinculó con sus propias formas sociales a pesar de la diversidad de expresiones y materialidades concretas, incidiendo en lo identitario. Es así que, conceptualmente imbricada en la propia materialidad del objeto óseo, cerámico, orfebre, entre otras, su función como contenedor o recipiente se encuentra presente en el sustrato de las sociedades analizadas en este trabajo. En cuanto a su "uso" iconográfico y su carácter mágico-religioso o espiritual, a pesar de haber contribuido en fundamentar la elaboración de ideologías propias a cada una de estas culturas, dan testimonio del peregrinaje de los objetos, dimensiones y simbología, aunque posiblemente su circulación fue restringida y solo agenciada por personajes de élite.

Con el transcurso del tiempo, características de ambas culturas se fueron fusionando con otras maneras de ver, pensar y asimilar el mundo, de manera que se creó un sincretismo, el cual ha dejado huella en el contexto arqueológico y en los objetos fruto de este estudio. Investigaciones futuras nos acercarán, un poco más, a entender cómo se interrelacionaron estas culturas y el modo en que plasmaron las nuevas concepciones ideológicas a través de la arqueología, antropología y el arte.

Bibliografía consultada

ARCHILA, S., 1996. Los Tesoros de los señores de Malagana. Banco de la República-Museo del Oro, Bogotá.

BARAYBAR, J., 1987. Cabezas trofeo Nasca: Nuevas evidencias. Gaceta Arqueológica Andina 15: 6-10.

BLANCO, S., 2011. La variabilidad fúnebre como expresión del cambio social en la población prehispánica del valle geográfico del río Cauca entre el 1.200 a.C.- 700 d.C. Tesis de grado. Maestría en antropología- línea bio-arqueología. Facultad de Ciencias Humanas. Universidad Nacional de Colombia.

BLANCO, S. y CLAVIJO, A., 1999. Prospección y rescate arqueológico, Cementerio prehispánico de Coronado: Etapa I. informe final. Palmira, Valle del Cauca. INCIVA. Calima-El Darién.

BLANCO, S. y GONZALEZ, M. L., 2022. La sociedad Malagana y su comportamiento frente a la muerte: caso Santa Bárbara, Palmira. En: *II Congreso de Arqueología en Colombia. Universidad del Tolima. Ms.*

BLANCO, S. 2009. Arqueología preventiva en el predio Altamira, municipio de Palmira, Valle del Cauca. Informe de avance. Santiago de Cali: Instituto Para la Investigación y la Preservación del Patrimonio Cultural y Natural del Valle del Cauca – INCIVA.

BLANCO, S. y GONZALEZ, M. L., 2003. Un caso de ingeniería hidráulica prehispánica en el sur del valle geográfico del río Cauca. Estadio del deportivo Cali- Palmira. En: Cespedesia 26(80):97-134.

BLANCO, S. y GONZALEZ, M. L., CABAL, G. 2004. Un cementerio prehispánico temprano en inmediaciones del estadio deportivo Cali. Monitoreo arqueológico durante la cimentación de la tribuna oriental. Palmaseca, Palmira. Informe final. Ms. Santiago de Cali: Instituto Para la Investigación y la Preservación del Patrimonio Cultural y Natural del Valle del Cauca-INCIVA.

BLANCO, S., CABAL, G. y JARAMILLO, Y., 2005. Arqueología preventiva en el predio del Proyecto de vivienda de interés social "El Sembrador", municipio de Palmira, Valle del Cauca. Santiago de Cali: Instituto Para la Investigación y la Preservación del Patrimonio Cultural y Natural del Valle del Cauca -INCIVA.

BLANCO, S.; RODRIGUEZ, J. V.; CABAL, G., 2007. Asentamientos tempranos. En: *Territorio ancestral, rituales funerarios y chamanismo en Palmira prehispánica, Valle del Cauca*. Universidad Nacional de Colombia. INCIVA. Fundación Ecoparque Llanogrande. Editores Guadalupe. Bogotá.

BLANCO, S., SIMMONDS, C., 2023. El refugio de la imagen chamánica en el mundo Malagana. En: *Segundo Congreso Internacional de Iconografía Precolombina, 2023. Actas*. Victoria Victòria Demestre, editora. Lincoln, Nebraska: Zea Books, 2024. https://digitalcommons.unl.edu/actas2023

BOVISIO, M.A, COSTAS M.P., 2022. Imágenes y prácticas en torno las cabezas trofeo. Contribución al estudio de la colección de cerámica nazca del Museo Etnográfico Juan B. Ambrosetti. En: *Boletín del Museo Chileno de Arte Precolombino*, Vol. 27, n.º 2, 2022, pp. 129-148, Santiago de Chile.

BRAY, W., 1998. Malagana and the gold working. Tradition of southwest of Colombia. En: *Precolumbien Gold. Technology, Style and Iconography*: Colin Mcewan. British Museum.

BRAY, W., 2005. Craftsmen and farmers. The archaeology of the Yotoco period. En: *Cardale Schrimpff, M., ed. Calima and Malagana. Art and archaeology in southwestern Colombia M. Lausanne: Procalima Foundation.* P.98-139.

BOTERO, P., RODRIGUEZ, J. V., RODRIGUEZ, C. A. 2007. Paisajes y territorio ancestral de Palmira. En: *Territorio ancestral, rituales funerarios y chamanismo en Palmira prehispánica, Valle del Cauca*. Universidad Nacional de Colombia. INCIVA. Fundación Ecoparque Llanogrande. Bogotá. Ed. Guadalupe. 27-44.

CABAL, G. A., 2006. Heterogeneidad y centralización en la suela plana del Valle del Cauca. Cementerio prehispánico de Coronado. Santiago de Cali. Trabajo de grado (Antropólogo). Universidad del Cauca, Facultad de Ciencias Humanas y Sociales, Departamento de Antropología Ms.

CARDALE de SCHRIMPFF, M., HERRERA, L., RODRÍGUEZ, C. A. y JARAMILLO, Y., 1999. Rito y Ceremonia en Malagana. Corregimiento de El Bolo, Palmira, Valle del Cauca. En: Boletín de Arqueología Año 14. Número 3.

CARDALE de SCHRIMPFF, M. (Ed.), 2005. Calima and Malagana. Art and Archaeology of Southwestern Colombia, Pro Calima Foundation.

CARLSON, U., 2018. El ídolo en la cultura Nasca. La decodificación de un simbolismo. https://uwe-carlson.com/wp-content/uploads/2019/07/El-idolo-en-la-cultura-Nasca.pdf

COBO, B., 1890-1893 i.e. 1895. Historia del Nuevo mundo. Marcos Jiménez de la Espada. Sociedad de Bibliófilos Andaluces. Sevilla, Imp. de E. Rasco. Digitalizado el 11 de sept. 2008

COELHO, V., 1972. Enterramentos de cabeças de cultura Nazca. Tesis doctoral. Departamento de Comunicación y Artes, Universidad de Sao Paulo, Sao Paulo, Brasil.

FALCHETTI, A. M., 2018. Lo humano y lo divino. Metalurgia y cosmogonía en la América antigua. Bogotá: Instituto Colombiano de Antropología e Historia (Icanh) / Ediciones Uniandes, 320 pp.

GIRALDO TENORIO, H. 2014. Sources of power and the development of sociopolitical complexity in Malagana, Southwestern Colombia. Doctoral Dissertation, University of Pittsburgh.

GIRALDO TENORIO, H. J., 2016. Las estructuras de tierra del sitio de Malagana, suroccidente de Colombia. En: *Boletín de Antropología. Universidad de Antioquia*, Medellín, vol. 31, N° 52, pp. 175-196.

GNECCO, C., 2005. El poder en las sociedades prehispánicas de Colombia: un ensayo de interpretación. En: *Boletín Museo del Oro* 53, enero – junio de 2005.

HARNER, M., 1962: Shuar, Pueblo de las eternas cascadas. Colección Abya-Yala, n.8, Quito.

HERRERA, L., CARDALE, M. y RODRIGUEZ, C. A.,1994. El proyecto arqueológico de Malagana. Avance de Investigación. En: *Revista colombiana de antropología*. Vol. 31. p. 265-270.

HERRERA, L., PATIÑO D., CARDALE DE SCHRIMPFF, M., 2002. Los terraplenes de Malagana. Ponencia presentada al III Congreso de Arqueología en Colombia. Ibagué. Universidad del Tolima. Ms.

HERRERA, L., CARDALE de SCHRIMPFF, M. y ARCHILA, S., 2007. Coronado, un cementerio de la cultura Malagana. Excavaciones iniciales. Bogotá: Fundación de Investigaciones Arqueológicas del Banco de la República.

LOPEZ, CANO, L. F., 2009. Arqueología preventiva en el predio "Altamira", Municipio de Palmira, Valle del Cauca. Tumbas 1, 2, 3, 4 y 6. Informe parcial. Ms. Instituto Para la Investigación y la Preservación del Patrimonio Cultural y Natural del Valle del Cauca INCIVA. Cali.

NEIRA, M. y V. COELHO., 1972. Enterramientos de cabezas de la cultura Nazca. En: *Revista do Museo Paulista* N. 20: 109-142.

OREFICI, G. y DRUSINIS, A., 2003. Nazca. Hipótesis y evidencias de su desarrollo cultural. Centro Italiano Studi e Richerche Archeologiche Precolombiane (CISRAP), Lima.

PROULX, D., 1989. Nazca trophy heads: victims of warfare or ritual sacrifice?. Cultures in conflict: Current Archaeological Perspectives. Ed. Diana C. Tkaczuk y Brian C. Vivian, pp: 73-85. Universidad de Calgary, Calgary.

PROULX, D.,2001. Ritual uses of trophy heads in ancient Nazca society. En *Ritual sacrifice in Ancient Peru,* E. Benson y A. Cook (Eds.), pp: 119-136. University of Texas Press, Austin.

RODRÍGUEZ, C. A., HERRERA, L., CARDALE de SCHRIMPFF, M., 1993. El Proyecto arqueológico Malagana (1994). En: *Boletín de arqueología.* Año 8. Número 3. Pp. 59-70.

RODRÍGUEZ, C.A., PACHAJOA, H., 2010, Salud y enfermedad en el arte prehispánico de la Cultura Tumaco-La Tolita II. Programa Editorial de la Universidad del Valle. Banco de la República. Biblioteca Luis Ángel Arango. https://www.jstor.org/stable/j.ctt1rfsrm7

RODRIGUEZ, J. V., 2011. Cosmovisión, chamanismo y ritualidad en el mundo prehispánico de Colombia. esplendor, ocaso y renacimiento. En: *Maguaré*. Universidad Nacional de Colombia · Bogotá [145] vol. 25, n.2 (julio-diciembre) · 2011· páginas 145-195

RODRIGUEZ, J. V., BLANCO, S. y BOTERO, P., 2005. Comunidad prehispánica de El Cerrito, Valle del Cauca. Medio ambiente, prácticas funerarias y condiciones de vida. Universidad Nacional de Colombia. Bogotá.

RODRIGUEZ, J. V. (ed.)., 2007. Territorio ancestral, rituales funerarios y chamanismo en Palmira prehispánica, Valle del Cauca. Universidad Nacional de Colombia. INCIVA. Fundación Ecoparque Llanogrande. Bogotá.

RODRÍGUEZ, J. V. y BLANCO, S., 2015. Salud, ambiente y cambio social en el Valle del Cauca prehispánico. En: *Boletín de Antropología. Universidad de Antioquia*, Medellín, vol. 30, N° 50, pp. 33-54.

RODRÍGUEZ, J. V., BLANCO, S. y RODRÍGUEZ, C. A., 2020. Prácticas funerarias y condiciones de vida entre las sociedades prehispánicas del Valle del Cauca, Colombia. International Journal of South America Archaeology N°16.

SÁNCHEZ, M., 2020. Pars pro toto: "la parte por el todo". Una aproximación al estudio "la parte por el todo". Una aproximación al estudio del significado en la iconografía del Perú precolombino. En*: Congreso Internacional sobre Iconografía Precolombina, Barcelona 2019. Actas,* Victòria Solanilla Demestre, editora. https://digitalcommons.unl.edu/actas2019/15/

SILVERMAN, H., 1984-85 De la historia antigua del Perú: la obtención de cabezas trofeo. Autorización del Instituto Nacional de Cultura, National Sciences Foundation, Fullbright-Hays Act., Social Research Council y el Institute of Latin American Studies de la Universidad de Austin, Texas.

TELLO, J., 1918. El uso de las cabezas artificialmente momificadas y su representación en el antiguo arte peruano. Revista Universitaria 2: 477-533, Lima.

UHLE, M., 1914. The Nazca pottery of ancient Peru. Proceedings of the Davenport Academy of Sciences 3: 1-16.

VALDES, L., 2013. Tambo Viejo: un asentamiento fortificado en el valle de Acarí, Perú. En: *Arqueología Iberoamericana* 19: 3-23. Tambo Viejo: A Fortified Settlement in the Acari Valley, Peru. MacEwan University, Canadá. ISSN 1989-4104. http://www.laiesken.net/arqueologia/

WEISS, P., 1961. Osteología cultural. En: *Anales de la Facultad de Medicina*, pp. 133-273. https://museo.precolombino.cl/wp-content/uploads/2020/10/Mantos-funerarios-de-Paracas.-Ofrendas-para-la-vida.pdf

Catálogos

2015. Mantos funerarios de Paracas: ofrendas para la vida. En: *Museo Chileno de Arte Precolombino*. Ministerio de Cultura. https://museo.precolombino.cl/wp-content/uploads/2020/10/Mantos-funerarios-de-Paracas.-Ofrendas-para-la-vida.pdf

21/02/2019. Nasca. Buscando huellas en el desierto. Fundación Telefónica. ARCOMadrid, Madrid.

Agradecimientos

Agradecemos a las siguientes personas por su valiosa colaboración:

GARCÍA M., L. Traducción al inglés del resumen en español.

GARZÓN, L.A. Edición de fotos y figuras que acompañan el texto.

JIMÉNEZ A., M. Rotoscopia y coordinación en la edición de imágenes que hacen parte del texto

RODRÍGUEZ, J.V. Asesoría científica

ZAPATA, C. A. Elaboración de mapas y planos.

ZUÑIGA M. A, Fotografía cráneo colección Museo Arqueológico Julio César Cubillos d la Universidad del Valle MAJCC.

Así como a todos aquellos que nos permitieron el acceso a sus colecciones privadas y a sus archivos gráficos y fotográficos.

Autores consultados

BURGOS, S.T.
CASTELLANOS A., A.
CASTRO S., E.
COSTAS, M.P.
JIMÉNEZ A., M.
RIVAS, D.G.
REIYNA, Y.Y.
RÍOS, R.
SOLANILLA D., V.

Fuentes bibliográficas, referencias y archivos fotográficos consultados

Archivo Fotográfico INCIVA Museo Departamental de Ciencias Naturales

Claude Sterckk 2005 : https://archeo-gallay.ch/claude-sterckx-2005/

Colección Amado de la Universidad Nacional Federico Villarreal, Lima.

Colecciones particulares de Arte precolombino / Prehispánicos

Fondo Editorial BCP Los Dioses del Antiguo Perú https://www.fondoeditorialbcp.com/publicaciones/los-dioses-del-antiguo-peru-1/

http://www.bahaistudies.net/asma/artifical_cranial_deformation.pdf

https://www.ytuqueplanes.com/blog-viajero/ica/nasca-mas-alla-de-las-lineas-otros-tesoros-preincas-de-la-cultura-nasca

La Enciclopedia de Banrepcultural

Museo Amano. Museo Textil Precolombino

Museo Arqueológico de Palmira-MAP

Museo Arqueológico Calima MAC-INCIVA

Museo Arqueológico Julio Cesar Cubillos-MAJCC

Museo Antonini Nasca

Museo Arqueológico Calima-INCIVA

Museo Chileno de Arte Precolombino

Museo de Arte de Lima-MALI

Museo de las Culturas del Mundo, Barcelona

Museo de la Universidad Nacional Federico Villarreal (UNFV), Lima

Museo del Oro-Banco de la República

Museo Larco

Museo Nacional de Arqueología, Antropología e Historia del Perú (MNAAHP)

Museo Regional de Ica "Adolfo Bermúdez Jenkins" Museos en Línea.

Museum zu Allergeiligen

Pavel Špindler

Documentos inéditos consultados

BLANCO, S. SIMMONDS, C., SANCHEZ, M. MIRANDA, M., 2024. Consideraciones sonoras y simbólicas en torno a artefactos de la cultura Malagana y sus analogías con algunas botellas silbadoras del Perú prehispánico. Ponencia Congreso Colombiano de Arqueología CCA 2024. Arqueología, Comunidades y Territorio. Universidad del Magdalena. Santa Marta.

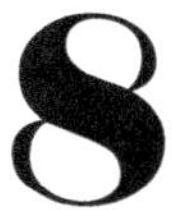

Tallina Linnahall: Arquitectura soviética y mundo prehispánico

Isabel Bargalló[1]

Montserrat Bargalló[2]

Resumen

Existen construcciones que nos recuerdan morfológicamente aspectos de la arquitectura precolombina que no tienen, en principio, relación cultural alguna con el pasado mesoamericano y que no responden tampoco a la función que desempeñaban las construcciones originales, o quizás sí.

Éste es, sin duda, el caso del Linnahall de Tallin, donde no podemos dejar de preguntarnos los motivos que llevaron a unos arquitectos europeos, específicamente a dos profesionales estonianos, a inspirarse en las formas prehispánicas para proyectar y construir un espacio monumental que formó parte de las instalaciones de los Juegos Olímpicos de Moscú (1980) en la capital de Estonia.

¿Podemos equiparar el discurso visual de Tallin al de los complejos ceremoniales mesoamericanos? ¿Existe una resignificación del mensaje, de la imagen arquitectónica y urbana? Estas son las cuestiones que nos han llevado a investigar el caso de Tallin.

Palabras clave: Brutalismo, Teotihuacan, Linnahall, Mesoamérica, Arquitectura

Abstract

There are constructions that morphologically remind us of aspects of pre-Columbian architecture that, it seems, have no cultural relationship with the Mesoamerican past and do not respond to the function exercised by the original constructions, or maybe yes.

1. Grup d'Estudis Precolombins. Societat Catalana d'Estudis Històrics, filial del Institut d'Estudis Catalans. isabelbargallosanchez@gmail.com

2. Grup d'Estudis Precolombins. Societat Catalana d'Estudis Històrics, filial del Institut d'Estudis Catalans. mobasa69@gmail.com

Publicado en *Actas seleccionadas del SIMPOSIO ARTE 4.2: Migraciones en la imagen prehispánica: transitando territorios del pasado al presente. 58º Congreso Internacional de Americanistas, Novi Sad, Serbia, 2025.* Victória Solanilla Demestre y Annabel Villalonga Gordaliza, editoras. Zea Books, Lincoln, Nebraska. 2026. https://doi.org/10.32873/unl.dc.zea.1600

This is undoubtedly the case with the Linnahall in Tallinn, where we cannot fail to ask ourselves the reasons that led some European architects, specifically two Estonian professionals, to take inspiration from the pre-Hispanic ways to design and build a monumental space that was part of the facilities of the Olympic Games in Moscow (1980) in the capital of Estonia.

Can we equate Tallinn's visual discourse with Mesoamerican ceremonial complexes? Is there a resignification of the message, of the architectural and urban image? These are the issues that have led us to investigate the Tallinn case.

Keywords: Brutalism, Teotihuacan, Linnahall, Mesoamerica, Architecture

doi: 10.32873/unl.dc.zea.1608

Introducción

> *"Todo revival es un ejercicio contradictorio e insuficiente. Es un gesto burgués por excelencia, pero anida siempre una cierta desconfianza respecto al progreso. A la vez, su recuperación del pasado es sólo posible por la capacidad tecnológica de la arquitectura moderna de simular y producir los pasados que apetezca..."*
>
> (Vivoni, 1998: 239).

Relacionar la plaza de la Luna de Teotihuacan con el complejo deportivo y cultural Linnahall de Tallinn podría parecer poco adecuado y, por supuesto, muy poco evidente. Pero, como veremos a lo largo de este artículo, podemos trazar una conexión entre ellos a partir de conceptos arquitectónicos, simbólicos y de uso social que comparten, a pesar de las distancias geográfica, cultural y temporal.

La arquitectura de siglos pasados ha inspirado siempre la de siglos posteriores. Lo sabemos y tenemos más de un ejemplo de ello. En algunos casos la influencia se manifiesta a través del concepto espacial; en otros, sencillamente se copia el original. Desde el Renacimiento, la reinterpretación de la antigüedad clásica ha sido uno de los recursos más utilizados por parte de arquitectos y artistas y ha generado estilos i movimientos que han perdurado más allá del período que los contiene. El lenguaje de los templos grecorromanos ha sido una constante en fachadas de iglesias, palacios o centros financieros. Grandes obras del siglo XIX plagian sin ningún tipo de pudor el Panteón de Roma y la Acrópolis de Atenas, y los movimientos historicistas de los siglos XIX y XX han jugado con la geometría y las proporciones de edificios de la antigüedad mucho más a menudo de lo que se pudiera pensar.

El Walhalla, en Baviera y la Basilique de Notre-Dame de la Paix en Yamasukro, en Costa de Marfil son dos casos paradigmáticos de ello. El primer edificio, dedicado a los alemanes distinguidos, presenta las mismas dimensiones y el mismo orden arquitectónico que el Partenón. Se construyó entre 1830 y 1842 por encargo de Luis I de Baviera al arquitecto Leo von Klenze; uno de los grandes representantes del neoclasicismo bávaro y cuyo exterior puede verse en la ilustración 1.

El segundo complejo es un templo católico erigido a imagen y semejanza de la Basílica de San Pedro, en la Ciudad del Vaticano. Es obra del arquitecto libanés Pierre Fakhoury, se construyó entre 1986 y 1989 y se lo conoce como San Pedro de África. Esta basílica es uno de los templos católicos más grandes del mundo (véase ilustración 2).

Ambos edificios demuestran que el alfabeto clásico de la arquitectura es un recurso recurrente durante los siglos XIX y XX. Siglos en los que se desarrollaron movimientos nacionalistas muy importantes, entre los cuales los que surgieron en América y que culminaron en la independencia de los países latinoamericanos.

Así, en los nuevos estados nacidos en territorio americano, durante el siglo XIX y parte del XX, intelectuales y artistas marcadamente nacionalistas apostaron por el pasado prehispánico como base simbólica de la identidad, lo que desembocó en otro tipo de clasicismo emanado de las antiguas civilizaciones americanas y que conocemos como estilo neoprehispánico.

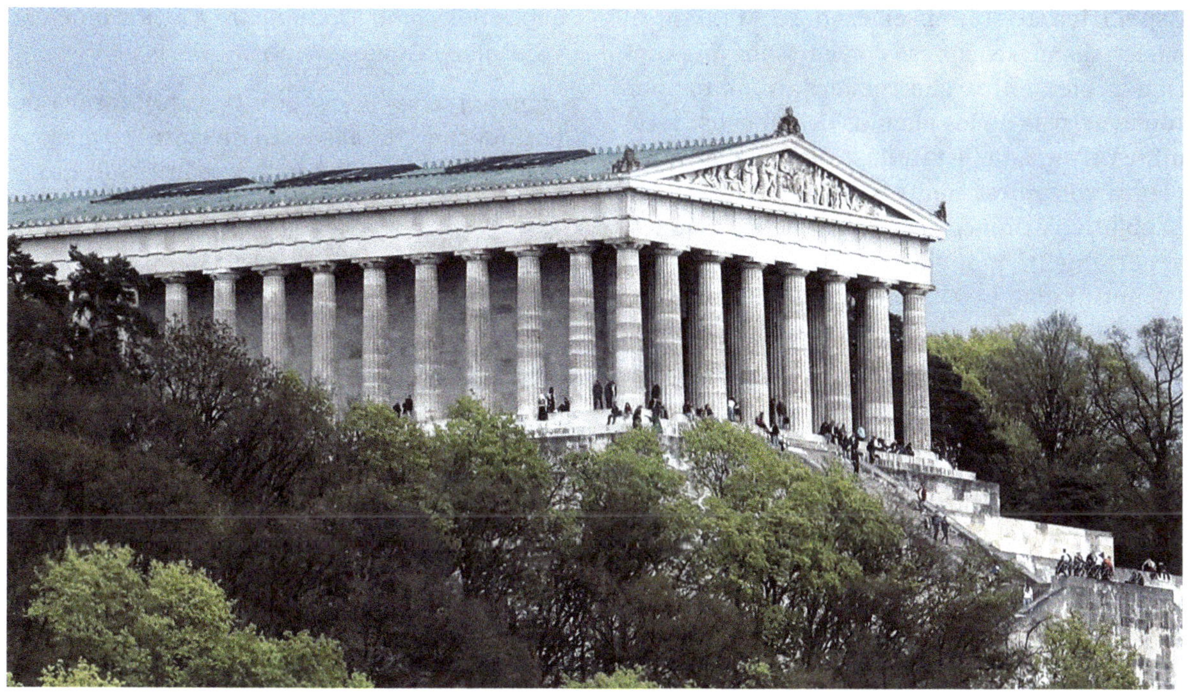

Ilustración 1. El Walhalla, en Baviera. Foto Burkhard Muecke. Fuente: https://commons.wikimedia.org/wiki/File:Walhalla_Gedenkst%C3%A4tte_in_Bayern.jpg

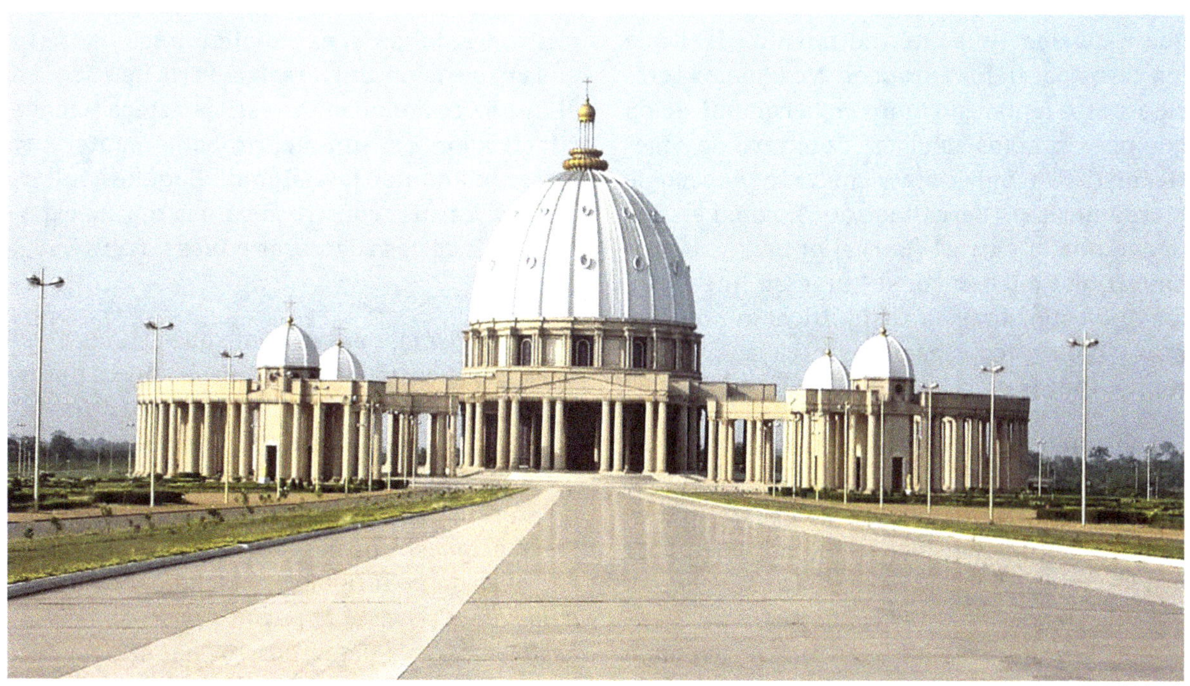

Ilustración 2. Basilique de Notre-Dame de la Paix (Basílica de Nuestra Señora de la Paz) erigida en Yamasukro, Costa de Marfil. Foto Erik Cleves Kristensen en Flickr.

Específicamente, en el caso de México, el nacionalismo se expresó con edificios que contienen elementos que recuerdan las formas constructivas de los pueblos originarios: pirámides truncadas y taludes; materiales como piedra volcánica, adobe o barro, murales, etc. El objetivo de muchas de estas construcciones, generalmente monumentales, es representar la continuidad histórica entre un pasado considerado brillante y la nueva nación salida de la independencia.

El arquitecto Alejandro Leal nos explica que *la discusión sobre lo que significaba ser mexicano —desde la óptica del nacionalismo— "inició desde el nacimiento del país y que para el siglo XIX un grupo de intelectuales ligados al movimiento nacional e internacional a favor de la búsqueda, catalogación y valoración del pasado apostó por el antecedente prehispánico como el fundamento simbólico de nuestra identidad". Entre aquellos personajes estuvieron el arqueólogo Antonio Peñafiel y el ingeniero y arquitecto Antonio M. Anza.* (Villasana y Gómez, 2020)

De este modo, la nueva nación-estado convierte la arquitectura precolombina en su "lenguaje clásico" y la sitúa al mismo nivel que los casos paralelos europeos. Nos hemos referido a este fenómeno tanto en la comunicación que presentamos en el 52º Congreso de Americanistas, "Iconografía y contexto: el caso de Mesoamérica" (Bargalló: 2006), como en "La imagen de la patria" (Bargalló: 2023), textos ambos que pueden consultarse en línea y en los que esbozamos la resignificación de formas y conceptos espaciales a través de diferentes épocas.

Encontramos ejemplos muy obvios en todas las ciudades mexicanas, con proyectos que recuperan la forma piramidal característica de los templos mesoamericanos, como el Monumento a la Raza de la ciudad de México (ilustración 3), *obra diseñada por Luis Lelo de Larrea y Francisco Borbolla, concluido en 1940 y en cuya punta se encuentra el águila que originalmente estaba destinada al Palacio Legislativo de Porfirio Díaz, del que sólo se construyó lo que hoy conocemos como Monumento a la Revolución.* (Villasana y Gómez, 2020).

No es extraño, pues, que la arquitectura de Teotihuacan y la del resto de culturas mesoamericanas, con sus formas monumentales y el característico estilo "tablero-talud", haya influido en diversas construcciones de los siglos XIX y XX. Algunos ejemplos destacados del siglo XX mexicano son el Museo Nacional de Antropología e Historia (1964), diseñado por Pedro Ramírez Vázquez; la Biblioteca Central de la Universidad Nacional Autónoma de México (1956), diseñada por Juan O'Gorman o el Estadio Olímpico Universitario (1952), también obra de Ramírez Vázquez y con murales de Diego Rivera.

Todos ellos incorporan elementos inspirados en la arquitectura teotihuacana: patio central, estructuras monumentales, murales, la forma masiva de los edificios, el uso de materiales locales, la iconografía. Fusionando así el arte moderno con las referencias prehispánicas.

Sin embargo, el estilo neoprehispánico mexicano no estuvo exento de polémicas ya desde sus inicios a finales del siglo XIX. Charles Garnier criticó una de sus primeras manifestaciones fuera del país, el pabellón nacional para en la exposición Universal de París de 1889, en el que se fusionaban los estilos azteca y maya (ilustración 4). Aunque, probablemente muy influenciado por la visión de Eugène Viollet-Le-Duc, Garnier construyó para la misma exposición, unas casas aztecas e incas. (Gutiérrez, 2003).

El eclecticismo, una corriente que asumía estéticas y formas que se consideraban prestigiosas, e incluso exóticas, se había impuesto a finales del XIX y principios del XX y Garnier no dudó en organizar una exposición temática de título "Historia del habitar humano", *que incorporaba "recreaciones" alusivas a las principales civilizaciones de la antigüedad, incluyendo habitáculos aborígenes o de pueblos poco conocidos, hasta sumar cuarenta y cuatro "Habitaciones del mundo", que contenían desde un dolmen franco hasta una domus griega, pasando por "tipi piel roja" o casas Maya y Azteca, disponibles todas*

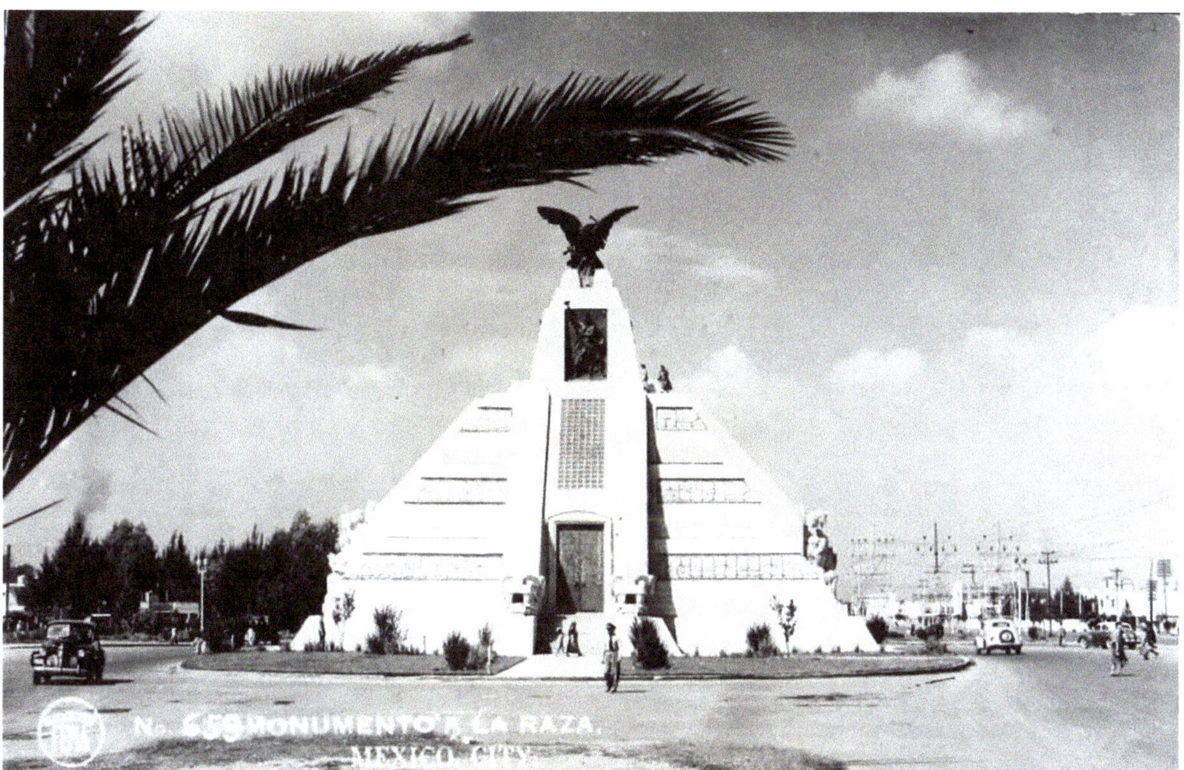

Ilustración 3. Monumento a la Raza, Ciudad de México. Fuente: https://www.eluniversal.com.mx/opinion/mochilazo-en-el-tiempo/la-arquitectura-neoprehispanica-un-estilo-casi-olvidado-en-mexico/

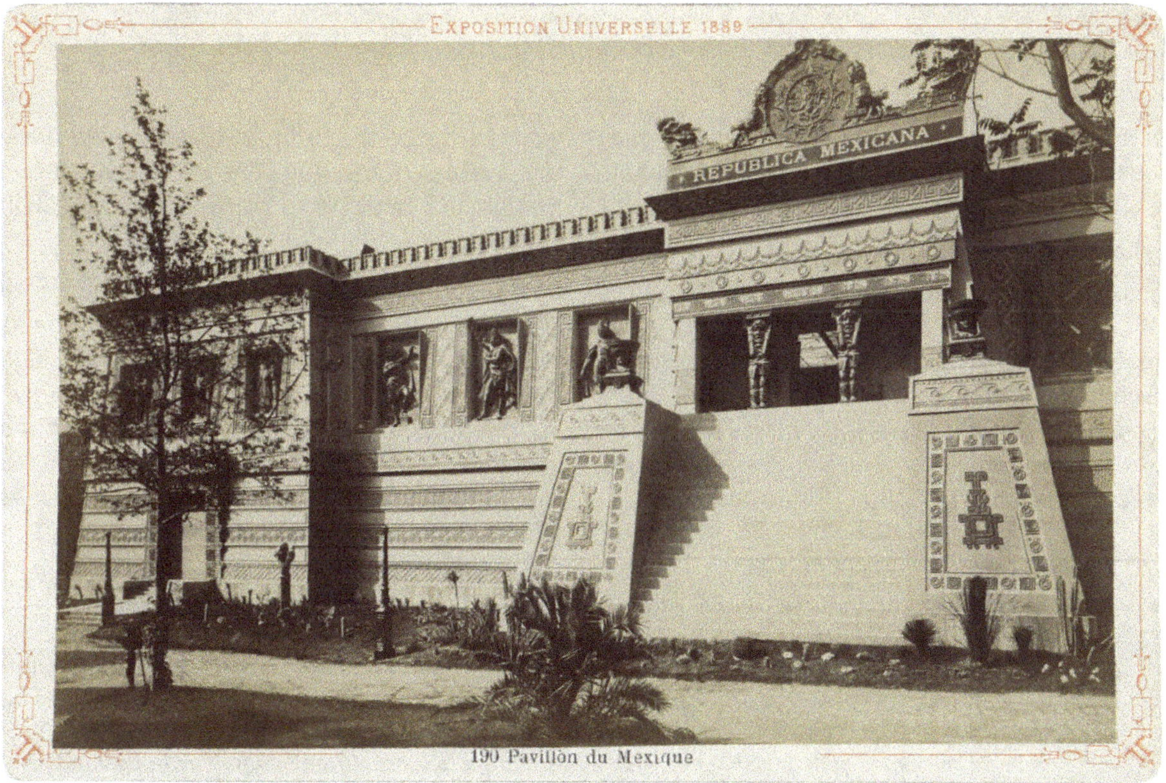

Ilustración 4. Fotografía del Pabellón de México en "París 1889". Fuente: https://grandescasasdemexico.blogspot.com/2018/06/el-pabellon-de-mexico-en-paris-1889.html

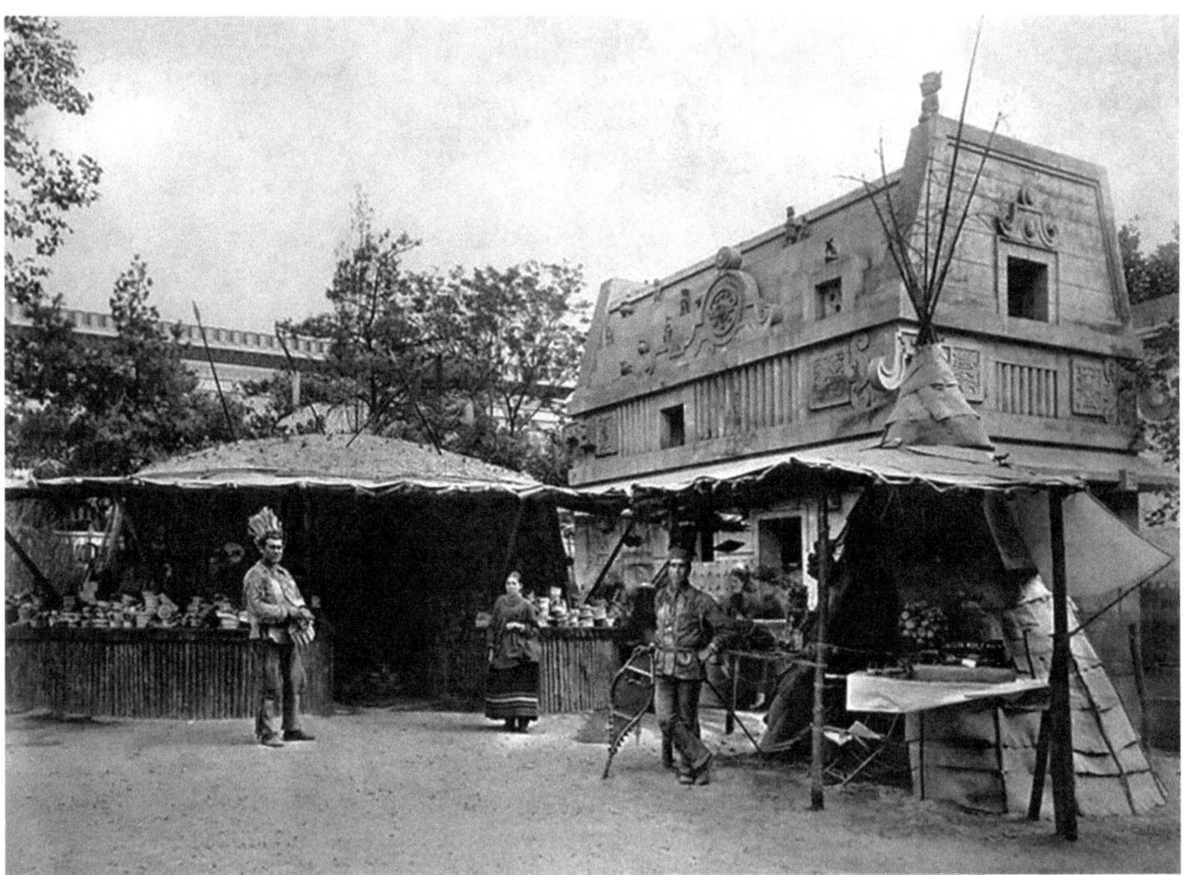

Ilustración 5. Fotografía de la casa azteca de la exposición de París. Fuente: https://grandescasasdemexico.blogspot.com/2018/06/el-pabellon-de-mexico-en-paris-1889.html

en hermosas y coloridas postales con las que poder atesorar el recuerdo...[3].(Fierro Gossman, 2018).

Cabe decir que el interés de los arquitectos europeos por las grandes obras de los pueblos originarios de América se despierta ya a finales del XVIII, como nos explica Jorge Francisco Liernur en la conferencia "Vitruvio, Vitsliputsli y el Sol. Primeros encuentros de la cultura arquitectónica europea con la arquitectura precolombina (1767-1804)", publicada en *El modelo beaux-arts y la arquitectura en América Latina, 1870-1930. Transferencias, intercambios y perspectivas transnacionales* (Liernur, 2022: 61-89).

Con respecto a ello, Gutiérrez nos comenta que *uno de los concursos más publicitados de ese tiempo fue el convocado en 1927 para construir el Faro de Colón en Santo Domingo. Entre los proyectos presentados a la sazón hubo uno de estilo "neo-maya" presentado por el cubano César Guerra Massaguer, aunque más*

3. *Para ese entonces la propia Ecole des Beaux Arts tomaba parte en el debate que impondría la visión del eclecticismo, aquella corriente que recurría al repertorio de formas prestigiadas provenientes de cualquier momento histórico y de cualquier geografía. El tratadista Barberot en 1891 nos hablaba de un "style mexicain" y de un "style peruvien" que exponía esta visión arqueologista y romántica, que toleraba todas las historias remotas, pero no las realidades próximas. Esa adscripción a lo exótico y arqueologista puede verse en la misma exposición parisina del 89, en que junto a la torre Eiffel, símbolo de la osadía tecnológica, el arquitecto Garnier levantaba unas casas aztecas e incas en una versión bastante folklórica. El pabellón mexicano era a la vez una curiosa mezcla de ornamentos mayas y aztecas, que interactuaban en un contexto variado de pastiches finiseculares.* (Gutiérrez y Gutiérrez, 2005:2)

interesante aun, por su eclecticismo, resultan el presentado por el argentino Manuel Torres Armengol o el del brasileño Flávio de Carvalho. En lo que hace a la estructura de este último, el mismo estuvo inspirado en un proyecto propio, el Palacio del Gobernador para São Paulo (1927), aunque para el faro, diseñó el interior combinando paneles, grupos de esculturas y diseños decorativos tomados de las cerámicas precolombinas. Utilizó motivos guaranís y aztecas, y también de la cerámica marajoara reproducidos en las cerámicas para el piso (19). (Gutiérrez, 2003)

Encontraremos así, manifestaciones arquitectónicas que nos recuerdan morfológicamente aspectos de la arquitectura precolombina mexicana que no tienen, en principio, relación cultural alguna con el pasado mesoamericano y que no responden tampoco a la función que desempeñaban las construcciones originales, que se limitan a cuestiones puramente estéticas:

> *Si partimos de lo que ya estableció Vitruvio para nuestra tradición cultural, vemos que, lo que es esencial en la definición del edificio es la función, cada función tiene una significación a partir de la que surgen las tipologías. Estas tipologías han llegado hasta hoy como modelos formales al margen de su función y por tanto, la interpretación de la forma permite encontrar hoteles en forma de pirámides y casas unifamiliares con bajorrelieves. El paradigma de esta forma de ver la arquitectura es, sin duda, la ciudad de Las Vegas.* (Bargalló, 2006)

Uno de los arquitectos más conocidos y admirados de la primera mitad del siglo XX que utilizó volúmenes y formas decorativas de la arquitectura prehispánica fue Frank Lloyd Wright, específicamente en Miami y Los Ángeles, donde no había ningún antecedente relacionado con la arquitectura maya. El prestigio de Wright ayudó, sin duda, a popularizar este estilo denominado neo-maya. (Gutiérrez y Gutíerrez, 2005:5)[4].

Sin embargo, en el caso del Linnahall de Tallin no podemos dejar de preguntarnos los motivos que llevaron a unos arquitectos europeos, específicamente a dos profesionales estonianos, a inspirarse en las formas prehispánicas para proyectar y construir un espacio monumental que formó parte de las instalaciones de los Juegos Olímpicos de Moscú (1980) en la capital de Estonia.

Uno de los diseñadores del complejo al que nos referimos declaró que se había inspirado en la arquitectura maya para su desarrollo. Ignoramos el por qué, aunque quizás si repasamos las características generales de la arquitectura mesoamericana, sus elementos y las comparamos con las que podemos observar en el Linnahall de Tallin es posible que lleguemos a algunas conclusiones interesantes.

Arquitectura y poder, un binomio inseparable

¿Por qué existen paralelismos entre el Linnahall y la arquitectura mesoamericana? Quizá podamos encontrar una respuesta en su poder simbólico porque, si bien es cierto que la arquitectura, en sus orígenes, cumple básicamente una función de protección contra las inclemencias del tiempo, los enemigos, los animales salvajes, también es constatable que la capacidad de comunicación que posee la convierte en un instrumento importantísimo para las élites políticas y económicas, puesto que permite transmitir un mensaje incuestionable de poder religioso, político, cultural y económico.

Si ampliamos el concepto al urbanismo, la arquitectura es posiblemente la única de entre todas las artes que modifica el paisaje a largo plazo, que crea ciudad. En definitiva, algunos espacios urbanos acaban convirtiéndose en escenarios de poder, del poder divino y del poder terrenal.

Sin ir más lejos, en el pasado siglo hemos asistido a la megalomanía de Mussolini, de Hitler

4. Para saber más sobre el estilo neo-maya en Estados Unidos se puede consultar el artículo de Marjorie I. Ingle "The Mayan Revival Style in the United States of America" (Ingle, 1987: 69-79)

o de Stalin, con proyectos absolutamente delirantes, de escasa utilidad práctica, si queremos, pero de gran valor simbólico. Estos sueños de grandeza no son patrimonio exclusivo de tiranos y dictadores, también los han tenido otros líderes, pero que, quizás gracias a un poder menos absoluto, no han podido llevar a cabo sus planes con tanta facilidad.

La arquitectura, la ciudad, es una de las mayores manifestaciones del poder político y religioso, gracias a iglesias, palacios, jardines, conjuntos monumentales y escenografías que son el teatro en el cual se llevan a cabo las representaciones del poder, los actos religiosos y políticos, las procesiones y las competiciones deportivas, que es el caso que nos ocupa.

Para analizar el Tallin Linnahall, partiremos de una aproximación comparativa en la que percibiremos como la monumentalidad horizontal, la articulación axial del espacio y la integración con el paisaje funcionan en ambas obras, recurriendo a conceptos teóricos de la fenomenología del lugar, la tipología arquitectónica y el simbolismo del espacio. Es obvio que no pretendemos establecer una relación directa de influencia histórica entre la plaza de la Luna y el Linnahall, sino más bien una afinidad formal y simbólica que permite pensar la arquitectura moderna como un palimpsesto de saberes y estructuras arquetípicas.

De este modo, lo que acabará relacionando un complejo deportivo y cultural en Tallin y una ciudad mesoamericana es la capacidad de perdurar, de trascender más allá del significado inicial de las formas y de los volúmenes.

La arquitectura mesoamericana

Para explicar el complejo de Tallin debemos remontarnos unos cuantos siglos hasta la América Precolombina. Las características generales de la arquitectura mesoamericana, compartidas con algunas otras civilizaciones, están indiscutiblemente relacionadas con los espacios abiertos delimitados por plataformas i estructuras que definen plazas. Nos encontramos frente a volúmenes compactos que permiten nivelar las irregularidades del terreno utilizando basamentos sobre los que se situarán las estructuras arquitectónicas. De esta manera se consigue una simbiosis entre los volúmenes construidos y la forma urbana.

Cabe tener en cuenta que los espacios exteriores son jerárquicamente muy importantes tanto a nivel cuantitativo como a nivel cualitativo, puesto que forman parte esencial de la organización urbana a través de calzadas y senderos ceremoniales que van generando plazas (Mangino:1990, 31). Estos principios se ponen de manifiesto a través de los restos arqueológicos y lo que se afirma para la ciudad maya en el artículo "La expresión del poder en la arquitectura maya" es válido también para el resto de Mesoamérica y nos atreveríamos a decir que para algunas otras civilizaciones:

> [...] *la ciudad física jugaba un papel fundamental, pues a través de su trazado urbano, sus edificios y sus espacios, se manifestaba la ideología en la que se sustentaba el poder de la dinastía reinante. Pero además, los espacios que conformaban la ciudad se convirtieron en los escenarios o telón de fondo de aquellos actos que a modo de performances realizadas por las élites perseguían reafirmar la identidad político-religiosa de los participantes y asistentes a dichas representaciones (Inomata, 2001; Inomata, Triadan, Eberl y Ponciano 2011), dando lugar a lo que se ha dado en llamar la ciudad-teatro maya.* (Vidal Lorenzo et alt, 2013)

También es cierto que *la élite gobernante se preocupaba por transmitir reiteradamente al resto de la población que integraba los escalones inferiores de la estratificada sociedad maya sus orígenes divinos y su capacidad de gobierno, mensaje que también era transmitido a las élites de otras ciudades con el objeto de acrecentar su prestigio.* (Vidal Lorenzo et alt, 2013)

Si nos centramos en Teotihuacán, uno de los sitios arqueológicos más importantes del mundo, el espacio se desarrolla hacia áreas abiertas, principalmente plazas, delimitadas por estructuras religiosas. La plaza de la Luna es uno de los espacios mejor concebidos: proporciones, magnitud, elegancia de las estructuras que la delimitan, equilibrio entre los

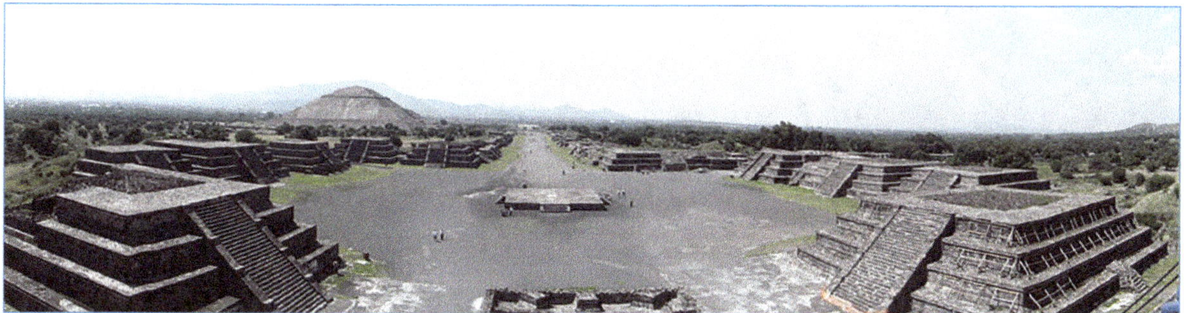

Ilustración 6. Plaza de la Luna. Fuerte: https://www.sauval.com/fotos/mexico2011/teotihuacan.htm

espacios abiertos y los volúmenes compactos. En Teotihuacán el espacio y el volumen arquitectónicos se identifican y son de una gran calidad (Gussinyer, García: 1993, 117).

Un aspecto destacable de la ciudad es la planificación urbanística tan cuidada que presenta una traza geométrica y armónica que responde a una programación muy bien orquestada (Castañeda:2022, 22). En este sentido, Miró afirma que en Teotihuacan *utilizaron un esquema espacial para la organización y composición de todo tipo de construcciones de la ciudad inspirado en la relación que tenía la ciudad con el valle de Teotihuacan, reproduciendo a todas las escalas esa relación fundamental de ciudad-naturaleza. Las plataformas o pirámides, que reproducen a menor escala las montañas, son siempre organizadas alrededor de un espacio central que representa el valle. Este esquema compositivo es organizado alrededor de los ejes cardinales, pero enfatiza la importancia de un eje visual que enfrenta al observador con el objeto principal, siempre flanqueado por elementos secundarios* (Miró: 2009, 60).

Un espacio especialmente elegante de Teotihuacan es la plaza que da acceso a la pirámide de la Luna, que se encuentra en el eje central de la ciudad, en el extremo norte de la Calzada de los Muertos. Al fondo es visible el Cerro Gordo. La pirámide, junto con otros doce edificios piramidales y dos altares forman la plaza de la Luna, una de las áreas ceremoniales más importantes de la metrópoli. Para este trabajo nos interesan especialmente su composición espacial y sus dimensiones: 200 metros de largo por 135 metros de ancho.

En cuanto a la composición del conjunto pensemos que se trata de una *plaza-plataforma con tres edificios simétricos, tanto en forma como en implantación (comúnmente denominado "complejo triple") cuya característica técnica es la de ser un "conjunto frontal simétrico reflejante".* (Mangino: 1990, 95-96), con un eje central, las estructuras a ambos lados y el elemento frontal, la pirámide de la Luna, que adquiere una jerarquía superior tanto por su volumen como por su localización. En la ilustración 6 podemos ver una vista de la plaza desde la pirámide.

Si observamos el conjunto, percibimos que en la pirámide de la Luna *los volúmenes se penetran unos a otros en distintas alturas y, además del ritmo, ofrecen un juego de volúmenes en equilibrio que imprimen grandiosidad al conjunto* (Mangino: 1990, 116) de manera que establece una transición magnífica entre ella y los elementos que integran los costados de la plaza. (Gendrop y Heyden: 1975, 47)

Más adelante aclararemos el motivo por el cual hemos puesto énfasis específicamente en esta parte del complejo ceremonial de la ciudad. Ahora, sin embargo, volveremos al siglo XX y expondremos someramente las peculiaridades de la arquitectura soviética i, más específicamente, del brutalismo.

El brutalismo soviético, el lenguaje arquitectónico del totalitarismo

La arquitectura es la que construye todos los espacios en los que nos movemos, que nos condicionan, que nos hacen actuar de una manera u otra. Por tanto, el poder, si tomamos la política

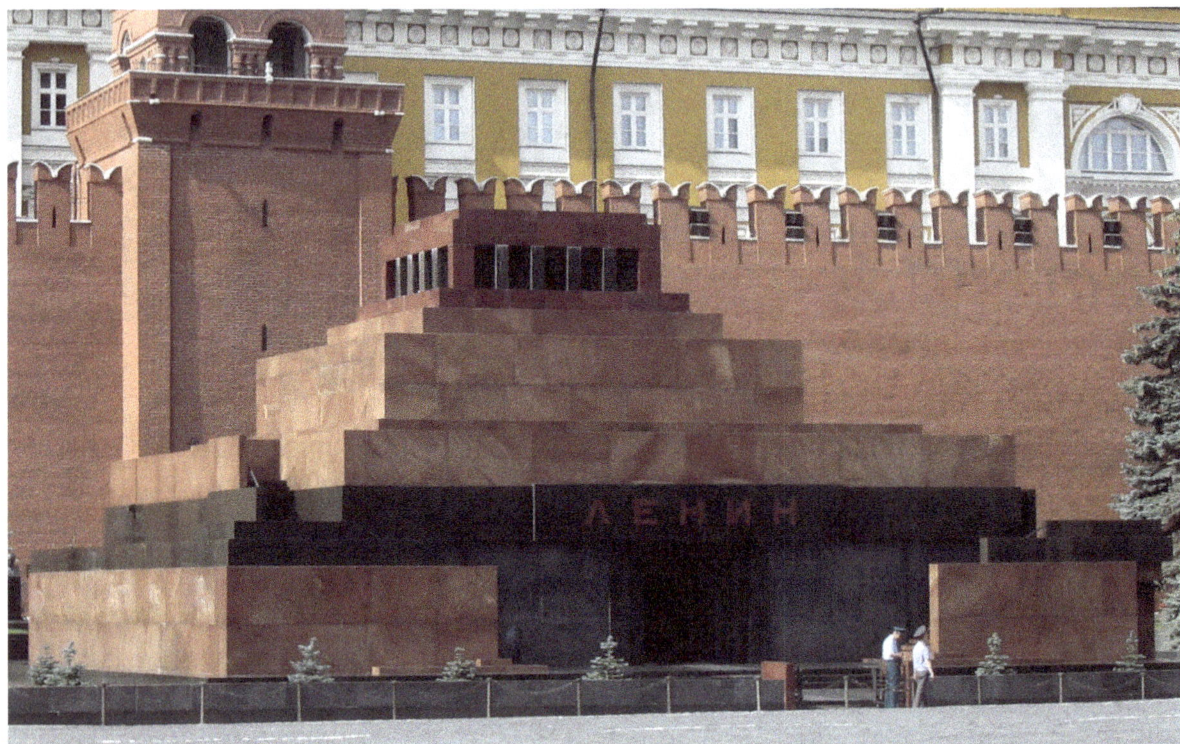

Ilustración 7. El mausoleo de Lenin en Moscú. Fuente: https://en.wikipedia.org/wiki/File:Mauzoleumlenina_(cropped).jpeg

como poder, siempre ha utilizado la arquitectura para señalarnos cómo movernos, qué sentir y qué hacer.

Si observamos los numerosos edificios levantados en la Unión Soviética notamos que, en general, se trata de construcciones de dimensiones formidables, con el hormigón como protagonista y con unas funciones política y simbólica indiscutibles. No se puede negar que algunas de estas obras llegan al despropósito, ya que nos enfrentamos a conjuntos habitacionales gigantescos, centros sanitarios, científicos o deportivos imponentes y monumentos ciclópeos.

No obstante, la arquitectura soviética también ha utilizado conceptos de arquitecturas del pasado en muchos de sus monumentos. Sin ir más lejos, *el mausoleo de Lenin, cuyo proyecto se debe a Alekséi Shchúsev [...] La idea monumental básica (un zigurat enmarcado por dos puertas) estuvo clara desde el primer modelo y adquirió su forma definitiva en el tercer edificio (1930) permanente y completamente aplacado con mármol rojo oscuro y negro...* (Rivera, 217:316).

No sabemos si el mausoleo se basó específicamente en un zigurat, pero su morfología escalonada es indiscutible y a pesar de que el funcionalismo es uno de los rasgos más importantes de los edificios civiles de la época soviética tanto en la URSS como en sus países satélite, no hay duda de que el monumentalismo, con un claro objetivo de demostrar el poder y la autoridad de los soviets, es el distintivo fundamental de las grandes estructuras estatales. Las edificaciones levantadas para la celebración de ritos y las que tienen como objetivo convertirse en símbolos del régimen comunista son de una importancia vital.

Y aunque en la Unión Soviética (URSS) las estructuras piramidales no fueron habituales, hubo algunos ejemplos notables en el diseño arquitectónico que incorporaron elementos de este tipo. Al mausoleo de Lennin podemos añadir algunos otros ejemplos como el Palacio de los Soviets que, aunque no se construyó, fue un proyecto emblemático de la URSS que contenía una estructura piramidal en su diseño[5].

Otro ejemplo es la Pirámide de la Escuela Técnica de Automóviles en Moscú, que más tarde se conoció como el VdNKh. El edificio se construyó en los años 50 y formaba parte de la exhibición de la industria automotriz soviética.

Así, los proyectos que incorporaban elementos piramidales reflejan la fascinación por crear estructuras monumentales y futuristas. La pirámide, por su simetría y grandeza, era una forma que simbolizaba la estabilidad y el poder, valores que concordaban con la ideología soviética. Sin embargo, la mayoría de estos diseños no se materializaron o fueron transformados con el paso del tiempo.

Las formas simples, el minimalismo, la geometría repetitiva, el uso de pocos materiales, las paletas monocromáticas, los edificios exentos de decoración y el hormigón armado son los ingredientes ideales para mostrar morfológicamente la filosofía de la utopía soviética. De este modo, las estructuras monumentales comunistas se integraron perfectamente a la arquitectura brutalista, surgida en los años 50 del siglo XX en el Reino Unido y heredera del funcionalismo de Corbusier, Van der Rohe y Gropius, que se instala con fuerza en los países de influencia soviética.

El Tallin Linnahall, este complejo construido para albergar las pruebas de vela de los JJOO de Moscú, reúne muchas de las particularidades que hemos mencionado más arriba: una estructura de pirámide escalonada y el uso de los recursos estéticos propios del estilo brutalista.

El Tallin Linnahall: un poco de historia

Su obra [la de los arquitectos] depende del compromiso con el contexto político del mundo. Y en este mundo los totalitarios, egotistas y los monomaniacos demostraron en el pasado que ellos ofrecen a los arquitectos, sean cuales sean sus ideas políticas, más oportunidades de trabajo que las democracias liberales. (Sudjic, 2007: 291)

El Linnahall es, sin ningún tipo de duda, uno de los edificios más impresionantes y polémicos de Estonia por su relación directa con la historia reciente del país, ya que fue una de las repúblicas soviéticas hasta la caída de la URSS. Este complejo construido como Palacio de la Cultura i del Deporte para los Juegos Olímpicos de Moscú 1980 es uno de los pocos grandes símbolos de la ocupación soviética que se mantiene el pie.

Se trata de un edificio simétrico, casi sin ventanas, que muestra una combinación de materiales muy simple: hormigón y piedra calcárea. La altura del edificio viene definida por la idea de no obstruir la vista de la ciudad histórica de Tallin desde el mar, lo cual significa que debería tratarse de un edificio relativamente bajo. Las dimensiones de sus cubiertas y sus terrazas transitables recuerdan según Andres Kurg "la arquitectura nativa sudamericana" (Kurg, 2012)[6].

Linnahall consta de un auditorio para conciertos con capacidad para 4.200 personas, una pista de hielo, un helipuerto (construido en 1999, que daba servicio a la compañía que explotaba los vuelos entre Tallin y Helsinki y que ha dejado de operar), un restaurante, locales comerciales actualmente en desuso y un muelle para el ferry a la isla de Aegna.

5. El proyecto se planeó en los años treinta bajo el gobierno de Joseph Stalin y era una de las ambiciones arquitectónicas más grandes del período soviético, en el cual se preveía una enorme pirámide invertida de 100 metros de altura con una estatua monumental de Lenin en su cima. Este edificio iba a estar ubicado en el centro de Moscú, en el lugar donde se encontraba la Catedral de Cristo Salvador antes de su destrucción durante la era de Stalin.

6. Ignoramos a qué arquitectura nativa se refiere Kurg, si a la de las civilizaciones que se desarrollaron en el hemisferio sur o si incluye en ella la arquitectura mesoamericana. Ciudades andinas, como Tiwanaku (Bolívia), Cahuachi (Nasca, Perú) o Caral (Perú), estaban estructuradas en grandes espacios abiertos con pirámides escalonadas, pero creemos que hay muchas más posibilidades que el Tallina Linnahall tuviera la plaza de la Luna como modelo.

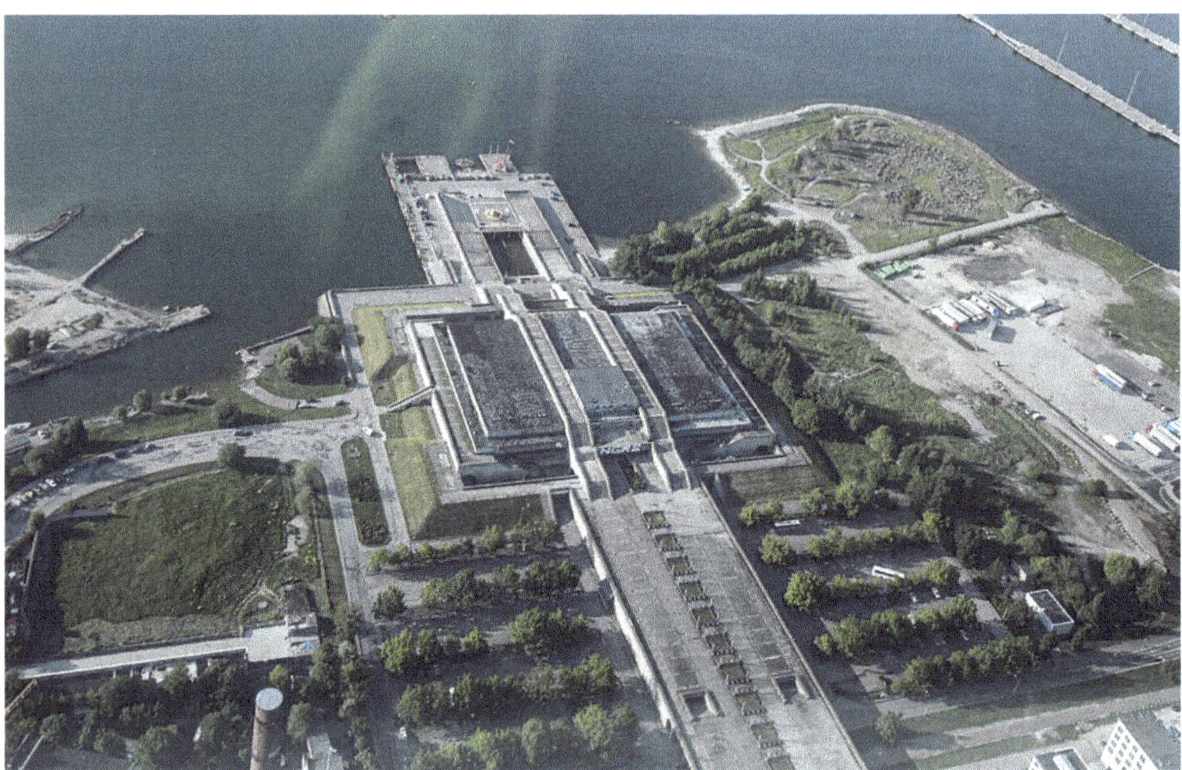

Ilustración 8. The Linnahall from the air. Source: Siim Lõvi /ERR. Fuente: https://news.err.ee/1608934424/city-of-tallinn-redraws-plans-for-linnahall

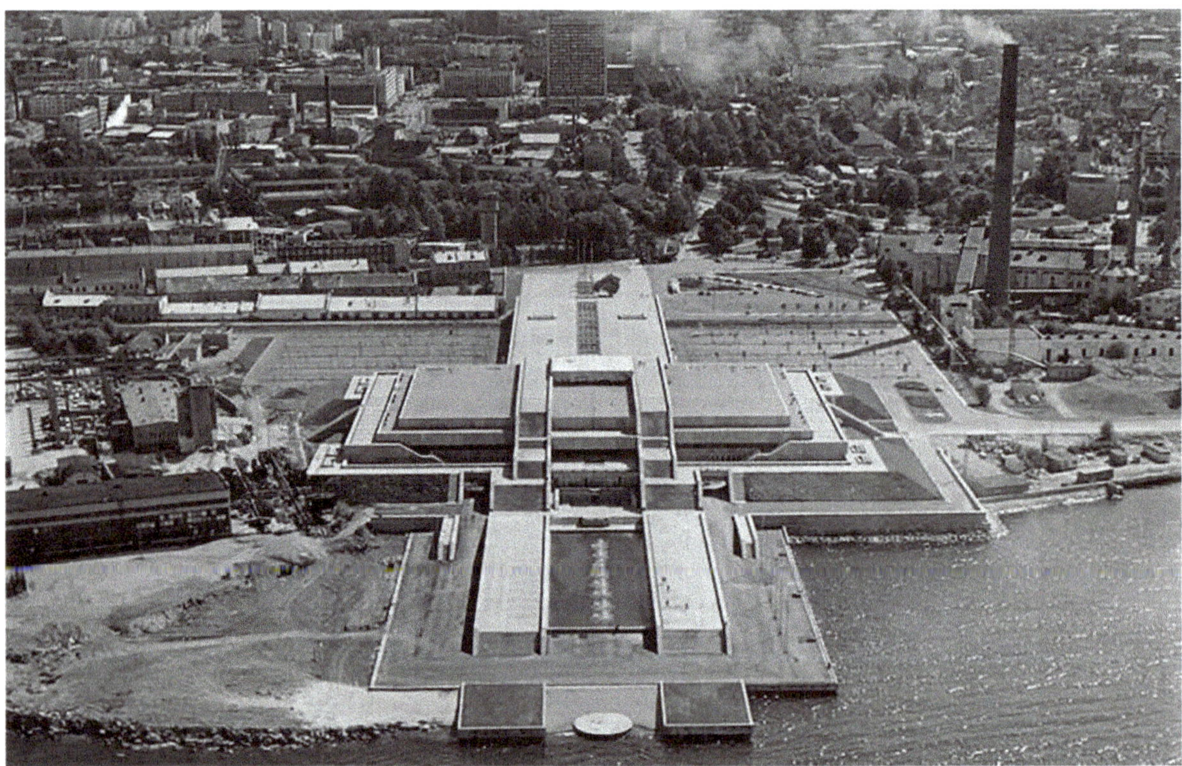

Ilustración 9. Tallinn Linnahall (1980), Raine Karp, Riina Altmäe. Source: Arhitektuurimuuseum. Fuente: https://news.err.ee/1609172461/researcher-tallinn-does-not-understand-architectural-value-of-linnahall#lg=1&slide=0

A causa de sus importantes dimensiones, es difícil situarse en el espacio, entender los recorridos y localizar los distintos elementos que conforman el conjunto. El auditorio está situado en la pirámide central y la pista de hielo debajo de la pasarela gigante que lleva al auditorio. El resto de los espacios está en la parte que da al mar.

El 23 de octubre de 1974 el COI anunció que la sede de los JJOO de 1980 seria Moscú i el comité organizador decidió que Tallin acogería las pruebas de vela, para lo cual se construyeron diversos equipamientos[7] entre los que cabe destacar el Linnahall, que recibió el nombre de Palacio de Cultura y Deportes Vladimir Ilich Lenin de Tallin.

Raine Karp[8] y Riina Altmäe[9] fueron los encargados de proyectar y dirigir la construcción del Linnahall entre 1974 y 1980. Ambos han afirmado que una de las fuentes de inspiración para el diseño fueron las pirámides y en alguna ocasión Karp hizo referencia específicamente a la arquitectura maya.

El edificio tenía como objetivo ser un espacio multifuncional que pudiera albergar eventos culturales y deportivos y que sirviera como símbolo del poder soviético en Estonia. Se abrió al público en 1980 para acoger la celebración del 40 aniversario de la RSS de Estonia y entre el 20 y el 29 de julio acogió las pruebas olímpicas de vela.

Después de los Juegos siguió manteniendo su función como auditorio y pista de hielo y se celebraban conciertos, eventos y pruebas deportivas. A finales de los 80, con la llegada de la Perestroika, fue escenario de asambleas políticas que llevarían a la formación de los primeros partidos ajenos al PC i, finalmente, al restablecimiento de la independencia en 1991. Con la independencia, Lenin desaparece del nombre del complejo, que pasa a llamarse Tallina Linnahall[10] (Ayuntamiento de Tallin), aunque nunca haya funcionado como edificio administrativo.

Finalmente se privatizó durante un periodo de tiempo y, aunque se incluyó en la lista de patrimonio protegido de Estonia en 1997, su estado de conservación prueba que no ha recibido

7. Tanto el Linnahall como otros 22 equipamientos de Tallin, todos ellos de estética brutalista, están recogidos en la página web https://socialistmodernism.com/?utm_medium=website&utm_source=archdaily.cl

8. En referencia a la obra de Karp, el libro *Architect Raine Karp*, publicado en 2016, editado por el Museo de Arquitectura de Estonia y escrito por Raine Karp y Mait Väljas, nos ofrece una visión detallada de su carrera y de sus proyectos más significativos. Además, en 2006, el Museo de Arquitectura de Estonia organizó una exposición titulada "Architect Raine Karp", que destacaba su contribución a la arquitectura estoniana y el 2016, el mismo museo presentó la exposición "Evenings at Home. Architect Raine Karp's Private Houses and Summer Homes", centrada en sus casas privadas y residencias de verano. Es conocido especialmente por su estilo brutalista y sus obras monumentales que, a menudo, combinan una estética masiva con una funcionalidad práctica. Sus estructuras tienden a integrarse en el paisaje urbano o natural, a pesar de su aspecto pesado. Raine Karp nació en Tallin y estudió construcción en el Instituto Politécnico de Tallin y arquitectura en el Instituto Estatal de arte Superior de la misma ciudad. Es uno de los arquitectos más importantes de la desaparecida RSS de Estonia donde, durante el periodo que va de 1960 a 1980, construyó algunos de los ejemplos más importantes de arquitectura de Estonia, entre los que destacan la Central de Correos o el Linnahall. Con la caída de la Unión Soviética fundó su propio taller. Ha sido galardonado con diversos premios. Desaparecida la URSS, proyectó la Biblioteca Nacional d'Estònia (1993), un edificio emblemático de Tallin que también tiene características monumentales y masivas.

9. Riina Altmäe, trabajó como coautora del proyecto del Linnahall donde aportó su visión y sus habilidades al diseño. Aunque no es tan conocida como Karp, parece que tuvo un papel crucial en el desarrollo de este emblemático complejo. Se cree que contribuyó a la planificación de espacios y en el intento de aportar armonía con el paisaje de la costa y de mantener el equilibrio entre funcionalidad y monumentalidad.

10. *In addition, the surroundings of Linnahall are expected to become the gateway to the city and a multi-functional urban centre that would also be hosting Tallinn's new Town Hall, adding complexity to the urban space that at the moment lacks a joint vision.* (Lindmäe, 2014: 9)

mantenimiento desde su apertura. En 2003, la empresa privada que operaba Linnahall decidió vender la propiedad y la corporación municipal de Tallin la recompró.

A pesar de todos los problemas que presenta, el Linnahall de Tallin es un edificio emblemático con una rica historia arquitectónica y cultural, que ha sobrevivido como un icono arquitectónico de la ciudad y como una muestra de la historia política y social recientes.

Acabamos esta descripción remitiéndonos a Wilson que destaca el papel de Linnahal tanto en la época soviética como en los años de la independencia:

Linnahall, or the Lenin Culture and Sports Palace as it was originally known, was built for the 1980 Olympic Games in Moscow and included a concert hall and indoor ice rink. Since it was the largest auditorium in the city, seating 4800 people, it also doubled as a location for Communist Party meetings. Later, it was used for independence rallies. The unique design of the building (often compared to a Mesoamerican pyramid or Babylonian ziggurat) places the vast interior spaces underneath a bunker-like structure, transforming nearly the entire roof into a series of stepped plazas. The building — designed by Raine Karp, an architect favored by the Estonian government during the 1980s — embodies Soviet power in its very materiality: brutal, hulking and gray, and yet soquickly and cheaply constructed that it now seems to be in ruins only a few decades after its completion. Although the ice rink is now closed and the concert hall seldom used, the building is never devoid of activity. It creates an enormous, unmonitored public space just adjacent to the modern city center and medieval Old Town, and there are always groups of teenagers sitting, talking, drinking, skating and graffiti tagging across the sprawling concrete plazas and sunken courtyards — exactly as depicted in the film. As with Maarjama¨e, the film presents the building as stripped of its previous ideological functions and instead serving as a platform for informal activities and interactions. (Wilson, 2015:179-180)

La plaza de la Luna i el Linnahall

El denominado estilo neoprehispánico en América y, específicamente, en México, respondía a principios eminentemente estéticos y simbólicos. En muchas ocasiones, los edificios mezclaban elementos de diferentes culturas y periodos. El resultado era un edificio con características formales que recordaban la arquitectura prehispánica, pero de factura absolutamente moderna: los métodos, los materiales, las técnicas constructivas se corresponden con los propios del siglo XIX e inicios del XX.

Pero difícilmente encontraremos alguna muestra que responda a los conceptos espaciales del urbanismo amerindio, tarea casi imposible si el producto debe cubrir necesidades y funciones impensables en el mundo prehispánico.

Sin embargo, tropezamos con un complejo que, superficialmente, pudiera parecer que parte de los conceptos espaciales que definen la plaza de la Luna de Teotihuacan: Linnahall. ¿Es así? Para acercarnos a ello, podemos pedir ayuda a tres grandes pensadores de la ciudad: Christian Norberg-Shulz, Aldo Rossi y Mircea Eliade.

En Christian Norberg-Schulz (1980) es muy importante la noción de *genius loci*, que podríamos entender como el "espíritu del lugar", y que resulta fundamental para comprender cómo tanto en Teotihuacán como en el Tallinna Linnahall se configura un sentido de lugar que trasciende la función y se vincula con lo simbólico.

Por otra parte, Aldo Rossi (1982) entiende que las formas urbanas y arquitectónicas no son solo funcionales, sino que remiten a tipos persistentes en la historia de la ciudad, que pueden resignificarse en distintos contextos históricos. Para él, la esfera, el cilindro, el triángulo o la pirámide no son simples formas geométricas, sino que se convierten en símbolos que acumulan historia y tradición. La arquitectura es, para Rossi, un elemento inseparable de la sociedad y, lo más importante, genera ciudad. Esta perspectiva permite analizar la Plaza de la Luna como un tipo espacial que responde a una tradición social concreta—la plaza axial con plataformas escalonadas— y que reaparece transformado en la modernidad soviética en el complejo del Tallina Linnahall.

Por último, Mircea Eliade (1959) distingue entre el espacio sagrado y el espacio profano. Para Eliade, las civilizaciones tradicionales organizaban su mundo en torno a un centro simbólico o axis mundi, lo cual da sentido a la disposición ritual y astronómica de Teotihuacán. Aunque el Linnahall no posee un carácter religioso, retoma ciertos principios del orden sagrado —como la axialidad, la centralidad y la monumentalidad del vacío— en un contexto secularizado y moderno, donde la ideología ha substituido a los dioses.

Veamos algunas similitudes que refuerzan la idea de que existe una relación entre ambos elementos.

En primer lugar, observamos que ambos complejos responden a una planificación urbanística que implica, a su vez, una arquitectura monumental indiscutible. En el caso de la plaza de la Luna nos encontramos frente a un centro ceremonial que se articula con la Pirámide de la Luna y la Calzada de los Muertos, con el objetivo de responder a un uso ceremonial y ritual que servia, además, para estructurar la vida social de la ciudad.

El Linnahall, a pesar de ser un espacio contemporáneo responde también a una concepción monumental y combina la funcionalidad deportiva y cultural con un símbolo claro de espacio comunitario.

En cuanto a su relación con el paisaje, la Plaza de la Luna está claramente alineada con los elementos topográficos naturales, especialmente con el Cerro Gordo, lo cual refuerza la relación entre naturaleza, arquitectura y cosmos.

El Linnahall, ubicado a la orilla del Báltico, aprovecha el paisaje para vincularse con el puerto de Tallinn, a través de una plataforma abierta. Sin embargo, tanto la escala como el lenguaje arquitectónico rompen absolutamente con la tradición urbanística de la ciudad.

En cuanto a las funciones sociales y culturales, la Plaza de la Luna era, sin duda, un espacio para rituales y actos comunitarios que consolidaban la identidad de la sociedad teotihuacana. El Linnahall también está concebido como un lugar para congregar personas, ya sea en eventos culturales, deportivos o políticos.

La clase gobernante de Teotihuacan utilizaba la arquitectura para reforzar el simbolismo espiritual y cosmológico y la Plaza de la Luna era un reflejo del poder divino y del orden cósmico. El Linnahall, por su parte, simboliza un periodo específico de la historia de Estonia bajo la influencia soviética, con un lenguaje arquitectónico brutalista que expresa poder y modernidad al servicio del pueblo.[11]

11. La Plaza de la Luna fue un espacio central en la evolución de la ciudad como centro político y religioso. El Linnahall está sometido a un fuerte debate sobre su futuro. Sin embargo, y a pesar de las controversias que ha levantado, tanto por su diseño como por su abandono, la Unión Internacional de Arquitectos le concedió la medalla de oro y recibió el Gran Premio de la bienal Interarch 83' (Cristea, 2014: 81).

Vaike Haas no tiene en buen concepto ni del diseño ni de los niveles de mantenimiento del complejo, hasta el punto de considerar inadecuado que el edificio esté protegido:

> One Soviet mark on Tallinn's blue space (public space that features visual or physical access to water) is Linnahall, a concrete hulk that looms over the harbor near the passenger ferry terminal. Built as an ice-skating rink and public town hall around the 1980s, the concrete structure is already in visible disrepair. Its endless steps have proven hopelessly inappropriate during Tallinn's long winters. Paradoxically, the outside of the structure is protected as a historic site and cannot be removed. Linnahall is typical of central planning projects imposed on Tallinn's landscape: huge in scale, poorly built, requiring difficult and frequent renovation, and failing to consider local factors. (Haas, 2006: 56)

Una de las críticas de Haas a Linnahall está relacionada con el hecho de que impide una relación adecuada entre la ciudad antigua y el puerto cuando, curiosamente, uno de los objetivos del proyecto era convertirlo en un elemento de relación entre ambos:

> A shortcoming of Saarinen's plan, which persists today, is inadequate treatment of the área between Old Town and the harbor. Linnahall obstructs views to the harbor and could be better blended into the landscape. In the rush to destroy Soviet marks on the city, the area adjacent to the Passenger ferry terminal was cleared in the 1990s. (Haas, 2006: 116)

En conjunto, los dos lugares reflejan como la arquitectura monumental puede ser una expresión del poder, adaptada a contextos históricos muy diferentes.

Lo más sorprendente en estos casos paralelos es que no hemos encontrado ninguna relación documentada que indique que el Linnahall se haya basado en la Plaza de la Luna, excepto algunas supuestas declaraciones de los arquitectos de haberse inspirado en la arquitectura mesoamericana y de algún crítico relacionando Linnahall con las arquitecturas inca y babilónicas.

La Pirámide de la Luna, presenta una estructura escalonada con diferentes niveles que se elevan hacia la cima, característica de las pirámides mesoamericanas. El Linnahall, aunque no es una pirámide propiamente dicha, presenta una estética masiva i escalonada, con terrazas que conducen gradualmente hacia la parte superior del edificio. Esta forma lleva a una sensación de monumentalidad similar a la de la plaza teotihuacana.

La Plaza de la Luna está diseñada para integrarse con su entorno, especialmente con el Cerro Gordo, que parece una extensión simbólica de la arquitectura. El Linnahall también se integra con el paisaje costero. Sus formas angulares bajas i su conexión directa con el puerto hacen que parezca una extensión del terreno hacia el mar.

La Plaza de la Luna está concebida como un gran espacio rodeado de estructuras monumentales que invitan a la congregación y a las ceremonias. El Linnahall también ofrece espacios abiertos, especialmente en la parte superior, diseñados para la circulación de personas i como puntos de observación (Martínez, 2018:109).

El uso de materiales masivos también es un elemento común a ambos complejos. En Teotihuacan las construcciones se llevaron a cabo con materiales que priorizaban la solidez y la durabilidad[12]. El Linnahall está construido con hormigón, el material característico de la arquitectura brutalista, que transmite también una sensación de peso, de permanencia, de durabilidad.

A pesar de la verticalidad parcial de la Pirámide de la Luna, la Plaza de la Luna, en su conjunto, se extiende horizontalmente, y destaca mucho más por su longitud y anchura que por su altura. EL Linnahall también prioriza su extensión horizontal y se distribuye de manera amplia a lo largo de la costa.

La planta del Linnahall mide aproximadamente 100 metros de largo por 80 metros de ancho. La estructura es de forma rectangular, la Plaza de la Luna es una de las grandes plazas de Teotihuacán y tiene una longitud de alrededor de 240 metros y un ancho de 160 metros, lo que la hace mucho más grande que el Linnahall en términos de área. La plaza está rodeada por plataformas y estructuras que configuran el espacio de una manera abierta, lo que refleja la importancia ceremonial del lugar. La Pirámide de la Luna es una de las pirámides más emblemáticas de Teotihuacán y tiene unas dimensiones en planta de 150 metros de largo de norte a sur y 130 metros de ancho de este a oeste. Su altura original era de aproximadamente 43 metros, aunque actualmente es un poco más baja debido al paso del tiempo y la erosión.

La pirámide está compuesta por varios niveles escalonados, lo que significa que la planta tiene una forma piramidal con un enfoque ascendente. Estos escalones no solo servían para fines ceremoniales, sino que también generaban un efecto visual impresionante. Aunque el Linnahall no tiene una pirámide escalonada en el sentido tradicional, su diseño arquitectónico también está basado en niveles escalonados. La

12. *Otra de las aportaciones a la arquitectura actual fueron los materiales de construcción, entre los que destaca el llamado cemento teotihuacano, una mezcla de piedra volcánica triturada y mezclada con lodo, que recubría los edificios, sobre esto se ponía una capa de "enlucido de cal" que servía como base para las pinturas ornamentales.*

Los cimientos y basamentos fueron construidos con tepetate, que es una roca abundante en la zona. Utilizaron la piedra, en casi todas sus construcciones; en la actualidad los vestigios nos muestran que también la utilizaron para fabricar los desagües de la ciudad, mismos que después de más de dos mil años persisten, así mismo fue utilizada en escalones y cornisas. (Castañeda 2022: 22)

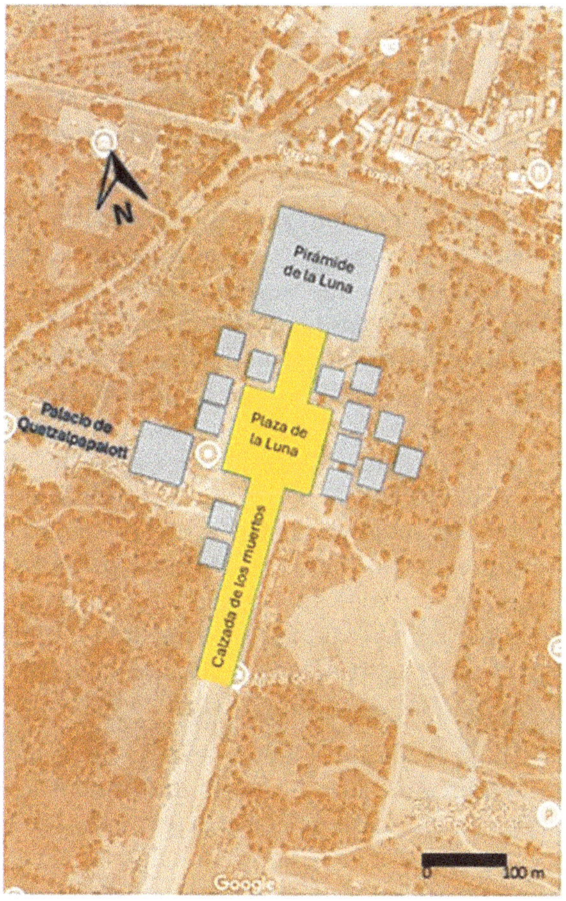

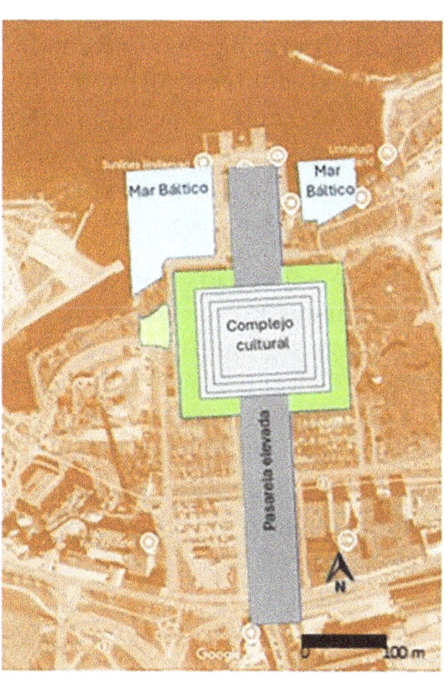

Ilustración 10. Plantas de la Plaza de la Luna y del Tallina Linnahall. Fuente: elaboración propia.

planta de Linnahall tiene una serie de plataformas o niveles que suben desde el suelo hacia el edificio principal. Este diseño escalonado es una característica de las estructuras de gran escala, con el propósito de provocar un impacto visual y funcional.

La planta de la pirámide tiene un diseño simétrico en su base y está organizada en varias plataformas que se alinean de manera ordenada, lo cual proporciona un sentido de simetría y estructura en su diseño. Aunque la planta de Linnahall es más rectilínea y rectangular, su disposición en plataformas y zonas diferenciadas también sigue un patrón de organización que permite fluidez de movimiento y de vistas, similar a la organización de las plataformas en la Pirámide de la Luna.

Hay también una similitud que nos parece especialmente atrayente, que nos sugiere Francisco Martínez (2018:111) el Linnahall no tiene fachadas, parece que es masivo sin oberturas aparentes, lo cual nos transmite una sensación similar a la que recibimos de la pirámide de la Luna y que es una de las características importantes de la arquitectura mesoamericana, la falta de aperturas en las fachadas.

En cuanto a la orientación de los edificios, el centro de la pirámide se abre hacia la Plaza de la Luna, que es un gran espacio ceremonial. La orientación y el diseño de la pirámide están centrados en este espacio, creando una alineación visual y funcional hacia el centro. En el caso de Linnahall, el diseño también está orientado hacia un gran espacio central que sirve como área para eventos. En su planta, el centro del edificio está enfocado hacia el auditorio principal y el área circundante, permitiendo una relación entre el interior y el exterior.

En Teotihuacán, la pirámide forma parte de un complejo ceremonial mayor, con una relación estrecha con el paisaje circundante (especialmente la Calzada de los Muertos). El diseño refleja una intención de conectar el espacio arquitectónico con la cosmovisión y la estructura urbana de Teotihuacán. El Linnahall también está diseñado teniendo en cuenta su contexto urbano. Su planta se adapta al terreno conectando la estructura con el entorno y la vista hacia el mar y la ciudad de Tallin creando una experiencia envolvente para los usuarios.

Ambos complejos utilizan el espacio de manera pública, aunque los contextos son muy diferentes (uno es un templo ceremonial y el otro es un centro de eventos) ambos diseños están pensados en función de la simetría, lo cual genera un sentido de orden y monumentalidad, características de las grandes estructuras que buscan impresionar y organizar el flujo de personas de forma eficiente.

Conclusiones

Como ya hemos comentado anteriormente, no hemos encontrado literatura que nos proporcione evidencias directas de que los arquitectos que diseñaron el Linnahall se hayan basado directamente en la Plaza de la Luna. Sin embargo, las similitudes formales y conceptuales entre ambas obras son tan importantes que no pueden ignorarse.

Parecería lógico que, puesto que el edificio es producto del movimiento brutalista de la época soviética, el Linnahall se inspirara en las ideas de funcionalidad, monumentalidad i colectividad propias de este contexto. Por supuesto, este estilo bebía más de las influencias del funcionalismo y del racionalismo europeo que de la lejana arquitectura prehispánica.

Sin embargo, la posible influencia de la Plaza de la Luna de Teotihuacán en el diseño del Tallinna Linnahall debe entenderse no como una réplica formal, sino como una transferencia de principios espaciales y simbólicos que han persistido a lo largo del tiempo en la configuración de lo monumental y lo público. En ambos casos, se articula una concepción del espacio en la que la monumentalidad se alcanza a través de una horizontalidad deliberada, el uso de plataformas escalonadas y la integración del edificio con el entorno natural y urbano.

Desde la perspectiva de Christian Norberg-Schulz (1980), quien plantea que la arquitectura es una manifestación del *genius loci* o espíritu del lugar, tanto la Plaza de la Luna como el Linnahall construyen significados a través de su arraigo en el territorio. Mientras Teotihuacán establece una conexión cosmológica y ritual con el paisaje y los astros (Millon & Drewitt, 1973), el Linnahall —concebido en el contexto del tardomodernismo soviético— recurre a una monumentalidad paisajística que, más allá de su función política original, propone una experiencia espacial similar de recorrido, centralidad y contemplación (Ojeda, 1985).

Asimismo, desde la teoría de la tipología arquitectónica de Aldo Rossi (1982), ambos casos pueden entenderse como expresiones de una "arquitectura de la permanencia", en donde la forma arquitectónica remite a arquetipos atemporales. En este sentido, la plaza mesoamericana y la plataforma urbana estonia revelan una lógica compartida en la disposición axial del espacio, la creación de un vacío central y la idea de monumentalidad como construcción colectiva del imaginario urbano.

Finalmente, considerando los planteamientos de Mircea Eliade (1959) sobre el espacio sagrado, la Plaza de la Luna funciona como axis mundi, mientras que el Linnahall puede leerse como una secularización de esta idea, donde el acceso libre, la amplitud del espacio y su relación con el mar evocan un lugar de reunión, contemplación y comunión cívica. En consecuencia, se justifica una lectura en la que el Linnahall no copia, sino reinterpreta estructuras arquetípicas presentes en Teotihuacán, dotándolas de nuevos significados en el marco de la modernidad europea.

Bibliografía

BARGALLÓ, Isabel, BARGALLÓ, M Montserrat. 2011 Iconografía y contexto: el caso de Mesoamérica.. En: *Las imágenes precolombinas, reflejo de saberes.* Coord. por María del Carmen Valverde y Victòria Solanilla, UNAM, México. Consultable en: http://www.techne.cat/wp-content/uploads/2013/04/Iconograf%C3%ADa-y-contexto_El-caso-de-Mesoam%C3%A9rica.pdf

BARGALLÓ, Isabel, BARGALLÓ, M Montserrat. 2021. La imagen de la patria: simbología, iconografía y liturgia del México independiente. En: *Anales del Museo de América xxix.* 227-247. Consultable en: https://www.cultura.gob.es/museodeamerica/dam/jcr:3ffca744-68f6-4cfa-950f-8488b9d02002/014-anales-del-museo-de-america-xxix-2021-227-247.pdf

BELANGER, Blake, HAAS, Vaike. Re-Imagining Linnahall in Tallinn, Estonia: Shaping the Future of a Post-Soviet Relic Through Ethnic Integration, Adaptive Reuse, Contemporary Arts, and Ecological Reclamation. En: *Lanscape Research Record,* Número 7.

CASTAÑEDA ARRATIA, Jesús. 2022. Aportes de la Cultura Teotihuacana a la arquitectura. En: *Identidad Universitaria*, México, UAEM, año 1, número 18: 21-23.

CHAUBIN, Frédéric. 2022. *CCCP. Cosmic Communist Constructions Photographed Int.* TASCHEN.

CRISTEA, Iulius. 2014. Architecture of Estonia – old and new together. En: *Urbanism. Arhitectură. Construcţii.* Vol.5, Número 4.

ELIADE, M. 1959. *The Sacred and the Profane: The Nature of Religion.* Harcourt, Brace & World.

FIERRO GOSSMAN, Rafael. *Grandes casas de México. El Pabellón de México en París 1889.* Consultable en: https://grandescasasdemexico.blogspot.com/2018/06/el-pabellon-de-mexico-en-paris-1889.html

GENDROP, Paul, HEYDEN, Doris. 1975. *Arquitectura mesoamericana.* Aguilar, Madrid.

GUSSINYER I ALFONSO, Jordi. 2005. Ciudades y centros ceremoniales. Una aproximación al urbanismo de Mesoamérica. *Boletín Americanista*, número 55:123-148. Barcelona.

GUSSINYER I ALFONSO, Jordi, GARCÍA TARGA, Joan. 1993. El concepto del espacio en la arquitectura precolombina mesoamericana. En: *Perspectivas antropológicas en el mundo maya* / coord. por María Josefa Iglesias Ponce de León, Francesc Ligorred Perramon. 113-128.

GUTIÉRREZ VIÑUALES, Rodrigo, GUTIÉRREZ, Ramón. 2005. Lo prehispánico en el arte y la arquitectura en América. En: SCHÁVELZON, DANIEL, TOMASI, JORGE (coords.). *La imagen de América. Los dibujos de arqueología americana de Francisco Mújica Díez de Bonilla.* Buenos Aires, FAMSI-Fundación CEPPA-Ediciones El Corregidor.

GUTIÉRREZ VIÑUALES, Rodrigo. El neoprehispanismo en la arquitectura. Auge y decadencia de un estilo decorativo – 1921/1945. Consultable en: https://vitruvius.com.br/revistas/read/arquitextos/04.041/648

GUTIÉRREZ VIÑUALES, Rodrigo. La arquitectura neoprehispánica. Manifestación de identidad nacional y americana – 1877/1921. Consultable en: https://vitruvius.com.br/revistas/read/arquitextos/04.041/647

HAAS, Vaike. 2006. *A Review of Urban Planning in Tallinn, Estonia:Post-Soviet Planning Initiatives in Historic and Cultural Context.* Master of Landscape Architecture. School of Natural Resources and Environment. University of Michigan.

INGLE, Marjorie I. 1987. The Mayan Revival Style in the United States of America. En: *Cuadernos de arquitectura mesoamericana*, número 9.

LIERNUR, Jorge Francisco. 2022. Vitruvio, Vitsliputsli y el Sol. Primeros encuentros de la cultura arquitectónica europea con la arquitectura precolombina (1767-1804. En: *El modelo beaux-arts y la arquitectura en América Latina, 1870-1930. Transferencias, intercambios y perspectivas transnacionales.* La Plata.

LINDMÄE, Maria. 2014. *Urban Waterfront Regeneration and Public Participation. Confrontation or Cooperation?* Master of Arts in Spatial Planning and Population Studies Department of Geography. Faculty of Literature. Universitat Autònoma de Barcelona.

KURG, Andres. 2012. The After-History of the Linnahall Concert Hall. En: Tüüne-Kristin VAIKLA (Ed), *How Long is the Life of a Building. Estonian National Exhibition at the XIII International Architecture Exhibition – la Biennale di Venezia.* Tallinn: Centre for Estonian Architecture. 189-194.

LÓPEZ, Francisco J. *Linnahall: El gran mamotreto soviético abandonado de Tallinn:* Contultable en: https://sinceramenteestonia.com/linnahall-tallin/

MANGINO TAZZER, Alejandro. 1990. *Arquitectura mesoamericana. Relaciones espaciales.* Editorial Trillas, México.

MARTÍNEZ, Francisco. *Remains of the Soviet Past in Estonia. An Anthropology of Forgetting, Repair and Urban Traces.* UCL Press. University College London. Gower Street. London WC1E 6BT. Consultable en: www.ucl.ac.uk/ucl-press

MATOS MOCTEZUMA, Fernanda (Coord.). 2010. *México en los Pabellones y las Exposiciones Internacionales (1899-1929).* Museo Nacional de San Carlos. Instituto Nacional de Bellas Artes. CONACULTA. México.

MILLON, H. A., & DREWITT, L. 1973. *The City of Teotihuacan: Center of the Universe.* University of New Mexico Press.

MIRÓ SARDÁ, Juan. 2009. Teotihuacan: en busca del diálogo perfecto entre ciudad y naturaleza. *Ciudades* 12: 49- 66.

NORBERG-SCHULZ, C. 1980. *Genius Loci: Towards a Phenomenology of Architecture.* Rizzoli.

PECK, John. 2018. *Brutalist Architecture of Tallinn.* Consultable en: https://www.degradedorbit.com/articles/brutalist-architecture-of-tallinn/

RIVERA, David. 2017. *La otra arquitectura moderna. Expresionistas, metafísicos y clasicistas 1910-1950.* Estudios universitarios de arquitectura, 29. Editorial Reverté. Barcelona.

ROSSI, A. 1982. *The Architecture of the City* (P. Eisenman, Trans.). MIT Press. (Original work published 1966).

SUDJIC, Deyan. 2007. *La arquitectura del poder. Como los ricos y poderosos dan forma a Nuestro mundo.* Editorial Ariel, SA, Barcelona.

VIDAL LORENZO, Cristina, MUÑOZ COSME, Gaspar, VÁZQUEZ DE ÁGREDOS PASCUAL, Mª Luisa, HORCAJADA CAMPOS, Patricia. 2013. La expresión del poder en la arquitectura maya. En: *Las artes y la arquitectura del poder*. Víctor Mínguez (ed.). Castelló de la Plana: Publicacions de la Universitat Jaume I, D.L.

VILLASANA, Carlos y GÓMEZ, Ruth. La arquitectura neoprehispánica, un estilo casi olvidado en México. Consultable en: https://www.eluniversal.com.mx/opinion/mochilazo-en-el-tiempo/la-arquitectura-neoprehispanica-un-estilo-casi-olvidado-en-mexico/

VIVONI FARAGE, Enrique. 1998. La arquitectura de la identidad puertorriqueña. *Hispanofilia. Arquitectura y vida en Puerto Rico.* San Juan, Editorial de la Universidad de Puerto Rico.

WILSON, Paul, 2015. Monumental Indifference in Tallinn, *Public Art Dialogue.* 5:2, 170-190, DOI: 10.1080/21502552.2015.1066581. Consultable en: http://dx.doi.org/10.1080/21502552.2015.1066581

También de Zea Books

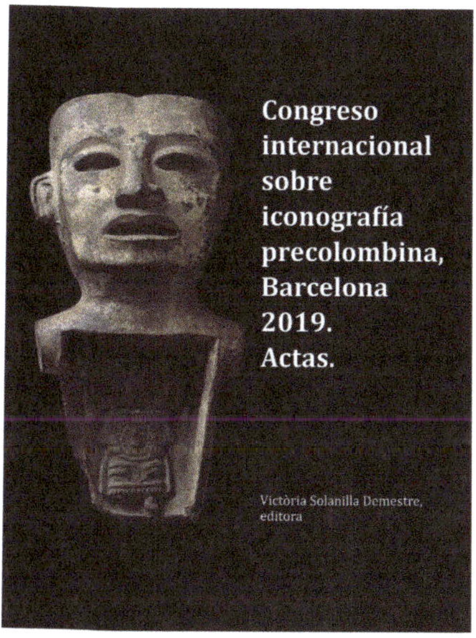

https://digitalcommons.unl.edu/zeabook/95

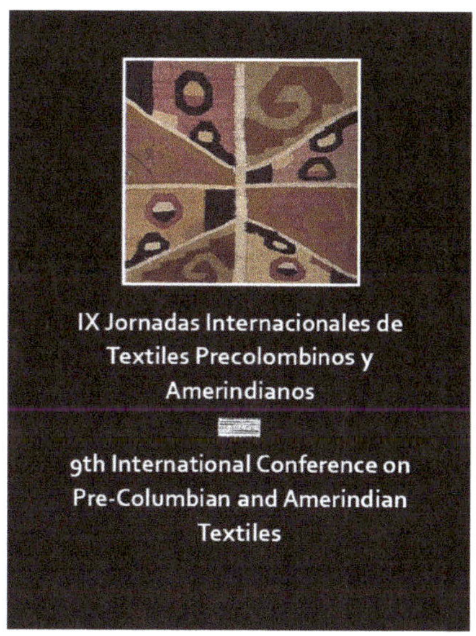

https://digitalcommons.unl.edu/zeabook/152

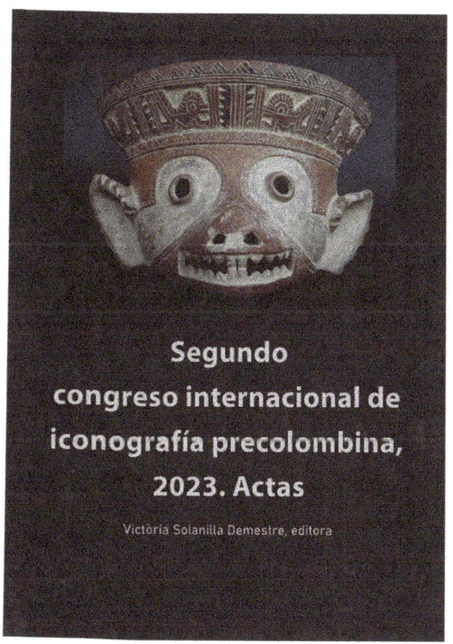

https://digitalcommons.unl.edu/zeabook/162

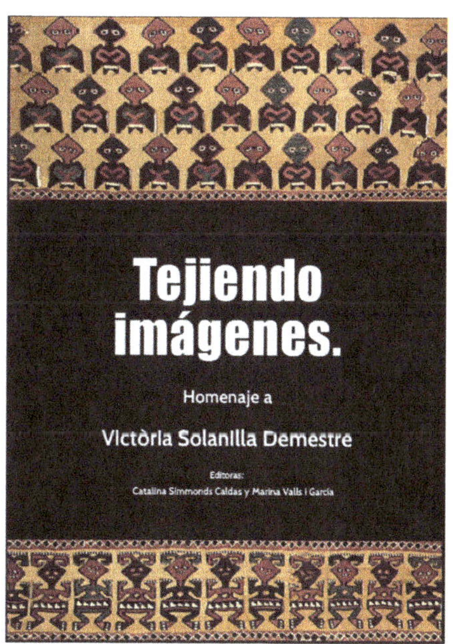

https://digitalcommons.unl.edu/zeabook/144/

www.ingramcontent.com/pod-product-compliance
Lightning Source LLC
LaVergne TN
LVHW060510100826
845148LV00006B/950

* 9 7 8 1 6 0 9 6 2 3 5 9 3 *